Delavenne Grammaire française

Exercices français

Partie de l'Élève

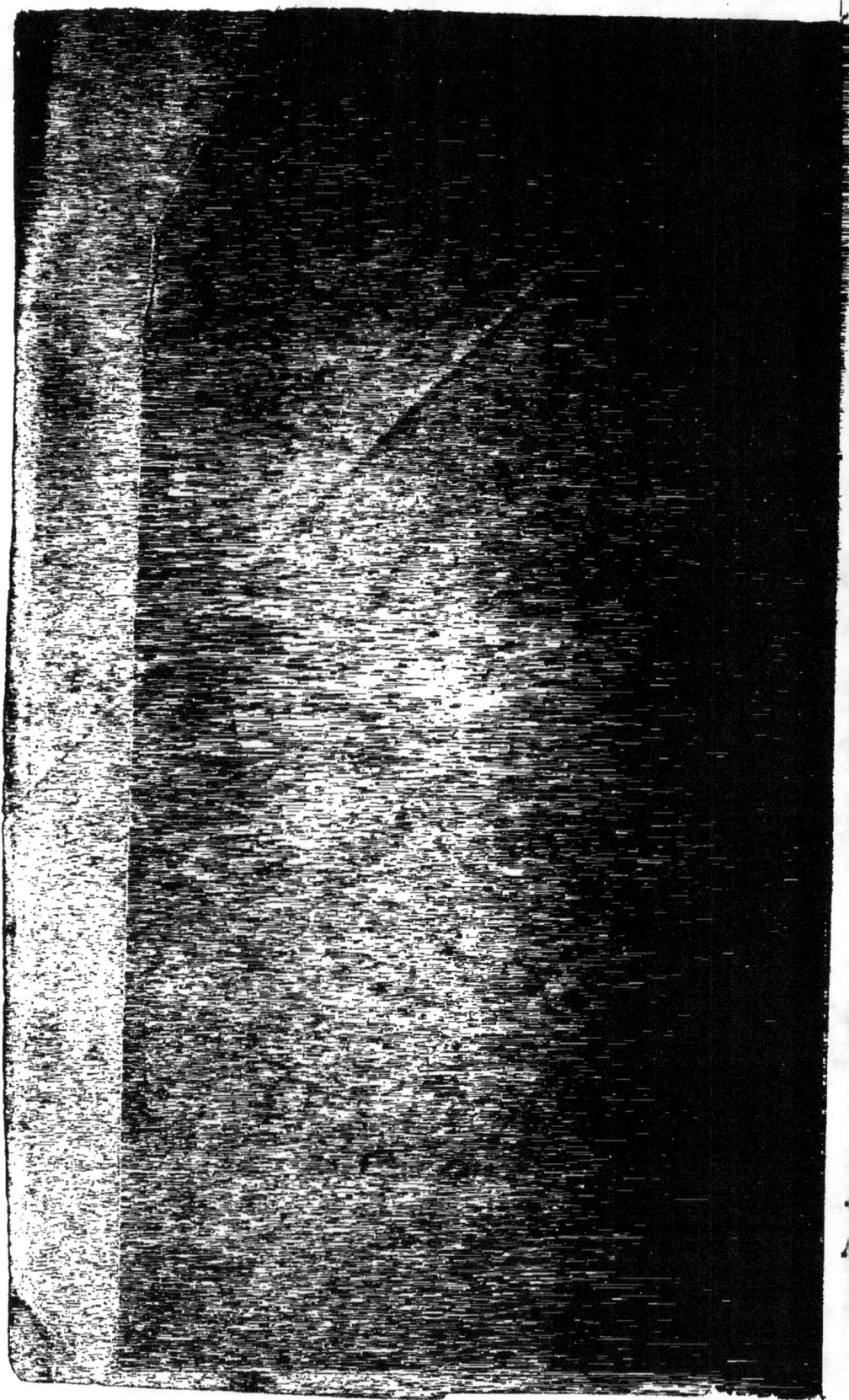

GRAMMAIRE

DE LA

LANGUE FRANÇAISE

EXERCICES FRANÇAIS

X

Tout exemplaire non revêtu de ma signature sera réputé contrefait.

J. Albanes

AMIENS. — Typ. ALFRED CARON Fils & Cie

GRAMMAIRE

DE LA

LANGUE FRANÇAISE

PAR

LE P. HENRI DELAVENNE

de la Compagnie de Jésus.

Heureux qui sait mêler l'agréable à l'utile.

(Horace.)

EXERCICES FRANÇAIS

PARTIE DE L'ÉLÈVE

PARIS

JOSEPH ALBANEL, LIBRAIRE

7, Rue Honoré-Chevalier, 7

EXERCICES FRANÇAIS

LE NOM OU SUBSTANTIF.

I. L'ÉRUDIT.

Soulignez les noms communs. (*Grammaire complète*, § 20.)

Hermagoras ne sait pas qui est roi de Hongrie : il s'étonne de n'entendre faire aucune mention du roi de Bohême. Ne lui parlez pas des guerres de Flandre et de Hollande, dispensez-le du moins de vous répondre ; il confond les temps, il ignore quand elles ont commencé, quand elles ont fini : combats, siéges, tout lui est nouveau. Mais il est instruit de la guerre des géants, il en raconte les progrès et les moindres détails, rien ne lui échappe. Il débrouille de même l'horrible chaos des deux empires, le babylonien et l'assyrien ; il connaît à fond les Egyptiens et leurs dynasties. Il n'a jamais vu Versailles ; il ne le verra point. Il a presque vu la tour de Babel ; il en compte les degrés, il sait combien d'architectes ont présidé à cet ouvrage ; il sait le nom des architectes. Dirai-je qu'il croit Henri IV fils de Henri III ? Il néglige du moins de rien connaître aux maisons de France, d'Autriche, de Bavière : « Quelles minuties ! » dit-il, pendant qu'il récite de mémoire toute une liste des rois des Mèdes ou de Babylone, et que les noms d'Apronas, d'Hérigébal, de Nocsnemordach, de Mardokempad, lui sont aussi familiers qu'à nous ceux de Valois et de Bourbon. Que ne sait-il point ? Il vous dira que Sémiramis, ou, selon quelques-uns, Sérimaris, parlait comme son fils Ninyas, qu'on ne les distinguait pas à la parole ; si c'était parce que la mère avait une voix mâle comme son fils, ou le fils une voix efféminée comme sa mère, il n'ose pas le décider. Il vous révèlera que Nemrod était gaucher, et

Sésostris ambidextre ; que c'est une erreur de s'imaginer qu'Artaxerce ait été appelé Longue-main parce que les bras lui tombaient jusqu'aux genoux, et non à cause qu'il avait une main plus longue que l'autre ; et il ajoute qu'il y a des auteurs graves qui affirment que c'était la droite, qu'il croit néanmoins être bien fondé à soutenir que c'était la gauche. (LA BRUYÈRE.)

2. Exercices.

Soulignez les collectifs partitifs et mettez les noms composés entre parenthèses. (§ 21.)

Un nombre infini d'oiseaux faisaient résonner ces bocages de leurs doux chants. — La belle-de-nuit n'ouvre ses fleurs les plus parfumées que dans l'obscurité.— Comment percer cette foule effroyable de rimeurs affamés ? — Sully avait autour de lui un nombre prodigieux de domestiques, une foule de gardes, d'écuyers, de gentilshommes.

Des enfants de Japet toujours une moitié
Fournira des armes à l'autre. (La Font.)

La multitude des livres dans une bibliothèque est souvent une nuée de témoins de l'ignorance du possesseur. — Tout le peuple crie : Victoire au fils d'Ulysse ! — Le pot-au-feu du pauvre est la base des empires. — Cette foule d'admirateurs qui l'environnait se dissipe comme un nuage. — Le serpent-à-sonnettes, caché dans les prairies de l'Amérique, fait bruire sous l'herbe ses sinistres grelots.

Une foule d'enfants autour de lui s'empresse,
Et l'annonce de loin par des cris d'allégresse. (St-Lambert.)

Une feuille suffit au nid de l'oiseau-mouche. — Sans les bêtes carnassières, la plupart des sites de la terre seraient inhabités. — Depuis le déluge, l'arc-en-ciel a été un signe de la clémence de Dieu. — La reine des nuits reposait sur des groupes de nues, qui ressemblaient à la cime des hautes montagnes couronnées de neige.

LE GENRE DANS LES NOMS.

3. ATTILA ET LE POETE MARULLUS.

Soulignez les noms communs qui sont du genre féminin. (§ 23.)

On raconte qu'au temps où les Huns occupaient Padoue, après le renversement d'Aquilée, un certain poëte, nommé Marullus, accourut du fond de la Calabre avec un poëme latin composé à la gloire d'Attila. Il sollicita et obtint la faveur de le réciter devant lui. Ravis d'une circonstance qui leur permettait de fêter dignement leur hôte, les magistrats padouans préparèrent un grand spectacle où furent conviés tous les personnages notables et lettrés de la haute Italie.

Déjà la foule encombrait les gradins de l'amphithéâtre, et Marullus commençait à déclamer ses vers au bruit des applaudissements, quand le front du barbare se rembrunit tout à coup. Le poëte, suivant l'usage de ses pareils, attribuant à son héros une origine céleste, l'interpellait comme s'il eût été un dieu. « Qu'est-ce à dire ? s'écria Attila tout hors de lui. Comparer un homme mortel aux dieux immortels ! C'est une impiété dont je ne me rendrai point complice. » Et il ordonne que, sans désemparer, on brûle, au milieu de l'amphithéâtre, le mauvais poëte et ses mauvais vers.

Qu'on se représente le désarroi de la fête, la surprise des spectateurs qui n'osent remuer et voudraient être bien loin, les soldats huns chargés de brassées de bois qu'ils amoncellent dans l'arène, puis le poëte Marullus étendu pieds et poings liés sur le bûcher à côté de son malencontreux poëme.

Déjà les apprêts étaient terminés, et l'on approchait du bûcher les torches enflammées, lorsque Attila fit un signe : « C'est assez, dit-il, j'ai voulu donner une leçon à un flatteur ; maintenant n'effrayons point les poëtes véridiques qui voudront célébrer nos louanges. »

(Amédée THIERRY.)

Formation du féminin dans les noms.

4. Exercices.

Mettez au féminin les noms en italique. (§§ 24-28.)

La *lion* devient terrible dès qu'elle a des petits. — La *serin* est d'un jaune plus pâle que le serin. — L'*âne* a la voix plus claire et plus perçante que l'âne. — Les *paysan* mangent moins de viande et plus de légumes que les femmes de la ville. — La *paon* aime à déposer ses œufs dans un lieu secret et retiré.

> A l'heure dite, il courut au logis
> De la cigogne son *hôte*. (La Font.)

La politesse est souvent une vertu de mine et de parade ; c'est une *flatteur* qui ne refuse son estime à personne. — La fortune est toujours la *bienvenu*. — Quelle erreur à une *chrétien*, et encore à une *chrétien* pénitente, d'orner ce qui n'est digne que de ses mépris ! — La sagesse est le *tyran* des faibles.

> Ainsi de la parure aimable *souverain*,
> Par la mode, du moins, la France est encor reine. (Delille.)

Les prairies seront votre école, les fleurs votre alphabet, et Flore votre *instituteur*. — Madame de Sévigné est *un écrivain* très *distingué*. — Les femmes polissent les manières, elles donnent le sentiment des bienséances, elles sont les *vrais précepteurs* du bon ton et du bon goût. — Les passions sont les *seuls orateurs* qui persuadent toujours.

> Ah ! les femmes *docteurs* ne sont pas de mon goût. (Molière.)

Les femmes *poëtes* sont mauvaises ménagères : la rime s'accorde mal avec l'économie. — Hypathia enseignait elle-même la doctrine d'Aristote et de Platon ; on l'appelait *le philosophe*. — Mademoiselle de Schurman était *peintre, musicien, graveur, sculpteur, philosophe, géomètre, théologien* même ; elle avait encore le mérite d'entendre et de parler neuf langues différentes.

Noms qui s'emploient aux deux genres.

5. Exercices.

Corrigez les fautes. (§§ 30-44.)

L'aigle *audacieux*, planant au haut des airs, dispute à *un* autre aigle les limites de son vaste empire. — *Un* aigle qui s'élève au-dessus des nues est la devise de ceux qui acquièrent de la gloire dans une vie retirée et cachée. — Voilà des aigles bien *désœuvré* de s'amuser à chasser aux mouches. — Le papier *grand aigle* est particulièrement destiné à l'impression des cartes géographiques.

> L'enfant verse des larmes,
> Saute au cou de sa mère, et sent de quel retour
> On doit payer *le maternel* amour. (Aubert.)

En terme de blason, aigliau désignait *un* jeune aigle *représenté* sans bec et sans serres. — Germanicus porta les aigles *romain* aux rives de l'Elbe. — L'aigle de Meaux plane *seul* à cette hauteur étonnante. — L'aigle *persan* était d'or, l'aigle *romain* était ou d'or ou d'argent. — L'amour *divin* est la source de toutes les vertus. — L'amour du jeu réunit *tout* les autres amours. — Un fou peut jeter *un* couple de louis dans la mer et dire qu'il en a joui.

> L'Honneur et l'Equité, sa sœur,
> Régnaient chéris du ciel, dans une paix profonde...
> Tout vivait en commun sous *ce* couple *adoré*. (Boileau.)

Ils s'aiment tous deux d'*un* amour *fraternel* que rien ne trouble. — *Couronné* d'épis, tenant en main sa faucille, l'Automne *joyeux* descend sur nos campagnes jaunissantes. — *Un* couple de pigeons est suffisant pour peupler une volière. — Il faut à peu près vingt livres de blé par an pour nourrir *un* couple de moineaux. — Oreste et Pylade étaient *un* couple d'amis. — Je suis bien aise que vous ayez *cet* automne *un* couple de beaux-frères. — *Un* couple de pigeons ne sont pas suffisants pour le dîner de six personnes.

1.

C'est *un grand* délice de boire frais en été. — La lecture des divines Ecritures faisait les plus *cher* délices des premiers fidèles. — Les délices du cœur sont plus *touchants* que *ceux* de l'esprit. — Combien de fois, parvenus au sommet d'un mont sourcilleux, nous avons vu *la* foudre serpenter au-dessous de nous ! — Il lançait çà et là des regards terribles comme des foudres *vengeur*. — L'aigle de Jupiter est *représenté* tenant *un* foudre dans ses serres. — Ces foudres de bronze, que l'enfer a *inventé* pour la destruction des hommes, tonnaient de toutes parts. — Les prières ferventes apaisent Dieu, et lui arrachent *la* foudre des mains.

La valeur d'Alexandre a peine était connue ;
Ce foudre était encore *enfermé* dans la nue. (Racine.)

Les gens *heureux* ne se corrigent guère. — Peu de gens savent être *vieux*. — Les questionneurs les plus impitoyables sont les gens *vain* et *désœuvré*. — Parler et offenser, pour de *certain* gens, est précisément la même chose. — Il y a à la ville, comme ailleurs, de fort *sot* gens, des gens fades, *oisif*, *désoccupé*. — Il est rare que les grands géomètres soient fins, et que les gens *fin* soient de grands géomètres. — C'est abréger avec *certain* gens que de penser qu'*ils* sont incapables de parler juste. — Les *bon* gens sont *tout bavard*. — Les *faux* honnêtes gens sont ceux qui déguisent leurs défauts aux autres et à eux-mêmes.— *Tout* nos gens sont *sorti*. — L'espace était étroit, mais nous trouvâmes le moyen de nous y loger *tout*, bêtes et gens.

Malgré tout le succès de l'esprit des méchants,
Je sens qu'on en revient toujours aux *bon* gens.

(Gresset.)

Au milieu des lampes, des parfums, aux soupirs de l'orgue, au balancement des cloches, *cet* hymne faisait résonner les vitraux, les souterrains et les dômes de la basilique. — Callimaque a composé de *long* hymnes en l'honneur des dieux. — *Athalie* est l'œuvre *le* plus *par-*

fait du génie inspiré par la religion. — On travaille sans succès *au grand* œuvre de la félicité publique, si l'on ne prend pour base l'amour de la patrie. — La religion désavoue les œuvres les plus *saint* qu'on substitue aux devoirs. — Les historiens rapportent qu'une femme mourut de plaisir en entendant les orgues que l'empereur Constantin Copronyme avait *envoyé* à Pépin, père de Charlemagne. — A Milan, au dôme, il y a deux *grand* orgues, *un* de chaque côté. — *Cet* orgue pourra être *cité* comme *un* des plus *grand* et des plus *complet* qui existent.

Le temple de Sion était dans le silence ;
Les *saint* hymnes dormaient sur les harpes de Dieu ;
Les foyers odorants que l'encensoir balance,
S'éteignaient ; et l'encens, comme un nuage immense,
S'élevait en rampant sur les murs du saint lieu.
(Lamartine.)

Comme les Juifs au banquet de ... Pâque, on assiste au banquet de la vie à la hâte, debout, les reins ceints d'une corde, les souliers aux pieds et le bâton à la main. — Mettez-vous en état de faire de *bon* Pâques. — Je prenais souvent plaisir à blâmer publiquement quelque chose qu'il avait *fait*. — N'entreprenez rien témérairement ; mais quand vous avez résolu quelque chose, exécutez-*le* avec vigueur.

Le poulain né *d* barbe en hauteur le surpasse. (Rosset.)

De sa patte droite l'ours saisit dans l'eau le poisson qu'il voit passer. Si, après avoir assouvi sa faim, il lui reste quelque chose de son repas, il *le* cache. — Ces actions qui comblèrent Pompée de gloire firent que dans la suite, quelque chose qu'il eût *fait* au préjudice des lois, le Sénat se déclara toujours pour lui. — Le serment le plus sacré qu'on puisse exiger d'un Asiatique est de le faire jurer sur *s* barbe. — *Un* crêpe est une pâte fort mince qu'on fait cuire en l'étendant sur *l* poêle. — *Un* enseigne aux gardes a monté le premier à l'assaut. — Je suis logé ... même enseigne que vous.

Les gardes *forestier* sont *institué* pour la conservation des bois et des forêts. — A cause de ses rapports continuels avec le malade, *l* garde doit avoir encore deux vertus fort rares, la douceur et la patience. — Une jeune fille ne peut avoir *un meilleur* guide que sa mère. — Je vis Washington passer dans une voiture qu'emportaient avec rapidité quatre chevaux fringants, conduits à *grand* guides.

> Je rends grâces aux dieux de n'être pas Romain,
> Pour conserver encor quelque chose d'*humain*. (Corneille.)

C'est par *l* greffe qu'on a trouvé le secret d'adoucir l'amertume et l'âpreté des fruits qui viennent dans les forêts. — Il ne faut jamais jeter *l* manche après la cognée.—Un sage suit *l* mode, et tout bas il s'en moque. — Les moules passent pour être indigestes; *ils* sont peu *recherché* sur les tables délicates.

> La famille pâlit, et vit en frémissant
> Dans la poudre *d* greffe un poëte naissant. (Boileau.)

Les mousses sont souvent *traité* avec trop de barbarie. — Je vous constitue pendant le souper au gouvernement des bouteilles ; et s'il se casse quelque chose, je *le* rabattrai sur vos gages. — C'est dans un morceau d'ambre que la propriété électrique fut aperçue pour la première fois; et l'homme est parti de ce point pour arracher *l* foudre du ciel.

> Le laboureur répond au taureau qui l'appelle;
> L'aurore les ramène au sillon commencé.
> Il conduit en chantant *l* couple qu'il attelle. (Lamartine.)

Quel délice de rencontrer les yeux de celui à qui on vient de donner! — On appelle orge *mondé* des grains d'orge qu'on a bien nettoyés et bien préparés ; et orge *perlé*, de l'orge *réduit* en petits grains, dépouillés de leur son. — Les espaces sont de différentes épaisseurs; il y en a de *fort*, de minces et de *moyen*, pour donner au compositeur la facilité de justifier.

Un page de l'Evangile est plus *puissant* pour apprendre à mourir que tous les volumes des philosophes. — *L* mode règle tout, souvent même *l* mode de gouvernement. — L'homme sensible, en voyage, est tenté de s'arrêter chez les *premier bon* gens qu'il trouve.

Soyez-vous à vous-même *un* sévère critique. (Boileau.)

L'astre, enflammant les vapeurs de la cité, semblait osciller lentement dans un fluide d'or, comme *l* pendule de l'horloge des siècles. — *Un* parallèle est une ligne qui a deux de ses points également éloignés d'une autre ligne. — Ce n'est point un grand avantage d'avoir l'esprit vif, si on ne l'a juste. La perfection d'*un* pendule n'est pas d'aller vite, mais d'être *réglé*. — J'entends, je perdrais tout sans doute ... parallèle.

Demeurons dans *l* poste où le ciel nous a mis. (Racine.)

Des périodes *pur* et *harmonieux* semblent mettre notre langue en musique. — Démosthènes et Cicéron ont porté l'éloquence à *s...* plus *haut* période. — Je tombai par malheur *d...* poêle en la braise. — Les passions les plus violentes nous laissent quelquefois *d...* relâche, mais la vanité nous agite toujours. — Entre *l* vase et les lèvres, il reste encore de la place pour un accident.

Poisson, mon bel ami, qui faites le prêcheur,
Vous irez dans *l* poêle ; et vous avez beau dire,
Dès ce soir on vous fera frire. (La Font.)

Le léger enfoncement que l'on appelle la fossette, est un agrément qui se joint aux grâces dont *l* souris est ordinairement accompagné. — Si vous voulez partir, *l* voile est *préparé*. — Poussés par les vents sur les bancs de Terre-Neuve, nous fûmes obligés de faire *un second* relâche à l'île de Saint-Pierre. — *L* voile qui enveloppe l'avenir n'est pas un des moindres bienfaits de la Providence.

LE NOMBRE DANS LES NOMS.

6. LES ENFANTS AU JARDIN DES TUILERIES.

Soulignez les noms qui sont du pluriel. (§ 45.)

Ce qui fait, pour moi du moins, le véritable attrait des Tuileries, ce sont les enfants ; je veux dire ceux qui ne comptent pas encore dix années, dont les membres ont tout leur potelé et toute leur mollesse, dont la carnation est si fraîche, les mouvements si souples et si gracieux, les cheveux si moelleux et si beaux lorsqu'ils roulent en boucles soyeuses autour d'une figure animée par le jeu. Quel charme dans leur gaieté, dans l'innocente ivresse qui fait étinceler leurs yeux dans ce sang vif et pur qui vient colorer leurs joues ! Quelle gentillesse dans leurs petites mutineries, dans leurs chagrins passagers, dans cette jolie moue qui leur appartient ! Et combien est touchante la coquetterie maternelle qui s'exerce sur ces délicieuses créatures ! J'entends la coquetterie de bon goût, celle qui songe à faire valoir leurs naturelles beautés, et non pas l'imbécile vanité qui les étouffe sous des déguisements bizarres. De grâce, mesdames, point d'uniformes, de schakos, d'épaulettes, de harnais militaires à ces garçons rondelets qui veulent se rouler dans la poussière, livrer leur chevelure aux vents, respirer la vie par tout le corps. Que leur cou soit nu, leurs jambes libres ; que leur coiffure puisse tomber sans dommage, car elle doit tomber. J'ai vu assez de grands enfants en gardes nationaux ; dispensez les petits du ridicule et n'enlaidissez pas à plaisir ces marmots, dont le rire, les exercices, les cris en plein air, peuvent en ce moment raviver une âme flétrie. Il m'est arrivé de conduire ici même, au milieu de leurs groupes joyeux, un philosophe chagrin, morose, misanthrope. La vue de ces enfants dérida un instant son front, le sourire effleura ses lèvres ; mais il s'écria tout à coup : « Quel dommage que tout cela soit destiné à devenir des hommes ! » (A. BAZIN.)

Formation du pluriel dans les noms.

7. Exercices.

Mettez au pluriel les noms en italique. (§§ 46-52.)

Les *brou* de *noix* sont les *écale* vertes des *noix*. —
Arrivés au bord du fleuve, nous passâmes à gué les *eau*
limpides, au travers de grands *roseau*, de beaux
laurier-roses en pleine fleur. — Les *ancien* allumaient
leurs *feu* en frappant deux *caillou*. — Les *corail* sont
des *espèce* de *rameau* rouges et pierreux formés par
des *animal* marins nommés *polybe*.

A raconter ses *mal* souvent on les soulage. (Corneille.)

Une multitude d'*araignée* filent dans les *nopalière*,
et c'est le long de ces *fil*, comme sur des *pont*, que les
petites *cochenille* émigrent sur les *nopal* voisins. —
Selon les *sauvage*, les *orignal* ont un roi surnommé
le grand orignal; ses *sujet* lui rendent toutes *sorte* de
devoir. — Les *pierre* appelées *œil*-de-poisson, quoique
assez rares, ne sont pas d'un grand prix. — Un vaste
silence régnait sur le désert; seulement, à de longs
intervalle, on entendait les lugubres *cri* de quelques
chacal.

Un siège aux *clou* d'argent te place à nos *coté*. (Chénier.)

Les *noisette*, qui paraissent d'une seule pièce, sont
percées de petits *trou* presque imperceptibles. — Quand
le vent souffle sur un champ de *pois*, vous voyez toutes
les *fleur* tourner le dos au vent, comme autant de
girouette. — Les *monastère* sont favorables à la société,
parce que les *religieux*, en consommant leurs *denrée* sur
les *lieu*, répandent l'aumône dans la cabane du pauvre.
—Il y a un proverbe espagnol qui dit qu'il faut choisir
du fromage sans *œil*, du pain qui ait des *œil*, et du
vin qui saute aux *œil*. — Les *succès* couvrent les *faute*,
les *revers* les rappellent. — Certains *oiseau* nocturnes,
comme les *hibou*, sont fort utiles aux *cultivateur*.

8. LE JARDINIER ET SON ANE.

Mettez au pluriel les noms en italique.

Un jardinier, se disposant à aller vendre ses *légume* au marché de la ville voisine, chargea son âne d'une telle quantité de *carotte*, de *chou*, de *poireau*, d'*oignon* et d'*artichaut*, que la pauvre bête était comme ensevelie au milieu de tous ces *objet*, et qu'on n'apercevait plus que ses *oreille* et ses quatre *patte*.

Chemin faisant, ils traversèrent des *lieu* marécageux et des *ruisseau* bordés de *saule*. « Voilà bien mon affaire, s'écrie le jardinier ; je vais couper quelques *fagot* de ces *osier*, qui me serviront d'excellents *lien* ; le poids n'en est pas bien considérable ; mon baudet serait le dernier des *grison* s'il ne supportait pas allègrement ce minime surcroît de charge. » _

Un peu plus loin, la route longeait des *touffe* de *coudrier*. « Bon, se dit notre homme, je ferai bien de prendre ici quelques *douzaine* de minces *baguette* ; elles seront des *appui* pour mes *fleur*. Elles sont si légères, du reste, que mon âne aurait mauvaise grâce de se plaindre. »

Cependant le soleil, s'élevant de plus en plus au-dessus de l'horizon, commençait à darder ses *rayon* avec force. Le jardinier étouffait sous ses épais *vêtement* : « Vite, pensa-t-il, débarrassons-nous d'une partie de ces *harde*. » Ainsi dit, ainsi fait ; et voilà les *vêtement* sur les *épaule* de la pauvre bête.

A peine avait-il fait quelques *pas*, que l'âne, trébuchant sous le poids de tant de *fardeau* accumulés, va se heurter contre un de ces *tas* de *caillou* placés le long des *route*. La pauvre bête tombe sur ses *genou* pour ne plus se relever.

On ne doit imposer ni aux *homme* ni aux *animal* des *travail* au-dessus de leurs *force*.

Pluriel des noms propres.

9. Exercices.

Corrigez les fautes. (§§ 53, 54.)

Au siècle des *La Rochefoucault*, des *Sévigné*, il était de bon ton pour un gentilhomme de ne pas savoir l'orthographe. — Les deux *Gracque*, en flattant le peuple, commencèrent les divisions qui ne finirent qu'avec la République.—Les *La Fontaine*, les *Boileau*, les *Racine*, les *Molière*, vivaient entre eux. — Ce furent les vices et les flatteries des Grecs et des Asiatiques, esclaves à Rome, qui y formèrent les *Catilina*, les *César*, les *Néron*. — Les pyramides d'Egypte s'en vont en poudre, et les graminées du temps des *Pharaon* subsistent encore.

Les Titus craignent-ils le destin des *Néron*? (De Belloy.)

Les *Boileau* et les *Gilbert* furent les *Juvénal* de leur siècle. — Les plus savants des hommes, les *Socrate*, les *Platon*, les *Newton*, ont été aussi les plus religieux. — Le même roi qui sut employer les *Condé*, les *Turenne*, les *Luxembourg*, les *Créqui*, les *Catina* et les *Villars* dans ses armées, les *Colbert* et les *Louvois* dans son cabinet, choisit les *Racine* et les *Boileau* pour écrire son histoire, les *Bossuet* et les *Fénelon* pour instruire ses enfants, les *Fléchier*, les *Bourdaloue* et les *Massillon* pour l'instruire lui-même.

Les *Stentor* des salons sont pour nous un supplice. (Delille.)

Les *Charlemagne* et les saint *Louis* relevèrent l'éclat de leur règne en relevant celui de la religion.—De même que tous les conquérants sont devenus des *Alexandre*, tous les tyrans ont hérité du nom de Néron. — Catherine de Médicis nourrit la haine des *Condé* contre les *Guise*. — Les deux *Corneille* sont nés à Rouen. — A cette vente de tableaux il y avait deux *Raphaël* d'une rare beauté. — Les deux *Pline* que possède la bibliothèque du roi sont d'une conservation parfaite.

Pluriel des noms composés.

10. Exercices.

Corrigez les fautes. (§§ 55-59.)

Nous n'attribuons aucun des *chef-d'œuvre* de l'homme au hasard ; pourrions-nous croire que lui-même en serait l'enfant ? — La plupart des gens font des *coq-à-l'âne* comme Monsieur Jourdain faisait de la prose. — Les *bec-d'argent* ne vont pas en troupes, mais toujours par paires. — J'ai passé ma journée avec des *aide-de-camp* et de jeunes militaires. — Des *paille-en-queue* parcourent tous les jours des trois ou quatre cents lieues sans jamais manquer de retrouver le soir le rocher d'où ils sont partis le matin. — Je ne puis douter que l'usage immodéré du café, du thé, du chocolat, des épiceries, n'ait chez les Européens une partie des effets que nos *eau-de-vie* ont chez les sauvages. — Enfants, hâtez-vous de rassembler vos ballons et vos *cerf-volant*.

Il est de ces instants où l'âme anéantie
D'un sinistre avenir paraît être avertie ;
Et souvent, en effet, ces secrètes terreurs
Des désastres prochains sont les *avant-coureur*. (Chénier.)

Allez dans la prairie, et vous pourrez admirer à la fois mille *arc-en-ciel* peints sur chaque goutte de rosée, et qui mêlent leurs riches couleurs à la parure des champs. — Les *belle-de-nuit* du Pérou ne fleurissent que la nuit. — Le son grave que font entendre les *coq-d'Inde* avant leur cri, le roucoulement du pigeon qui s'exécute sans ouvrir le bec, sont des sons de même nature. — Les *martin-pêcheur* et une foule d'oiseaux riverains, embellissent par l'émail de leurs couleurs les bords des fleuves de l'Amérique. — C'est dans les contrées les plus chaudes du Nouveau-Monde que se trouvent toutes les espèces d'*oiseau-mouche*. — Les lieux où l'on prend le plus de *faucon-pèlerin* sont les côtes de Barbarie et toutes les îles de la Méditerranée.

Les loriots mangent la chair des cerises, et les *gros-bec* cassent les noyaux et en mangent l'amande. — Les pigeons polonais sont plus gros que les *pigeon-paon*. — Les *orang-outang* sont extrêmement sauvages ; mais il paraît qu'ils sont peu méchants, et qu'ils parviennent assez promptement à entendre ce qu'on leur commande. —Nous avons vu des *porc-épic*, et jamais nous ne les avons vus, quoique violemment excités, darder leurs piquants.

> Il est au Louvre un galetas
> Où, dans un calme solitaire,
> Les *chauve-souris* et les rats
> Viennent tenir leur cour plénière. (De Villette.)

Les civettes cherchent, comme les renards, à entrer dans les *basse-cour* pour emporter les volailles. — Les *loup-cervier* du Canada sont plus petits et plus blancs que ceux d'Europe ; et c'est cette différence qui les a fait appeler *chat-cervier*. — Les *bonjour-commandeur* ont le cri de nos moineaux de France.

> Eurotas, Eurotas, que font ces *laurier-rose*
> Sur ton rivage en deuil par la mort habité ? (C. Delavigne.)

J'allais avec la foule des *gobe-mouche* attendre sur la place l'arrivée des courriers. — Les *aigue-marine* sont des pierres précieuses qui ont des reflets verts semblables à l'eau de mer.—Dans les choses qui nous intéressent, ne nous arrêtons pas aux *ouï-dire*.

> Je regarde à mes pieds si mes bourgeons en pleurs
> Ont de mes *perce-neige* épanoui les fleurs. (Lamartine.)

Les sables de l'Afrique, où nous n'avons pas de *garde-chasse*, nous envoient des nuées de cailles et d'oiseaux de passage, qui traversent les mers au printemps, pour couvrir nos tables en automne. — Nous découvrîmes de loin une troupe nombreuse d'habitants des montagnes Bleues qui descendaient dans la plaine armés de *casse-tête*. — La neige couvre le pont et le toit de notre navire, et forme nos observatoires et nos *garde-manger*.

Noms dérivés des langues étrangères, et mots invariables pris substantivement.

11 Exercices.

Corrigez les fautes. (§§ 60-62.)

On attribue l'invention des *oratorio* à saint Philippe de Néri. — Il n'est rien de plus faux et de plus ridicule que la manière ordinaire de rendre les *aparté* sur la scène. — Je n'aime pas les *h* aspirées : cela fait mal à la poitrine ; je suis pour l'euphonie.

Nous fatiguons le ciel à force de *placet*. (La Fontaine.)
Il met tous les matins six *impromptu* au net. (Boileau.)

Plusieurs *peu* font un beaucoup. — Vous direz cinq *Pater* et cinq *Ave*. — Les *Lazzarone* forment une grande partie de la population de Naples. — Ce fut Mazarin qui fit représenter à Paris les premiers *opéra*, et c'étaient des *opéra* italiens.

Il ne demande pas les *comment*, les *pourquoi* ;
Les définitions le font pâlir d'effroi. (Delille.)

Les *carbonaro* forment en Italie une société politique et secrète. — On périssait de misère au bruit des *Te Deum* et parmi les réjouissances. — C'est un de vos *post-scriptum* d'autrefois. — On a joint à l'édition des œuvres de Malherbe publiée à Caën plusieurs *fac-simile* de son écriture.

Les *si*, les *mais*, les *oui*, les *non*,
Toujours à contre-sens, toujours hors de saison,
Echappent au hasard à sa molle indolence. (Delille.)

On aura quelque part omis une virgule ; que sais-je ? on n'aura pas mis les points sur les *i*, aussitôt cela fait un procès ridicule. — Il faut se garder d'enseigner aux enfants ces phrases d'une politesse affectée dont ils surchargent leurs demandes, comme les *je vous en prie*, les *petite maman, en grâce*.

L'ARTICLE.

12. UNE NUIT D'ÉTÉ A SAINT-PÉTERSBOURG.

Remplacez les points par l'article convenable, et mettez au pluriel
les noms en italique. (§§ 63, 64.)

Rien n'est plus rare, rien n'est plus enchanteur qu'une belle nuit d'été à Saint-Pétersbourg, soit que ... longueur de ...hiver et ... rareté de ces nuits leur donnent, en les rendant plus désirables, un charme particulier, soit que réellement, comme je le crois, elles soient plus douces et plus calmes que dans ... plus beaux *climat*.

Le soleil, qui dans ... *zone* tempérées se précipite à ...horizon et ne laisse après lui qu'un crépuscule fugitif, rase ici lentement une terre dont il semble se détacher à regret. Son disque, environné de *vapeur* rougeâtres, roule, comme un char enflammé, sur ... sombres *forêt* qui couronnent ...horizon, et ses *rayon*, réfléchis par ... vitrage ... *palais*, donnent ... spectateur ...idée d'un vaste incendie.

Les grands *fleuve* ont ordinairement un lit profond et des *bord* escarpés qui leur donnent un aspect sauvage. La Néva coule à pleins *bord* au sein d'une cité magnifique : ses *eau* limpides touchent ... gazon ... îles qu'elle embrasse, et, dans toute l'étendue de ... ville, elle est contenue par deux *quai* de granit, alignés à perte de vue, espèce de magnificence répétée dans ... trois grands *canal* qui parcourent ... capitale, et dont il n'est pas possible de trouver ailleurs ... modèle ni ...imitation.

Mille *chaloupe* se croisent et sillonnent ...eau en tous sens; on voit de loin ... *vaisseau* étrangers qui plient leurs *voile* et jettent ...ancre. Ils apportent sous ... pôle ... *fruit* ... *zone* brûlantes et toutes ... *production* de

...univers. Les brillants *oiseau* de ...Amérique voguent sur .... Néva avec des *bosquet d'oranger* : ils retrouvent en arrivant ... noix ... cocotier, ...ananas, ... citron et tous ... *fruit* de leur terre natale. Bientôt ... Russe opulent s'empare ... *richesse* qu'on lui présente, et jette ...or, sans compter, à ...avide marchand.

Nous rencontrions de temps en temps d'élégantes *chaloupe* dont on avait retiré ...~rame, et qui se laissaient aller doucement ... paisible courant de ces belles *eau*. Les *rameur* chantaient un air national, tandis que leurs *maître* jouissaient en silence de ... beauté ... spectacle et ... calme de ... nuit.

Près de nous, une longue barque emportait rapidement une noce de riches *négociant*. Un baldaquin cramoisi, garni de *frange* d'or, couvrait ... jeune couple et ... *parent*. Une musique russe, resserrée entre deux *file* de *rameur*, envoyait au loin ... son de ses bruyants *cornet*. Cette musique n'appartient qu'à ... Russie, et c'est peut-être ... seule chose particulière à un peuple qui ne soit pas ancienne.

A mesure que notre chaloupe s'éloignait, ... chant ... bateliers et ... bruit confus de ... ville s'éteignaient insensiblement. Le soleil était descendu sous ...horizon ; des *nuage* brillants répandaient une clarté douce, un demi-jour doré qu'on ne saurait peindre, et que je n'ai jamais vu ailleurs. La lumière et ... ténèbres semblaient se mêler et comme s'étendre pour former ... voile transparent qui couvre alors ces *campagne*.   (J. DE MAISTRE.)

L'ADJECTIF.

ADJECTIFS QUALIFICATIFS.

13. LES VÉGÉTAUX MARINS.

Soulignez les adjectifs qualificatifs, et mettez entre parenthèses les adjectifs déterminatifs. (§§ 66-90.)

Isolé au milieu de l'océan Indien, souvent un navire battu des vents, désolé par la famine, est sur le point de périr. Tout à coup le pilote aperçoit des forêts de fucus qui s'élèvent du fond de la mer; leurs feuilles, rondes et larges, sont criblées de trous qui laissent passer l'onde salée, mais leurs tiges et leurs racines offrent un mets aussi précieux que salutaire. A cet aspect, l'équipage sent son courage se ranimer; et, grâce à une faible plante, déjà il se dirige vers sa patrie bien-aimée.

L'Océan n'est pas seulement orné de forêts; il a aussi ses jardins et ses fleurs. C'est au milieu des coquilles de nacre et des arbres de corail que s'élèvent modestement les feuilles jaunes de la violette marine et le rosier des eaux, qui se couronne de fleurs comme le rosier des jardins. Mais parmi les brillants végétaux qui embellissent l'empire des ondes, rien n'est plus magnifique que ces fucus gigantesques dont les tiges semblent mesurer les gouffres qu'ils ombragent. Quelquefois la tempête brise, arrache et pousse ces forêts entières, avec tous leurs habitants, au milieu des grandes eaux. Alors, semblables à des filets, ils entraînent tout ce qui se trouve sur leur passage. Enveloppés dans ces îles de verdure, les poissons, les coquillages, les insectes, sont charriés dans les mers étrangères, où ils fondent de nouvelles colonies. Antiques habitants de ces vastes labyrinthes, ils se promènent dans les mêmes feuillages, reposent dans les mêmes retraites où ils reçurent le jour, et voyagent, pour ainsi dire, sans quitter leur patrie. (AIMÉ-MARTIN.)

Formation du féminin dans les adjectifs qualificatifs.

14. Exercices.

Mettez au féminin singulier les adjectifs en italique. (§§ 68-75.)

La brebis *perdu* est *préféré* par le Bon Pasteur à tout le reste du troupeau. — L'amour-propre ressemble à la *faux* tendresse d'une mère *insensé* qui gâte son enfant et le rend malheureux. — La *véritable* grandeur est *libre*, *doux* et *familier*. — La peau du castor est *fin*, sans être *chaud*. — La guerre *civil* est le règne du crime. — L'avarice est la plus *vil*, mais non la plus *malheureux* de nos passions. — La raillerie est toujours *indécent*.

C'est à regret qu'on voit cet auteur si charmant,
Chez toi toujours cherchant quelque finesse *aigu*,
Présenter au lecteur sa pensée *ambigu*. (Boileau.)

Quoi de plus doux qu'une *vieux* et *constant* amitié ?
— La douleur la plus *vrai* a, comme la fièvre, ses intermittences. — L'homme ne trouve pas de voix plus *harmonieux* que celle qui chante ses louanges. — La barbe est *tardif* et en petite quantité chez les Mongols. — Un vieil ami est une chose toujours *nouveau*. — Une joie *secret* n'est presque jamais une joie *complet*.

Une *étroit* chaumière, *antique* et *délabré*,
D'un pauvre tisserand était l'humble réduit. (Florian.)

La bouderie est l'arme *offensif* et *défensif* des âmes faibles. — Le suicide est une mort *furtif* et *honteux*. — Une personne *jaloux* trouve son supplice dans son propre cœur. — Une vanité *franc* déplaît moins qu'une *faux* modestie. — Une famille *vertueux* est un vaisseau tenu pendant la tempête par deux ancres : la religion et les mœurs. — La personne la plus *discret* se trahit par des bagatelles. — Les gens désœuvrés se couchent tard et dorment habituellement la *gras* matinée. — Heureux le peuple dont l'histoire est *ennuyeux* !

... du cavalier est le *meilleur* avoine du che-
... la pitié est *doux* quand elle vient à nous,
... elle est *amer* quand il faut l'implorer.— Vieillesse
... est bien près de la mort. — La paresse est de
... passions celle qui est la plus *inconnu* à nous-
... *nul* autre n'est plus *ardent* ni plus *malin*.

... ne sait point ourdir une langue *traître*,
Par sa *pernicieux* adresse? (La Font.)

La *bon* comédie est celle qui fait rire. — L'erreur de
... n'ont que de la prudence est de la croire supé-
... tout. — La curiosité *indiscret* marque presque
... quelque légèreté d'esprit. — La justice est mère
... la paix *public* et de l'ordre privé. — Une *beau* figure
... point un avantage indifférent pour les souverains ;
... visage règne. — La langue du cœur est la langue
universel.

Quelle voix *salutaire* ordonne que je vive,
... rappelle en mon sein mon âme *fugitif*? (Racine.)

Une puce paraît plus *gros* qu'un mouton dans le
microscope solaire. — Une sagesse *prudent* et *réglé*
entreprend les choses difficiles, et ne tente pas les impos-
... — S'enorgueillir de la beauté est une vanité *sot*
... *ridicule*. — L'exception d'une loi *général* est souvent,
... la nature, le fondement d'une loi *nouveau*. — A
brebis *tondu*, Dieu ménage le vent.

Un esprit né sans fard, sans *bas* complaisance,
Fuit ce ton radouci que prend la médisance. (Boileau.)

Une tête bien *fait* s'accommode de tous les oreillers.
— C'est d'une ronce *épineux* que l'homme a fait éclore,
... par enchantement, la rose *frais* et *parfumé*. —
... enfance n'est si *heureux* que parce qu'elle ne sait rien ;
... la vieillesse si *misérable*, que parce qu'elle sait trop.
— Quand l'administration est *secret*, on peut conclure
qu'il se commet des injustices. — Quand la poire est
mûr, elle tombe.

La chèvre est *vif, capricieux* et *vagabond.* — Le génie est le don d'inventer et d'exécuter d'une manière *neuf.* — Jésus-Christ pardonne à la femme *pécheur* dont le repentir est sincère. — Quand les abus sont accueillis par la soumission, bientôt la puissance *usurpateur* les érige en lois.

Ainsi de nos tyrans la ligue *protecteur*
D'une gloire *précoce* enfle un rimeur novice. (Gilbert.)

L'ingratitude la plus *odieux,* mais la plus *ancien,* est celle des enfants envers leur père. — Il serait à souhaiter que chacun fît son épitaphe de *bon* heure, qu'il la fît aussi *flatteur* que possible, et qu'il employât toute sa vie à la mériter. — La route la plus *sûr* est celle de la droiture. — Il est plus facile de jeter du ridicule sur une *beau* action que de l'imiter.

Et son corps ramassé dans sa *court* grosseur
Fait gémir les coussins sous sa *mou* épaisseur. (Boileau.)

La flatterie est une *faux* monnaie qui n'a de cours que par notre vanité. — Une brise *léger* apportait jusqu'à nous les suaves odeurs qui s'exhalaient des pommiers en fleurs. — Toutes les personnes qui aiment à railler ont dans le cœur une malignité *secret.* — La démarche des Arabes est grave et *fier.* — Le cuivre est une substance *conducteur* de la chaleur et de l'électricité. — Cette personne est très *instruit,* mais elle me paraît un peu *fat.*

Salut, champs que j'aimais, et vous, *doux* verdure,
     Et vous, riant exil des bois ;
Ciel, pavillon de l'homme, *admirable* nature,
     Salut pour la *dernier* fois ! (Gilbert.)

Le bouvreuil niche dans l'épine *blanc.* — Il avait mission *exprès* d'agir comme il l'a fait. — Les voleurs font un cours de droit à la police *correctionnel.* — La nation française a toujours été *vif, gai, généreux, brave, sincère, présomptueux* et *inconsidéré.* — Une conscience *pur* se rit d'une accusation *mensonger.*

Formation du pluriel dans les adjectifs qualificatifs.

15. LES PÈLERINAGES EN RUSSIE.

Corrigez les fautes. (§§ 76-79.)

Une des formes qu'affectionne plus particulièrement la piété des Russes, ce sont les pèlerinages. Tous les Slaves ont un goût prononcé pour la vie *errant;* ils aiment les voyages qui ouvrent devant eux de *long* horizons; ils sont *avide* d'impressions *nouveau,* et ne supportent qu'avec une impatience *secret* la monotonie d'une existence sédentaire. Les visites aux tombeaux des saints, qui satisfont à la fois leur ferveur et les instincts *nomade* de leur race, ont naturellement pris dans leurs habitudes *religieux* une place *considérable.* Un pèlerinage n'est pas pour eux une œuvre *secondaire, entrepris* seulement quand elle ne nuit ni aux affaires ni au travail: beaucoup de Russes consacrent à ces *pieux* voyages des mois et des années. Ils visitent successivement tous les lieux *saint* de leur pays, franchissent, sur des chemins souvent à peine *praticable,* des distances *énorme,* et, si leur fortune le permet, couronnent cet acte de foi, le plus méritoire à leurs yeux, en se rendant à Jérusalem pour baiser la pierre du sépulcre de notre divin Rédempteur.

Beaucoup prennent le chemin de Solovestk, *verdoyant petit* île de la mer Blanche, *sanctifié* par les vertus des *illustre* anachorètes Savatié et Zozime. Là s'élève, pareil à une forteresse, le monastère qui garde les reliques des deux saints. L'orageux océan du nord bat le pied de ses murailles et découpe la côte en une foule de criques, dont plusieurs se prolongent fort avant dans les terres. Des îlots et des rochers, entre lesquels bondissent en *blanc* écume les vagues *furieux,* entourent l'île *principal.* Leurs bords *pittoresque* sont *couvert* de mousses et *couronné* de forêts de pins et de bouleaux; chaque éminence est *surmonté* d'une église, avec sa *vert* coupole et sa croix *doré.* Les quais de Solovestk, *spacieux* et bien *bâti,* fourmillent de pèlerins. Dans l'enceinte des murs, le couvent, le palais, des tourelles, un imposant beffroi, deux cathédrales aux proportions *majestueux,* attirent et retiennent le regard. Çà et là, des chapelles *votif* apparaissent au milieu des arbres, et les *nombreux* croix *rouge* qui bordent la côte ajoutent à l'effet moral de ce poétique paysage.

L'intérieur répond aux promesses du dehors. Les arbres sont *magnifique* ; le sol accidenté forme ici un monticule aux *capricieux* contours ; plus loin, une vallée *ombreux,* au fond de laquelle sommeille un lac parsemé de *joli* îlots. Les eaux de Solovestk ont une vertu *sanctifiant* ; il n'est guère de pèlerin qui, dès son arrivée, ne s'y plonge, afin de purifier son âme en même temps que son corps.

Depuis le printemps jusqu'à l'automne, un flot incessant de pèlerins arrive d'Arkangel. La pénitence et la foi vont marquer tous les jours qu'ils passeront dans le sanctuaire. *Levé* avant l'aube, ils prolongent leurs veilles bien tard dans la nuit. A deux heures du matin, un moine, agitant une clochette, parcourt les *long* couloirs sur lesquels s'ouvrent les cellules : « Sortez de votre repos, c'est l'heure de la prière. » Hommes et femmes, *jeune* garçons et *jeune* filles, s'empressent de répondre à cet appel ; tous se précipitent vers la cathédrale. Une centaine de lampes sont *allumé* devant la châsse qui renferme les reliques de Savatié et de Zozime ; des parfums brûlent en leur honneur. Les fidèles courbent leur front jusqu'à terre et baisent le sol qui porte les dépouilles *vénéré.* Le pope commence les matines ; les moines reprennent après lui, d'une voix *doux, lent,* et qui a quelque chose de *solennel,* les versets de l'hymne *saint. Cet* office se dit dans la *nouveau* cathédrale. Quand *il* est *terminé,* un second commence dans l'*ancien* église ;

puis chacun va, selon l'inspiration de sa piété, s'age-
nouiller devant les tombes *béni* des deux anachorètes,
ou méditer dans une *long* galerie, sur les murs de
laquelle un art tout primitif a représenté les joies du ciel,
les supplices de l'enfer.

Pendant tout ce temps, on observe un jeûne absolu.
C'est seulement à neuf heures, après la *premier* messe,
que les pèlerins les plus *faible* ou les moins *fervent*
peuvent se permettre le luxe d'une tasse de thé. La plupart s'en abstiennent, et, *soutenu* par leur *pieux* ardeur,
restent encore deux heures *entier* debout, la tête et les
pieds *nu*, pour assister à la grand'messe et entendre,
d'une oreille *ravi*, les *antique* hymnes *slave* qui accom-
pagnent l'officiant.

Enfin, vers midi, les pèlerins se rendent au réfectoire,
vaste salle *voûté*, *situé* au-dessous de l'église, et où,
pendant l'hiver, se célèbre l'office *divin*. De *long* tables ont été *disposé* dans cette crypte ; une assiette
d'étain et une cuiller de bois attendent chaque convive. Le
premier service se compose de sardines *coupé* en quatre,
de *petit* rondelles d'oignons *cru*, d'une soupe *aigre* et
d'un plat de morue *froid*. Au signal donné par une
cloche, tous les fidèles se prosternent et font sept fois le
signe de la croix ; un jeune novice distribue des morceaux de pain blanc, béni le matin par un prêtre, tandis
qu'un des moines commence à *haut* voix la lecture d'un
chapitre de la vie des Saints.

Alors viennent les visites aux reliques dont l'île est
rempli, les bains *purificateur* dans les eaux des lacs,
puis de *nouveau* offices, des méditations, d'*édifiant*
lectures. Le souper ressemble au déjeuner, à cela près
qu'il est moins abondant ; mais les pèlerins sont en ce
lieu pour apprendre à mépriser les superfluités *mon-
dain*, et la rudesse *ordinaire* de leur vie les prépare à
l'austérité de ces jours de recueillement et de pénitence.

(E. JOUVEAUX.)

Degrés de signification dans les adjectifs qualificatifs.

16. Exercices.

Mettez les adjectifs en italique au comparatif de supériorité, d'infériorité
ou d'égalité, selon le sens. (§ 80.)

Il est ... *honteux* de se défier de ses amis que d'en
être trompé. — Rien n'est ... *désagréable* qu'un homme
qui se cite à tout propos.— Ne nous servons pas de
paroles ... *grandes* que les choses. — Les honnêtes gens
doivent penser à leur salut par un motif ... *noble* que
celui de la peur. — On est . . *sociable* et d'un ... *bon*
commerce par le cœur que par l'esprit.— La philosophie
est l'art d'éclairer les hommes pour les rendre ... *bons.*
- Il n'y a point de repos ... *doux* que celui qui s'a-
chète par le travail. — Celui-là peut prendre, qui trouve
un plaisir ... *délicat* à recevoir que son ami en sent à lui
donner.

Il n'est ... *mauvaise* eau que l'eau qui dort. (Proverbe.)

Ce n'est pas être petit que d'être ... *petit* qu'un grand.
— Le naufrage et la mort sont ... *funestes* que les
plaisirs qui attaquent la vertu. — Le pied du cerf est
... *fait* que celui du bœuf. — La ... *petite* bassesse
déshonore les enfants des rois. — Soyez ... *bon,* vous
serez ... *heureux.* — Un gros rat est ... *méchant* et
presque ... *fort* qu'un jeune chat. — Un coup de langue
est ... *mauvais* qu'un coup de lance. — Nos ... *bonnes*
actions nous feraient quelquefois honte, si l'on savait ce
qui nous les fait faire. — Il y a un plaisir ... *sensible* et
... *délicat* que celui de satisfaire ses passions, c'est
celui de les vaincre. — Il est probable que l'orfraie
n'a pas la vue ... *nette* ni ... *perçante* que l'aigle. — Le
bien est ... *ancien* dans le monde que le mal. — Les
actions sont ... *sincères* que les paroles.

Il n'est ... *bon* ami ni parent que soi-même. (La Font.)

17. Exercices.

Mettez les adjectifs en italique au superlatif relatif ou au superlatif absolu, selon le sens, (§ 80.)

Les adversités sont utiles et même nécessaires aux hommes ... ... *vertueux*. — Le paysan ... ... *épais* n'est pas un sot quand il s'agit de ses intérêts. — Le pain est ... ... *bon* de tous les aliments végétaux. — Le périgée est le moment où la lune est ... ... *rapprochée* de la terre, l'apogée est le moment où elle en est ... ... *éloignée*. — ... ... *grandes* réputations ne sont pas toujours ... ... *fondées*. — L'étude est ... ... *solide* nourriture de l'esprit. — L'amour-propre est ... ... *grand* de tous les flatteurs. — ... ... *riche* des hommes, c'est l'économe ; ... ... *pauvre*, c'est l'avare. — Sous la constitution ... ... *libre*, un peuple ignorant est toujours esclave.

Dès qu'il faut obéir, le parti ... ... *sage*
Est de savoir se faire un heureux esclavage. (Crébillon.)

La douce voix de l'amitié est ... ... *sûr* remède contre l'affliction. — Le plaisir ... ... *délicat* est de faire celui d'autrui. — La probité reconnue est ... ... *sûr* de tous les serments. — Je vous prie de croire, ma fille, que je ne songe qu'à vous, et que vous m'êtes ... *chère*. — Un bienfait reçu est ... ... *sacrée* de toutes les dettes. — ... ... *justes* ressentiments doivent céder au repentir. — ... ... *brillantes* fortunes ne valent pas souvent les petitesses qu'il faut pour les acquérir. — Les qualités ... ... *brillantes* deviennent inutiles lorsqu'elles ne sont pas soutenues par la force de caractère. — La distinction ... ... *exposée* à l'envie est celle qui vient d'une longue suite d'ancêtres. — Il y a un tour à donner à tout, même aux choses qui en paraissent ... ... *susceptibles*. — Le reproche ... ... *léger* est souvent ... *lourd* sur le cœur.

La raison du plus fort est toujours ... ... *bonne*. (La Font.)

ADJECTIFS DÉTERMINATIFS.

18. UNE CURIEUSE ÉPITAPHE.

Écrivez en lettres les nombres écrits en chiffres. (§§ 83-85.)

Il y a des gens qui se multiplient dans tous les coins, qui peuplent en un instant les quatre quartiers d'une ville. 100 hommes de cette espèce tiennent plus de place que 2,000 citoyens; ils pourraient réparer aux yeux de l'étranger, les ravages de la peste et de la famine réunies. Un d'eux mourut l'autre jour de lassitude, et l'on mit cette épitaphe sur son tombeau :

C'est ici que repose celui qui ne s'est jamais reposé. Il s'est promené à 530 enterrements; il s'est réjoui de la naissance de 2,680 enfants. Les pensions dont il a félicité ses amis, toujours en des termes différents, montent à 2,600,000 livres; le chemin qu'il a fait sur le pavé, s'élève à 9,600 lieues; celui qu'il a fait dans la campagne, à 630,000. Sa conversation était amusante : il avait un recueil tout fait de 365 contes; il possédait d'ailleurs, depuis son jeune âge, 618 maximes, tirées de 280 écrivains anciens, qu'il employait dans les conversations brillantes. Il est mort en l'an 1600, à la 71ᵉ année de son âge. Je me tais, voyageur; comment pourrais-je te dire les 1,000 choses qu'il a faites et qu'il a vues ?   (MONTESQUIEU.)

19. LE CALIFE ET LE CADI.

Remplacez les points par l'adjectif déterminatif convenable. (§§ 81-90.)

Une pauvre femme de Zehra possédait ... petit champ contigu aux jardins du calife. Hakkam voulut bâtir ... pavillon dans ... champ, et il fit proposer à ... femme de le lui vendre. Celle-ci refusa ... ses offres, en déclarant qu'elle ne renoncerait jamais à l'héritage de ... pères. Hakkam sans doute ne fut pas informé de ...

résistance. Quoi qu'il en soit, l'intendant des jardins, en digne ministre d'... despote, s'empara du champ par la force, et le pavillon fut bâti.

La pauvre femme, au désespoir, courut à Cordoue raconter ... malheur au cadi Béchir, et le consulta sur ce qu'elle devait faire. Le cadi pensa que le prince des croyants n'avait pas plus qu'un autre le droit de s'emparer du bien d'autrui, et il s'occupa des moyens de lui rappeler ... vérité, que les meilleurs princes peuvent oublier ... moment.

Un jour qu'Hakkam, environné de ... cour, était dans le pavillon bâti sur le terrain de la pauvre femme, on vit arriver le cadi Béchir monté sur ... âne, portant dans ... mains ... sac vide. Le calife, étonné, lui demanda ce qu'il voulait. « Prince des fidèles, répond Béchir, je viens te demander de remplir ... sac de la terre que tu foules en ... moment à ... pieds. » Hakkam y consent avec empressement ; le cadi remplit ... sac de terre. Quand il est plein, il le laisse debout, s'approche du calife, et le supplie de mettre le comble à ... bonté en l'aidant à charger ... sac sur ... âne. Hakkam s'amuse de la proposition, et vient pour soulever le sac. Mais pouvant à peine le mouvoir, il le laisse tomber en riant, et se plaint de ... poids énorme. « Prince des croyants, dit alors Béchir avec ... imposante gravité, ... sac que tu trouves si lourd, ne contient pourtant qu'une petite parcelle du champ usurpé par toi sur ... de ... sujettes ; comment soutiendras-tu le poids de ... champ, quand tu paraîtras devant le grand juge, chargé de ... iniquité ? »

Hakkam, frappé de ... image, courut embrasser le cadi, le remercia, reconnut ... faute, et rendit sur l'heure à la pauvre femme le champ dont on l'avait dépouillée, en y joignant le don du pavillon et des richesses qu'il contenait.   (FLORIAN.)

2.

20. MONSELICE.

Corrigez les fautes et remplacez les points par l'adjectif déterminatif
convenable. (§§ 81-90.)

Monselice est ... assez *chétif* bourgade, où se voit ...
maison de campagne, *bâti* autrefois par je ne sais ...
famille *sénatorial*. Edifice comme ils ne sont pas *rare*
en ... pays, où beaucoup de dénûment donne la main à
beaucoup de splendeur. La porte, magnifique, est *fermé*
par ... misérable loquet ; on entre, on se trouve au milieu de mille choses qui dénotent à la fois ... richesse
prodigue, et ... pauvreté qui n'a plus rien à craindre
des *larron*. Les *mur* sont *chargé* de *statue grotesque*:
bouffons que le temps a rendus *plaintif*, et dont il s'est
cruellement amusé, enlevant à l'un ... jambe difforme, à
l'autre son doigt narquois ; de celui-ci crevant l'œil, ou
de celui-là partageant la bosse en ... *moitié*, dont
l'une gît tristement sur la muraille, et l'autre reste à ...
poste comme un bon mot qu'un faux plaisant ne peut
achever ; les *dalle* se disjoignent, pour faire place au
brin d'herbe, vainqueur de la pierre et du ciment ; les
marche des *vaste escalier* sont *branlant*, *moussu*,
plein de *secret asile* où le lézard se réfugie, *orné* çà
et là de *fleur sauvage* où l'abeille vient butiner. Destruction, abandon, misère, c'est le sceau de ... ce qui
est de l'homme ; mais partout, à côté de ... cachet dou-
loureux, la riche nature, développant en paix les *don* du
ciel, met cent et cent *signe brillant* de ... jeunesse inépuisable et de ... fécondité. Au-dessus de ... statues
mutilé, à l'ombre de ... murs *croulant*, sur l'empla-
cement de ... chemins *devenu désert*, dans les *fente* de
... pierres *rompu* par le coup de vent et par la goutte
d'eau, partout la nature, *bon*, *beau* et *compatissant*,
comme si elle avait pitié des *détresse humain*, comme
si elle voulait consoler les *regard affligé* du passant,
accourt, se montre, sourit. Elle est *actif*, elle est *em-*

pressé et *charmant*, et plus *libéral* encore d'*agréable*
profusions que ne le furent les créateurs de ... *lieu*
dévastés. A la statue *brisé*, elle fait un dais de verdure ;
elle met ... tapis de verdure sous ... membres *abattu*.
Au mur crevassé, elle donne ... manteau de lierre, ...
panache de verveines ou de giroflées *sauvage* et ...
guirlande de chèvrefeuille, qui courent et qui folâtrent
plus gaiement que ne le fit jamais propos de bouffon et
chanson de troubadour. Dans l'escalier de marbre, elle
bouche ... trou avec ... couche de thym. Elle place des
ronce en sentinelle près du débris de sculpture que
pourrait outrager le pied du passant. Pour peupler ...
solitudes en même temps qu'elle les pare, elle y appelle
les *oiseau*, les *insecte*, les *papillon* : *hôte chantant*,
bourdonnant, *agile*, *joyeux maître* des *palais aérien*
qu'elle leur construit. Ils viennent en plumage d'azur,
d'écarlate ou d'ébène, en corselet d'acier, d'argent ou
d'or, en parure de rubis, d'escarboucles et de saphir, ils
gazouillent, ils bruissent, ils voltigent, ils butinent ; ils
habitent sous la feuille et dans la fleur.

Nous grimpions, en tournant par ... rampe *aisé*, au
sommet aigu d'... monticule qui couronne fièrement la
maison et ... jardins ; *arrivé* au faîte, nous y trouvâmes, au centre d'... massif d'*arbre*, ... tour *guerrier*
du moyen âge, *démantelé*, non *abattu* ; *sombre*, *rude*,
mais *solide*, et qui probablement doit survivre longtemps
au colifichet *pompeux* et *colossal* qu'elle regarde à ...
pieds, comme la mémoire des gens *fort* et *brave* survit
à ... trace de passage des riches et des voluptueux.
Ceci soit dit pour l'honneur de la *vieux* tour, qui mérite
bien ... hommage sans doute, mais à laquelle, pour être
vrai, nous ne fîmes pas *grand* attention. Ah ! nous
avions à contempler quelque chose de plus rare : dix
lieue d' ... plaine aussi *uni* que la mer, et du sein de
laquelle surgissaient, comme les mâts de cent *vaisseau*
gigantesque, ... multitude de *tour* et de *clocher* ! Dans

... vaste bassin, le soleil s'étendait, régnait, dominait à ... aise ; tout semblait se taire et se dérober sous ... rayons ; on ne voyait que ... lumière, je dirais presque on n'entendait que lui. Des *flot* d'or se jouaient dans des *vapeur confus*, et je ne sais ... mirage nous faisait voir mille *objet* que nous savions bien cependant ne pas voir. Nous passâmes ... assez long temps sans rien dire, *couché* sur l'herbe, au pied de la *vieux* tour, et nous laissant éclairer en *plein* lumière, comme ... ce que nous apercevions. Il ne semblait pas qu'on pût faire ... chose, ni qu'on fût fait pour ... chose dans ... pareil moment. Enfin nous voulûmes connaître le nom de ... lieu splendide ; car jusqu'ici, *fidèle* à ... coutume, nous n'y avions pas songé : ... seul instinct nous l'avait découvert. Ouvrant donc le *Guide*, et mettant le doigt sur Monselice, voici ce que ... compagnon lut à *haut* voix :

« Admirable vue de l'Adriatique et des *plaine* de la Lombardie. Les *vipère* y sont très *nombreux* ; c'est là qu'on en recueille pour les employer à la thériaque de Venise. »

Là-dessus, nous bondîmes sur l'herbe, où nous étions nonchalamment *étendu* ; et nous nous trouvâmes debout par ... effort de gymnastique *instinctif* dont ... prodige en ... genre ne donnera l'idée. *Couché* à midi, au grand soleil de mai, dans ... nid de vipères ! Nous nous regardâmes avec ... *muet* stupeur, et, j'aurai la bravoure de le dire, nous nous trouvâmes si *pâle* que nous nous mîmes à rire ... deux. Mais en riant, nous laissâmes de côté la ruine, le beau coup d'œil, et nous descendîmes la montagne, regardant bien où nous mettions le pied.　　　　　　　　　　(L. Veuillot.)

LE PRONOM.

Remplacez les points par le pronom personnel convenable. (§ 94.)

Voilà, voilà Polichinelle, le grand, le vrai, l'unique
Polichinelle ! Il ne paraît pas encore, et vous ... voyez
déjà ; vous ... reconnaissez à son rire fantastique, inex-
tinguible comme celui des dieux. Il ne paraît pas encore,
mais ... susurre, ... siffle, ... bourdonne, ... babille. ... crie,
... parle de cette voix qui n'est pas une voix d'homme, de
cet accent qui n'est pas pris dans les organes de l'homme,
et qui annonce quelque chose de supérieur à l'homme, Polichinelle, par exemple. Il ...'élance en riant,... tombe,... ...
relève, ... promène, ... gambade, ... saute,... ...débat,...
gesticule et retombe démantibulé contre le châssis qui résonne de sa chute. Ce n'est rien, c'est tout Polichinelle ! Les
sourds ...'entendent et rient; les aveugles rient et ... voient,
et toutes les pensées de la multitude enivrée ... confon-
dent en un cri: « C'est ...! c'est ... ! c'est Polichinelle !
Alors les petits enfants qui ... tenaient immobiles
d'un curieux effroi entre les bras de leurs bonnes, la vue
fixée avec inquiétude sur le théâtre vide, ...'émeuvent et
...'agitent tout à coup, ...'approchent, ... retirent, ... rap-
prochent, ... disputent la première place. Ils ...'en dispu-
teront bien d'autres quand ... seront grands. Le flot de
l'avant-scène roule à sa surface des petits bonnets, des
petits chapeaux, des petits schakos, des toques, des cas-
quettes, des bourrelets, de jolis bras blancs qui ... contra-
rient, de jolies mains blanches qui ... repoussent, et tout
cela, vous savez pourquoi, pour saisir, pour avoir Polichinelle vivant. Je ... comprends à merveille; mais moi, pauvres enfants, ... qui ai grisonné là, derrière vos pères,
il y a quarante ans que je l'attends.   (CH. NODIER.)

22. LE VORTICELLE ROTIFÈRE.

Soulignez les antécédents des pronoms relatifs. (§ 98.)

Le vorticelle rotifère n'est qu'un atome vivant qu'on trouve dans la terre que le vent emporte sur les toits. Aussitôt qu'on humecte d'une goutte d'eau cet atome en apparence inanimé, sa vie se réveille, son organisation se développe, et l'on voit paraître, comme par enchantement, un animal dont la tête est ornée de deux panaches, que leur perpétuel mouvement fait ressembler aux ailes d'un moulin, et qui lui servent à saisir au passage les insectes dont il se nourrit. Dès que la goutte d'eau est réduite en vapeur, l'être merveilleux disparaît pour faire place à l'atome de poussière informe, lequel, au bout de dix et de vingt ans, peut de nouveau recouvrer le mouvement et la vie, pour les reperdre et les reprendre à la volonté de l'observateur.

Le rotifère a le corps formé d'une multitude d'anneaux rayés longitudinalement. Il devient à son gré gros et court, mince et long ; il a même le pouvoir de faire disparaître ses deux petits panaches, ainsi que sa queue, qui est ornée d'un trident épineux. Ces deux panaches ne sont point un simple ornement ; ils servent à former dans l'eau un courant qui entraîne vers la bouche du rotifère les corpuscules dont il fait sa pâture. Il les met en jeu aussitôt qu'il veut attirer sa proie, et c'est par une illusion d'optique que cette machine ressemble à une roue qui tourne sur son essieu. La queue du rotifère lui est encore très utile : lorsqu'il veut marcher, il accroche le trident qui la termine au plan sur lequel il se trouve, et, allongeant l'autre extrémité de son corps, comme un ver qui rampe, il décroche sa queue et la retire ; puis il recommence le même manége avec une agilité surprenante, jusqu'à ce qu'il soit parvenu à son but.

On a vu des rotifères revenir à la vie jusqu'à quinze fois, en laissant de grandes distances entre l'époque de

leur mort et celle de leur résurrection. Ce qu'il y a de
singulier, c'est que, si ce petit animal est entièrement nu
au moment où il se dessèche, il ne ressuscite plus ; mais il
renaît constamment lorsqu'on a soin de le couvrir de
poussière. Quelques naturalistes assurent que, dans l'état
de dessèchement, il peut supporter le feu le plus ardent
sans périr. (AIMÉ-MARTIN.)

23. COMBAT D'UN GLADIATEUR CONTRE UN TIGRE, A ALEXANDRIE.

Corrigez les fautes et remplacez les points par le pronom convenable.
(§§ 94, 100.)

On avait établi, au haut des gradins, des *poteau surmonté* de piques *doré*, ... étaient *attaché* des voiles de
pourpre *retenu* par des *nœud* de soie et d'or. Ces voiles
étendu formaient au-dessus des spectateurs une vaste
tente circulaire, ... les reflets *éclatant* donnaient à *tout*
ces visages africains une teinte *animé*, en *parfait* harmonie avec leur expression *vif* et *passionné*. Au-dessus
de l'arène, le ciel était libre et vide ; des flots de lumière
... en descendaient ... répandaient de *tout* côtés, et ne
laissaient rien perdre aux yeux *ravi*, ni des colonnes,
ni des statues, ni des vases de bronze et d'or.

Soixante *mille* spectateurs avaient trouvé place ;
soixante *mille* autres erraient autour de l'enceinte ; et
ils ... renvoyaient ... ce vague tumulte où rien n'est
distinct, ni fureur ni joie. L'amphithéâtre ressemblait
à un vaisseau dans ... la vague a pénétré, et ... ... a rempli jusqu'au pont, tandis que d'autres vagues ... battent à l'extérieur et ... brisent en mugissant contre ...

Un horrible rugissement, ... répondirent les cris
de la foule, annonça l'arrivée du tigre, car on venait
d'ouvrir sa loge.

A ... des extrémités, un homme était couché sur le
sable, à demi nu et comme endormi, tant il ... montrait

insouciant de ce ... agitait si fort la multitude ; et tandis que le tigre ...'élançait de *tout* côtés dans l'arène vide, impatient de la proie *attendu*, ..., appuyé sur un coude, semblait fermer ses yeux *pesant*, comme un moissonneur ..., fatigué d'un jour d'été, ... couche et attend le sommeil.

Cependant plusieurs voix, *parti* des gradins, demandent à l'intendant des *jeu* de faire avancer la victime ; car, ou le tigre ne ...'a point distinguée, ou ... ...'a dédaignée, en ... voyant si docile. Les préposés de l'arène, *armé* d'une *long* pique, obéissent à la volonté dū peuple, et du bout de leur fer aigu excitent le gladiateur. Mais à peine a-t-il ressenti les atteintes de *leur* lances, qu'... ... lève avec un cri terrible, ... répondent en mugissant d'effroi *tout* les bêtes *enfermé* dans les cavernes de l'amphithéâtre. Saisissant aussitôt une des lances qui avaient ensanglanté sa peau, il ...'arrache d'un seul effort à la main ... ... tenait, ... brise en deux *morceau*, jette ... à la tête de l'intendant, ... renverse, et, gardant ... ... est garni de fer, il va ...-... avec cette arme au-devant de son sauvage ennemi.

Dès qu'il ... fut levé, et que le regard des spectateurs put mesurer sur le sable l'ombre ... projetait sa taille *colossal*, un murmure d'étonnement circula dans *tout* l'assemblée. Le peuple était content ; tigre et gladiateur, ... jugeait les deux adversaires dignes ...

Pendant ce temps, le gladiateur ...'avançait lentement dans l'arène, ... tournant parfois vers la loge *impérial*, et laissant alors tomber ses bras avec une sorte de découragement, ou creusant du bout de sa lance le sol ... ... allait bientôt ensanglanter.

Comme il était d'usage que les criminels ne fussent pas *armé*, quelques voix s'écrièrent : « Point d'armes au bestiaire ! le bestiaire sans armes ! » Mais ..., brandissant le tronçon ... ... avait gardé, et ... montrant à cette multitude : « Venez ... prendre, » disait-il, mais d'une bouche *contracté*, avec des lèvres *pâle* et une voix rauque presque *étouffé* par la colère. Les cris ayant redoublé, ... leva la tête, fit du regard le tour de l'assemblée, ... sourit dédaigneusement, et, brisant de nouveau entre ses mains l'arme ...'on ... demandait, ... jeta les débris à la tête du tigre, ... aiguisait en ce moment ses dents et ses griffes contre le socle d'une colonne. ... fut là son défi.

L'animal ... sentant frappé, détourna la tête ; et, voyant son adversaire debout au milieu de l'arène, d'un bond ... ...'élança sur lui. Mais le gladiateur ...'évita en ... baissant jusqu'à terre, et le tigre alla tomber en rugissant à quelques pas. Le gladiateur ... releva ; et trois fois ... trompa par la même manœuvre la fureur de son sauvage ennemi. Enfin le tigre vint à ... à pas *compté*, les yeux *étincelant*, la queue *droit*, la langue déjà *sanglant*, montrant les dents et allongeant le museau ; mais cette fois ... fut le gladiateur ..., au moment où ... allait ... saisir, ... franchit d'un saut, aux applaudissements de la foule, ... l'émotion de cette lutte maîtrisait déjà tout entière.

Enfin, après avoir longtemps fatigué son ennemi furieux, plus excédé des encouragements ... la foule semblait ... donner que des lenteurs d'un combat ... avait semblé d'abord si inégal, le gladiateur ...'attendit de pied ferme ; et le tigre, tout haletant, courut à ... avec un rugissement de joie. Un cri d'horreur, et peut-être de joie aussi, partit en même temps de *tout* les gradins, quand l'animal, ... dressant sur ses pattes, posa ses griffes sur les épaules *nu* du gladiateur et avança sa tête pour ... dévorer. Mais ... jeta sa tête en arrière, et saisissant de ses bras raidis le cou soyeux de l'animal, ... serra avec une *tel* force, que, sans lâcher prise, le tigre redressa son museau et ... leva violemment pour faire arriver un peu d'air à ses poumons, ... les mains du gladiateur, comme deux tenailles de forgeron, ... fermaient le passage.

Le gladiateur cependant, sentant ses forces faiblir et
...'en aller son sang sous les griffes tenaces, redoublait
d'efforts pour en finir au plus tôt ; car la lutte, en ...
prolongeant, devait tourner contre ... Se dressant sur
ses deux pieds et ... laissant tomber de tout son poids
sur son ennemi, ... les jambes ployèrent sous le fardeau, ... lui brisa les côtes et fit rendre à sa poitrine
écrasé un son ... ...'échappa de sa gorge longtemps
étreint avec des flots de sang et d'écume. Se redressant
alors tout à coup à moitié, et dégageant ses épaules, ...
un lambeau demeura attaché à ... des griffes *san-*
glant, ... posa un genou sur le flanc pantelant de
l'animal, et, ... pressant avec une force ... sa victoire
avait doublée, il ... sentit ... débattre un moment sous
... ; et, ... comprimant toujours, ... vit ses muscles ...
raidir, et sa tête, un moment *redressé,* retomber sur le
sable, la gueule *entr'ouvert* et *souillé* d'écume, les dents
serré et les yeux *éteint.*

Une exclamation *général* ...'éleva aussitôt, et le gladiateur, ... le triomphe avait ranimé les forces, .. redressa sur ses pieds; et, saisissant le monstrueux cadavre,
il ... jeta de loin, comme un hommage, sous la loge
impérial.   (A. DE GUIRAUD.)

LE VERBE.

24. LES MÉTAMORPHOSES D'UN SINGE.

Soulignez les compléments directs. (§ 104.)

Un vieux singe malin étant mort, son ombre descendit dans la sombre demeure de Pluton, où elle demanda à retourner parmi les vivants. Pluton voulait la renvoyer dans le corps d'un âne pesant et stupide, pour lui ôter sa souplesse, sa vivacité et sa malice ; mais elle fit tant de tours plaisants et badins, que l'inflexible roi des enfers ne put s'empêcher de rire, et lui laissa le choix d'une condition. Elle demanda à entrer dans le corps d'un perroquet. « Au moins, disait-elle, je conserverai par là quelque ressemblance avec les hommes, que j'ai longtemps imités. Etant singe, je faisais des gestes comme eux ; et étant perroquet, je parlerai avec eux dans les plus agréables conversations. »

A peine l'âme du singe fut introduite dans ce nouveau métier, qu'une vieille femme causeuse l'acheta. Il fit ses délices ; elle le mit dans une belle cage. Il faisait bonne chère, et discourait toute la journée avec la vieille radoteuse, qui ne parlait pas plus sensément que lui. Il joignait à son nouveau talent d'étourdir tout le monde je ne sais quoi de son ancienne profession : il remuait sa tête ridiculement ; il faisait craquer son bec ; il agitait ses ailes de cent façons, et faisait de ses pattes plusieurs tours qui sentaient encore les grimaces de Fagotin. La vieille prenait à toute heure ses lunettes pour l'admirer. Elle était bien fâchée d'être un peu sourde, et de perdre quelquefois des paroles de son perroquet, à qui elle trouvait plus d'esprit qu'à personne. Le perroquet gâté devint bavard, importun et fou. Il se tourmenta si fort dans sa cage, et but tant de vin avec la vieille, qu'il en mourut.

Le voilà revenu devant Pluton, qui voulut cette fois le faire passer dans le corps d'un poisson, pour le rendre muet. Mais il fit encore une farce devant le roi des ombres ; et les princes ne résistent guère aux demandes des mauvais plaisants qui les flattent. Pluton accorda donc à celui-ci qu'il irait dans le corps d'un homme. Mais comme le dieu eut honte de l'envoyer dans le corps d'un homme sage et vertueux, il le destina au corps d'un harangueur ennuyeux et importun, qui mentait, qui se vantait sans cesse, qui faisait des gestes ridicules, qui se moquait de tout le monde, qui interrompait toutes les conversations les plus polies et les plus solides, pour dire des riens ou les sottises les plus grossières. Mercure, qui le reconnut dans ce nouvel état, lui dit en riant : « Ho ho ! je te reconnais ; tu n'es qu'un composé du singe et du perroquet que j'ai vus autrefois. Qui t'ôterait tes gestes et tes paroles apprises par cœur, sans jugement, ne laisserait rien de toi. D'un joli singe et d'un bon perroquet, on ne fait qu'un sot homme. »

(FÉNELON.)

25. LA TENTATION.

Soulignez les compléments indirects des verbes. (§ 105.)

L'évêque Guillaume de Paris racontait à saint Louis qu'un grand docteur vint le trouver, et lui dit : « Je voudrais vous parler. » Et l'évêque répondit : « Maître, dites ce que vous voulez. » Et quand le docteur fut prêt à parler, il commença à pleurer très fort. L'évêque lui dit : « Maître, parlez ; ne perdez pas courage : nul ne saurait tant pécher, que Dieu ne puisse pardonner plus encore. — Seigneur, dit alors le docteur, je n'en puis mais si je pleure, car je pense être mécréant, parce que je ne puis déterminer mon cœur à croire au sacrement de l'autel, ainsi que la sainte Église catholique l'enseigne, et je sais bien pourtant que ce sont là des tenta-

tions qui viennent du démon. — Cette tentation, quand
l'ennemi vous l'envoie, vous plaît-elle, dites-moi ? » Le
docteur répondit : « Elle m'ennuie, au contraire, autant
que chose puisse ennuyer. » L'évêque reprit : « Ac-
cepteriez-vous argent ou or pour faire sortir à ce prix
de votre bouche une injure contre le sacrement de l'autel
ou contre les autres sacrements de la sainte Eglise ? —
Mais ! seigneur, sachez qu'il n'est chose au monde que
j'acceptasse à cette condition ; mais j'aimerais mieux
qu'on m'arrachât tous les membres que de dire de telles
paroles. »

L'évêque poursuivit : « Je vous dirai maintenant
autre chose. Vous savez que le roi de France guerroie
contre le roi d'Angleterre, et que le château qui est le
plus sur la frontière est La Rochelle, en Poitou. Si donc
le roi vous avait donné à garder La Rochelle, qui est sur
la frontière, et qu'il m'eût donné à garder le château de
Montlhéry, qui est au cœur de la France et en terre de
paix, auquel de nous deux le roi devrait-il savoir meilleur gré, à la fin de la guerre, ou à vous qui auriez bien
gardé La Rochelle, ou à moi qui lui aurais bien gardé le
château de Montlhéry ? — Il me semble, devant Dieu,
répondit le docteur, que le roi me saurait meilleur gré,
pour lui avoir gardé La Rochelle. — Maître, dit alors
l'évêque, sachez bien que mon cœur est semblable au
château de Montlhéry, car je n'ai ni tentation ni doute
au sujet du sacrement de l'autel ; aussi, pour une fois
que Dieu me sait gré de ce que je crois fermement
et en paix, il vous sait gré quatre fois de ce que vous
lui gardez votre cœur fidèle dans la tribulation, et avez
une si bonne volonté, que vous ne l'abandonneriez par
espérance d'aucun bien, ni par crainte d'aucun mal.
Tenez-vous donc en paix et en joie, car votre état plaît
mieux à Notre-Seigneur que le mien. »

Quand le docteur eut ouï cela, il s'agenouilla devant
l'évêque, et demeura satisfait.   (JOINVILLE.)

26. LE DIEU DE LA MÉDECINE.

Soulignez les compléments circonstanciels. (§ 105.)

Irène se transporte à grands frais en Epidaure, voit Esculape dans son temple, et le consulte sur tous ses maux. D'abord elle se plaint qu'elle est harassée de fatigue ; et le dieu prononce que cela lui arrive par la longueur du chemin qu'elle vient de faire. Elle dit qu'elle est sujette à des insomnies ; et il lui prescrit de n'être au lit que pendant la nuit. Elle lui demande pourquoi elle devient pesante, et quel remède ; l'oracle répond qu'elle doit se lever avant midi et quelquefois se servir de ses jambes pour marcher. Elle lui déclare que le vin lui est nuisible ; l'oracle lui dit de boire de l'eau : qu'elle a des indigestions ; et il ajoute qu'elle fasse diète. Ma vue s'affaiblit, dit Irène : Prenez des lunettes, dit Esculape. Je m'affaiblis moi-même, continue-t-elle, et je ne suis plus si forte ni si saine que j'ai été : C'est, dit le dieu, que vous vieillissez. — Mais quel moyen de guérir de cette langueur ? — Le plus court, Irène, c'est de mourir comme ont fait votre mère et votre aïeule. — Fils d'Apollon, s'écrie Irène, quel conseil me donnez-vous ! Est-ce là toute cette science que les hommes publient et qui vous fait révérer de toute la terre ? Que m'apprenez-vous de rare et de mystérieux ? Et ne savais-je pas tous ces remèdes que vous m'enseignez ? — Que n'en usiez-vous donc, répond le dieu, sans venir me chercher de si loin et abréger vos jours par un long voyage ?

(LA BRUYÈRE.)

27. LA CATARACTE DE NIAGARA.

Mettez (a) après les verbes actifs ; (n) après les verbes neutres ; (p) après les verbes passifs ; (pr) après les verbes pronominaux. (§§ 111-118.)

Nous arrivâmes bientôt au bord de la cataracte, qui s'annonçait par d'affreux mugissements. Elle est formée par la rivière Niagara, qui sort du lac Erié et se jette dans le lac Ontario ; sa hauteur perpendiculaire est de cent quarante-quatre pieds. Depuis le lac Erié jusqu'au saut, le fleuve accourt par une pente rapide, et au moment de la chute, c'est moins un fleuve qu'une mer, dont les torrents se pressent à la bouche béante d'un gouffre. La cataracte se divise en deux branches, et se courbe en fer à cheval. Entre les deux chutes s'avance une île creusée en-dessous, qui pend avec tous ses arbres sur le chaos des ondes. La masse du fleuve qui se précipite au midi s'arrondit en un vaste cylindre, puis se déroule en nappe de neige, et brille au soleil de toutes les couleurs. Celle qui tombe au levant descend dans une ombre effrayante ; on dirait une colonne d'eau du déluge. Mille arcs-en-ciel se courbent et se croisent sur l'abîme. Frappant le roc ébranlé, l'eau rejaillit en tourbillons d'écume, qui s'élèvent au-dessus des forêts, comme les fumées d'un vaste embrasement. Des pins, des noyers sauvages, des rochers taillés en forme de fantômes, décorent la scène. Des aigles entraînés par le courant d'air descendent en tournoyant au fond du gouffre ; et des carcajous se suspendent par leurs queues flexibles au bout d'une branche abaissée pour saisir dans l'abîme les cadavres brisés des élans et des ours. (CHATEAUBRIAND.)

28. UN DINER PEU APPÉTISSANT.

Même devoir.

Henri IV chassait aux environs de Charenton. Ainsi qu'il le faisait souvent, il s'éloigna de sa suite et se trouva seul à Créteil. Mais la marche avait été longue et la course pénible ; il se sentit un appétit, ou plutôt une faim à tout dévorer. Bientôt s'offre à sa vue une modeste hôtellerie ; il entre et demande s'il n'y a rien pour dîner. « Hélas ! non, répondit l'hôtesse ; vous êtes venu trop tard. » Cependant le roi aperçut une broche qui fonctionnait devant un bon feu. « Et ce rôti, à qui donc est-il destiné ? — A des gentilshommes qui viennent d'arriver et qui paraissent des procureurs; ils sont là-haut, et attendent impatiemment que le repas soit servi. — Eh bien, dites-leur qu'un gentilhomme pressé par la faim vient de mettre pied à terre, et qu'il sollicite un morceau de rôti et un coin de leur table; il payera son écot. »

L'hôtesse fut complaisante, et fit même des instances auprès des voyageurs pour obtenir une place au nouveau venu. « Dites à l'étranger, répondirent-ils, qu'il pouvait venir plus tôt; nous nous chargeons de faire bon accueil au rôti et de l'envoyer tout entier en lieu sûr. Quant à dîner en notre compagnie, cela est impossible : nous devons traiter de quelque affaire, et nous sommes bien aises d'être seuls. »

Le roi entendit la réponse sans laisser paraître aucune émotion. Il fait venir un garçon de l'hôtel, lui glisse une pièce de monnaie dans la main, et lui dit d'aller en un lieu qu'il lui désigne où se trouvent réunis des chasseurs, et de dire à celui qu'il verrait revêtu d'une longue casaque rouge (c'était M. de Vitry) de venir trouver le maître du grand Cornet. L'hôtesse et le garçon ne soupçonnaient rien. Enfin arrivent M. de Vitry et huit chasseurs sur de magnifiques coursiers. Grande rumeur à Créteil, grand effroi à l'hôtel; la maîtresse a ordre de de ne rien dire. La table était dressée, et les procureurs joyeux allaient faire face aux mets appétissants dont elle se chargeait. Mais soudain le roi se fait connaître; il ordonne de faire saisir ces procureurs incivils, qui n'ont pas même compassion d'un malheureux gentilhomme harassé et dévoré par la faim. Il les fait mener à Gros-Bois, à quelque distance de Créteil, et, pour achever de leur faire gagner de l'appétit, il ordonne de leur distribuer à chacun une dizaine de coups de fouet. Ils apprirent à devenir polis et compatissants. Mais ce fut là tout leur dîner : inutile d'ajouter qu'il n'était point cuit à la broche.

RADICAL ET TERMINAISON.

29. LE TABAC.

Indiquez la personne, le nombre, le temps et le mode des verbes. (§§ 120-128.)

Pendant longtemps le tabac a fleuri solitaire et ignoré dans quelques coins de l'Amérique. Les sauvages, auxquels nous avons donné de l'eau-de-vie, nous ont donné en échange le tabac, dont la fumée les enivrait dans les grandes circonstances. C'est par cet aimable échange de poisons qu'ont commencé les relations entre les deux mondes.

Les premiers qui jugèrent devoir se mettre la poudre du tabac dans le nez furent bafoués d'abord, puis un peu persécutés. Jacques Ier, roi d'Angleterre, fit contre ceux qui prenaient du tabac un livre appelé Misocapnos. Pour punir ceux qui pendant l'office divin se bourraient le nez de cette poudre noire, l'impératrice Elisabeth autorisa les bedeaux à confisquer les tabatières à leur profit. Amurat IV défendit l'usage du tabac sous peine d'avoir le nez coupé.

Si avant cette invention un homme s'était trouvé qui dît : « Cherchons un moyen de faire entrer dans les coffres de l'Etat un impôt volontaire de plusieurs millions par an. Il s'agit de vendre aux gens quelque chose dont tout le monde se serve, quelque chose dont on ne puisse pas se passer. Il y a en Amérique une plante essentiellement vénéneuse : si vous exprimez de son feuillage une huile empyreumatique, une seule goutte fait périr un animal dans d'horribles convulsions. Offrons cette plante, hâchée en morceaux ou réduite en poudre : nous la vendrons très cher ; nous dirons aux gens de s'en fourrer la poudre dans le nez, ou d'en respirer et d'en avaler un peu la fumée.

— Mais ils mourront !

— Non. Ils seront un peu pâles ; ils auront des maux

Exerc. franç. — Partie de l'élève. 3

d'estomac, des vertiges, quelquefois des coliques et des vomissements de sang, quelques douleurs de poitrine, voilà tout. On a dit : l'habitude est une seconde nature. On n'a pas dit assez : l'homme est comme le couteau auquel on avait changé successivement trois fois la lame et deux fois le manche. Il n'y a plus pour l'homme de nature : il n'y a que les habitudes. Les gens, d'ailleurs, feront comme Mithridate, roi de Pont, qui s'était habitué à prendre du poison.

La première fois qu'on fumera le tabac, on aura des maux de cœur, des nausées, des vertiges, des coliques, des sueurs froides : mais cela diminuera un peu, et avec le temps on s'y accoutumera, au point de n'éprouver plus ces accidents que de temps à autre, et seulement quand on fumera de mauvais tabac ou du tabac trop fort, ou quand on sera mal disposé, ou dans cinq ou six autres cas.

Ceux qui le prendront en poudre éternueront, sentiront un peu mauvais, perdront l'odorat, et établiront dans leur nez un vésicatoire perpétuel.

Je dis donc que nous vendrons cela très cher, que nous nous en réserverons le monopole.

— Mon bon ami, aurait-on dit à l'homme assez insensé pour tenir un pareil langage, personne ne vous disputera le privilége de vendre une denrée qui n'aura pas d'acheteurs. Il y aurait de meilleures chances d'ouvrir une boutique et d'écrire dessus : Ici on vend des coups de bâton en gros et en détail. »

Eh bien ! c'est le second interlocuteur qui aurait eu tort ; la spéculation du tabac a parfaitement réussi. Les rois de France n'ont pas fait de satire contre le tabac, ils n'ont pas fait couper les nez, ils n'ont pas confisqué les tabatières. Loin de là, ils ont vendu du tabac, ils ont établi un impôt sur les nez, et ils ont donné aux poëtes des tabatières avec leur portrait dessus et des diamants alentour. Ce petit commerce leur rapporte plus de cent millions par an.   (ALPH. KARR.)

Remarques sur quelques verbes.

30. Exercices.

Corrigez les fautes. (§§ 137-151.)

On double son bonheur en le *partagant* avec un ami. — *Interrogons* le peuple ailé des airs, le peuple muet des ondes, le peuple fugitif des forêts et des rochers; tous se montrent sensibles à l'harmonie. — Dieu même *força* l'homme à cultiver la terre. — Il *balançait* entre ses intérêts et sa conscience. — Il *songait* plus à profiter des maux d'autrui qu'à les soulager. — Diogène *donna* un soufflet au pédagogue d'un jeune homme qui *mangait* gloutonnement devant lui.

Un riche marchandait le chien d'un malheureux;
Cette offre l'*affliga* : Dans mon destin funeste,
Qui m'aimera, dit-il, si mon chien ne me reste? (Delille.)

Le ciel serait injuste s'il *exaucait* tous nos vœux. — Si tous les hommes *renoncaient* à leurs ridicules prétentions, il y aurait une plus grande harmonie dans la société. — A Rome, les censeurs *corrigaient* les abus qui n'avaient pas été prévus par la loi. — Nous ne sommes jamais aussi aisément trompés que quand nous *songons* à tromper les autres.

Nous *jugons* sur l'habit, l'état et la figure
Qu'un tel a de l'esprit, qu'il est homme de bien,
Quand fort souvent il n'en est rien. (Mme Joliveau.)

Quand la bonne foi *régne*, la parole *suffi*. — La chevrette se *recele* dans le plus fort des bois pour éviter le loup. — Je dis quelquefois en moi-même : La vie est trop courte pour que je m'en *inquiete*. — Tout ce qui se mange avec plaisir se *digere* avec facilité. — Tel qui rampait s'*éleve* et nous étonne. — A la cour, ceux qui sont sur leurs pieds ne *relevent* guère ceux qui sont tombés. — L'ennui *succede* presque toujours aux plaisirs bruyants.

Nous *querelons* les malheureux pour nous dispenser de les plaindre. — Qu'il est difficile de s'arrêter sur le chemin glissant qui *mene* de la hardiesse à l'audace ! — Qni *seme* bon grain recueille bon pain. — C'est un droit qu'à la porte on *achete* en entrant. — Nous *amoncelons* les richesses comme si nous devions toujours vivre.

> C'est l'heure où la nature, un moment recueillie,
> Entre la nuit qui tombe et le jour qui s'enfuit,
> S'*éleve* au Créateur du jour et de la nuit. (Lamartine.)

La conversation *abrege* le chemin. — On *allege* sa douleur en *allegant* celle des autres. — Vous *récreerez* votre esprit par la variété des objets que vous lui offrirez. — L'homme, par ses désirs, *empiete* sur l'avenir, comme pour prolonger la durée de sa vie. — Les talents *menent* plus souvent à la réputation qu'à la fortune. — Rien n'*agree* de la part de quelqu'un qu'on n'aime pas. — L'étude *supplee* à la stérilité de l'esprit.

> Chaque âge a ses plaisirs, chaque état a ses charmes ;
> Le bien *succede* au mal, les ris suivent les larmes. (Del.)

Il *cachete* toutes ses lettres avec de la cire. — Quiconque *rejete* le bouclier de la religion se trouve sans défense au moment du combat. — Un peuple que *protegent* de bonnes lois n'est pas inquiet, ne s'agite ni ne se *souleve* comme celui qui souffre de ses lois et de ses magistrats. — L'homme ne *regne* que par droit de conquête ; il jouit plutôt qu'il ne *possede*.

> Du lutrin, disent-ils, abattons la machine,
> Mais ne nous *chargons* pas tout seuls de sa ruine. (Boil.)

Le rouge-gorge *becquete* jusque dans le pain du bûcheron. — Dans la prospérité, l'ami véritable *atten* qu'on l'*appele* ; dans l'adversité, il se présente de lui-même. — *Placons* nos bienfaits sur ceux qui en ont le plus besoin. — Jamais l'esprit et la routine ne *suppleeront* au bon sens ni au savoir. — Le corbeau croasse, l'aigle *trompete* et la poule *caquette*.

Il n'est rien que nous *oublions* aussi promptement que les malheurs passés. — Il est rare que nous nous *réconcilions* avec un homme qui a blessé notre amour-propre. — Parce que votre antipathie est naturelle, il ne faut pas que vous en *concluiez* qu'elle est innocente. — Il faut que vous *accentuiez* mieux cette phrase. — Il est difficile que vous *conciliez* vos devoirs avec le goût des plaisirs. — Ils *arguent* mal à propos de ce fait.

Qui vit content de rien *possede* toute chose. (Boileau.)

Nous pardonnons souvent à ceux qui nous *ennuient*, mais nous ne pouvons pardonner à ceux que nous *ennuions*. — Nous *essaions* de nous faire honneur des défauts dont nous ne voulons pas nous corriger. — Tous les chiens qui *aboient* ne mordent pas. — L'héritier prodigue *paie* de superbes funérailles, et dévore le reste. — On veut que vous *secouiez* votre indolence, que vous *jouiez* avec vos camarades, et que vous *contribuiez* à la joie commune.

Dispose de ma griffe et sois en assurance ;
Envers et contre tous je te *protegerai*. (La Font.)

Le mauvais temps nous empêchait de sortir, et nous nous *désennuyons* en faisant de la musique. — Dieu exige que nous *employons* au soulagement de nos semblables les richesses qu'il nous a départies. — Si nous *payons* plus cher, nous serions peut-être mieux servis. — Nous *cotoyons* les rivages de la fertile Egypte, lorsqu'un vaisseau phénicien nous fit prisonniers.

Il ne faut pas que vous *ayez* pour amis les ennemis de Dieu. — On croit quelquefois *hair* la flatterie ; mais on ne *hait* que la manière de flatter. — Il n'y a rien de si délié, de si subtil et de si imperceptible, où il n'entre des manières qui nous *décelent*. Un sot ni n'entre, ni ne sort, ni ne s'assied, ni ne se *leve*, ni ne se *tait*, ni n'est sur ses jambes comme un autre homme.

Dans maint auteur de science profonde, j'ai lu qu'on *per* à trop courir le monde. — Voyez cette mouche qui *lui* d'une clarté semblable à celle de la lune; elle porte avec elle le phare qui doit la guider. — Un louangeur banal *déplaî* en cherchant à nous plaire. — Lorsqu'on *détrui* un ancien préjugé, on a besoin d'une nouvelle vertu.

> Un sot qui ne *di* mot ne se distingue pas
> D'un savant qui se *tai*. (Molière.)

Les jeunes animaux se *modelent* sur les vieux. — Les lettres étaient alors très *fleurissantes*. — Il prit un rameau de buis sec trempé dans l'eau *béni*. — L'Italie est la seule contrée qui ait *fleuri* deux fois, sous Auguste et sous Léon X. — Beaucoup de gens prennent des amis comme on *pren* un jeu de cartes; ils s'en servent tant qu'ils *esperent* gagner.

> Sur qui, dans son malheur, voulez-vous qu'il s'*appuie* ?
> Ses larmes n'auront plus de main qui les *essuye*. (Racine.)

A quoi bon tant d'amis ? Un seul *suffi* quand il nous aime. — Tout le monde se *plain* de sa mémoire, et personne ne se *plain* de son jugement. — L'effronterie se *join* tôt ou tard à la dépravation. — La fortune a beau élever certaines gens, elle ne leur *appren* pas à vivre. — Un cœur parfaitement droit n'*adme* pas plus d'accommodement en morale qu'une oreille juste n'en *adme* en musique.

> On *pren* à toutes mains dans le siècle où nous sommes,
> Et refuser n'est plus le vice des grands hommes.(Corneille.)

Que chacun *balaye* devant sa porte, et les rues seront nettes. — L'on *haït* avec excès lorsque l'on *haït* un frère. — La lune reçoit du soleil toute la lumière qu'elle *envoie* vers nous.—Tous les enfants *bégaient* les fables de La Fontaine. — On s'*ennuie* presque toujours avec ceux qu'on *ennuye*. — Le bois qu'on brûle se *résou* en cendre et en fumée.

Verbes conjugués interrogativement.

31. Exercices.

Corrigez les fautes. (§ 158.)

Quelles raisons *aurai je* de croire en vous, plaisirs du monde, vous qui êtes faits pour tromper? — Ne *saurais tu* trouver quelque moyen pour me tirer d'embarras? — Pourquoi la fortune vous *a elle* refusé comme à moi un peu de terre dans votre terre natale? — Personne *a il* jamais raconté plus naïvement que La Fontaine?

> Qui *désigne je*, à votre avis,
> Par ce rat si peu secourable? (La Font.)

Il y a des lois pour la société des abeilles; comment *a on* pu penser qu'il n'y en avait pas pour la société des hommes? — *Est il* vrai que nous soyons plus méchants que ne l'étaient nos pères? — Ce petit nombre d'heures que la multitude semble vouloir disputer aux pensées sérieuses, pourquoi les *consumerais je* comme elle? —Que ne *fait on* passer avec un peu d'encens? — Dieu *a il* promis à l'homme d'obéir à tous ses désirs? — La mort *est elle* un mal? La vie *est elle* un bien? — *A on* jamais pleuré d'avoir fait son devoir? — Pourquoi un chien de basse-cour *hurle il* la nuit à la simple odeur d'un loup qui lui ressemble?

> Ah! le fauteuil académique
> *Vaut il* un siége de gazon? (Florian.)

Ne faites rien dans la colère: *mettriez vous* à la voile dans une tempête? — Quand nous voulons penser à Dieu, combien *sentons nous* de choses qui nous en détournent? — Qu'*est ce* qu'être sage, *demandez vous*? C'est bien penser et bien agir. — Qu'*est ce* qui nous arrête? Une folle passion, un sordide intérêt. — Que nous *reste il* de ces grands noms qui ont autrefois joué un rôle si brillant dans l'univers?

Voilà ce que l'on dit; eh! que *dis je* autre chose? (Boileau.)

Verbes irréguliers et défectifs.

32. Exercices.

Mettez au présent de l'indicatif les verbes en italique.

Les années se mangent un peu comme les cerises dans le panier de l'écolier : on *aller* d'abord aux plus belles, puis *venir* les bonnes, puis les moindres, enfin on est heureux de celles dont on n'avait pas voulu.— Jamais ce qui *devoir* mourir ne *pouvoir* être long.—Il y a des hommes sur qui la gloire ne *tenir* pas.—Les paroles lui *mourir* dans la bouche. — Cette corniche ne *saillir* pas assez.— Dans les maux violents, la nature se *recueillir* tout entière.

Leur appétit fougueux, par l'objet excité,
Parcourir tous les recoins d'un monstrueux pâté.(Boileau.)

L'amitié ne *mourir* jamais dans un bon cœur.—L'expérience qui ne s'*acquérir* que par des fautes, est un maître qui coûte trop cher. — Les jeunes gens *venir* et les vieillards s'*en aller*. — Le cri de la douleur *émouvoir* les animaux ; ils *accourir* pour se secourir.—Le savant *savoir* et s'*enquérir* ; l'ignorant ne *savoir* pas même de quoi s'enquérir. — C'est à ceux qui se *mourir* qu'il *falloir* demander comment on *devoir* vivre.

L'on est chez vous contrainte de se taire,
Car madame à jaser *tenir* le dé tout le jour. (Molière.)

L'or, l'écaille et l'ivoire *pouvoir* embellir une lyre, mais ce ne sont pas ces vains ornements qui *faire* rendre des sons pleins et sonores. — Je trouve qu'il ne dit précisément que les choses qui lui *seoir* bien. — La vanité et les médisances *soutenir* tout le commerce du monde. — Les rois *devoir* aimer la paix par inclination, et faire la guerre par nécessité.

Un chasseur de son arc avait mis bas un daim.
Un faon de biche passe, et le voilà soudain
Compagnon du défunt ; tous deux *gésir* sur l'herbe. (La F.)

Rien de si insolent que certaines indulgences. Il y a des gens qui vous *absoudre* comme s'ils avaient le droit de vous condamner.— C'est un homme qui ne s'*émouvoir* de rien. — Malheur à celui qni, dans le calme de son cœur, *pouvoir* désirer mourir tant qu'il lui reste un sacrifice à faire, un bonheur à soigner, des besoins à prévenir, des larmes à essuyer ! — S'il s'*asseoir*, vous le *voir* s'enfoncer dans un fauteuil.— Les méchants se *soutenir*, les honnêtes gens s'isolent. — Il y a des occasions où le coup et la menace *devoir* partir en même temps ; la menace est même de trop.

La paix *aller* refleurir, les beaux jours *aller* renaître. (Rac.)

Nous ne *voir* que dans le passé, et nous regardons toujours l'avenir. — Le courage qu'on a eu *faire* souvent la moitié de celui qu'on a. — Ils *boire* jusqu'à la lie l'amertume de leur calice.— L'eau régale *dissoudre* le platine.— Le silence de l'envie *équivaloir* à un éloge.— Vous me *prédire* toujours des événements fâcheux. — Cette porte ne *clore* pas bien. — Ces hommes ne chantent pas, ils *braire*. — Les écrivains de goût *défaire* et *refaire* dix fois le même ouvrage. — Ne croyez pas à la sincérité de celui qui applaudit à tout ce que vous *faire*. — Les plus habiles *faillir* quelquefois.

Cette mer où tu *courir* est fameuse en naufrages. (Boileau.)

Le plaisir de mourir sans peine *valoir* bien la peine de vivre sans plaisir. — La modestie *seoir* surtout à la supériorité, l'affabilité à la grandeur, la modération et la simplicité à la richesse, et le détachement d'eux-mêmes à ceux que jamais les autres n'oublient. — Les tribunaux exceptionnels *absoudre* rarement. — Les honnêtes gens *tenir* ce qu'ils promettent. — Chaque moment *valoir* l'éternité, puisqu'il *pouvoir* la donner.— Il *falloir* rire avant d'être heureux, de peur de mourir avant d'avoir ri. — Nous *surseoir* momentanément la poursuite de notre procès.

3.

C'est prodigieux tout ce que ne *pouvoir* pas ceux qui *pouvoir* tout! — Il y a des gens qui sont si bons, qu'ils ne *valoir* rien. — Les esprits trop précoces naissent et *mourir* sous un même soleil, comme des fleurs. — Les faiblesses d'un homme supérieur *satisfaire* l'envie. — Nous ne *boire* qu'à prix d'or l'eau de nos fontaines. — Les hommes invoquent toujours la justice, et c'est elle qui *devoir* les faire trembler. — Certains papillons *éclore* dès les premières chaleurs.

> Deux sûretés *valoir* mieux qu'une,
> Et le trop en cela ne fut jamais perdu. (La Font.)

Il y a bien des amitiés qui s'*entretenir* du reflet d'une seule : aimer profondément sur un point *faire* aimer davantage sur tous les autres. — Quand nous avons l'autorité entre les mains, nous ne *savoir* pas en faire usage. — L'homme se croit toujours plus fort qu'il n'est, et s'estime moins qu'il ne *valoir*. — Le premier terme du fermage *échoir* à Noël. — Dieu *absoudre* bien souvent ceux que les hommes condamnent. — Dans la jeunesse, la douleur se précipite et déborde, mais aussi elle tarit comme le torrent ; dans l'hiver de la vie, une pauvre flaque d'eau demeure et se *soustraire* à toute évaporation.

> C'est là que du lutrin *gésir* la machine énorme. (Boileau.)

Les années ne *faire* pas des sages, elle ne *faire* que des vieillards. — On *acquérir* à proportion de ce qu'on possède. — C'est lui qui *tenir* le ressort qui *mouvoir* toute la machine. — Il est bon de louer ceux qui *mourir*, afin d'encourager ceux qui vivent. — Tous les malheurs l'*assaillir* à la fois. — Il y aurait une espèce de férocité à rejeter indifféremment toutes sortes de louanges ; on *devoir* être sensible à celles qui nous *venir* des gens de bien, qui louent en nous sincèrement les choses louables. — Le contraire des bruits qui *courir* des affaires ou des personnes, est souvent la vérité.

> Souvent, pour m'accabler, il *survenir* une pluie. (Boileau.)

Il *falloir* avoir trente ans pour songer à sa fortune, elle n'est pas faite à cinquante ; on bâtit dans sa vieillesse, et on *mourir* quand on est aux peintres et aux vitriers.—Tant *aller* la cruche à l'eau qu'enfin elle se brise.—Chacun *recueillir* ce qu'il a semé. — Il y a des couleurs qui *seoir* mieux que d'autres à certaines physionomies.

Cet homme, *dire* ils, était planteur de choux,
   Et le voilà devenu pape !
Ne le *valoir*-nous pas ?—Vous *valoir* cent fois mieux. (La F.)

C'est une faute contre la politesse que de louer immodérément, en présence de ceux que vous *faire* chanter ou toucher un instrument, quelque autre personne qui a ces mêmes talents. — Que manque-t-il de nos jours à la jeunesse ? Elle *pouvoir* et elle *savoir;* ou du moins quand elle *savoir* (cond. prés.) autant qu'elle *pouvoir*, elle ne serait pas plus décisive.

Mon palais investi ne te *convaincre il* pas
Du plus grand, du plus noir de tous les attentats ?
        (Th. Corneille.)

La félicité des riches ne consiste pas dans le bien qu'ils ont, mais dans le bien qu'ils *pouvoir* faire. — Les seuls amis solides sont ceux que nous *acquérir* par des vertus solides. — Les chagrins montent sur le trône et *s'asseoir* à côté du souverain. — Cette enseigne *saillir* trop ; la police la *faire* (ind. futur) enlever.

Quel fruit de ce labeur *pouvoir* vous recueillir ?
Autant qu'un patriarche il vous faudrait vieillir ? (La Font.)

Les remords *pouvoir* sommeiller quelquefois, mais ils ne *mourir* jamais. — Je vous *requérir* d'insérer ma lettre dans le prochain numéro de votre journal. — Pendant que la paresse et la timidité nous *retenir* dans le devoir, notre vertu en a souvent tout l'honneur. — Une volonté ferme *vaincre* tous les obstacles. — Où l'usage *prévaloir*, nulle raison n'est bonne.—Quand vous *contrefaire* un vieillard pour le tourner en ridicule, vous *faire* une mauvaise action.

33. Exercices.

Mettez à l'imparfait de l'indicatif les verbes en italique.

Il ne *pouvoir* se consoler de ce départ si prompt et si imprévu. — Il jugeait de l'intention des gens par l'air ouvert ou réservé qu'ils *prendre* avec lui. — Ensemble nous *parcourir* la campagne et nous *cueillir* des bluets et des violettes. — Si jeunesse *savoir*, si vieillesse *pouvoir*. — Sa correspondance me *tenir* au courant de toutes les nouvelles. — A chaque mot qu'on lui *dire* de son fils, elle *tressaillir* de joie.

> Le chat et le renard, comme beaux petits saints,
> S'en *aller* en pèlerinage. (La Font.)

Il *gésir* sur le pavé d'un cachot. — Cette couleur bleue lui *seoir* à ravir. — Le sang *saillir* abondamment de sa blessure. — La mort quelquefois laisse plus de vide que la vie ne *prendre* de place. — Ils *s'asseoir* au pied d'une vigne, et *s'entretenir* des choses du ciel. — La France *acquérir* par cette paix plus que dix rois n'avaient acquis par leurs guerres.

> Aux accords d'Amphion les pierres se *mouvoir*. (Boileau.)

Tout ce qui est mérite se sent, se discerne, se devine réciproquement; si l'on *vouloir* être estimé, il faudrait vivre avec des personnes estimables. — Dans nos fermes, les maîtres et les domestiques *s'asseoir* à la même table. — Cette corniche ferait beaucoup mieux si elle *saillir* un peu plus. — Le peuple romain plus qu'un autre *s'émouvoir* par les spectacles.

> Il nageait quelque peu, mais il *falloir* de l'aide. (La Font.)

A force d'agir comme on *devoir* penser, on finit par penser comme on doit agir. — Mes forces *défaillir* quand je suis arrivé. — Je *mourir* d'envie de vous revoir. — Le vent *bruire* dans la forêt. — Il *résoudre* en se jouant des problèmes qui *faire* pâlir les plus habiles géomètres de son temps.

34. Exercices.

Mettez au parfait défini les verbes en italique.

Nous nous disposions à partir, quand il *survenir* un orage qui nous *faire* prolonger notre visite. — Je m'*asseoir* sur l'herbe et je *cueillir* de petites fleurs bleues qui se trouvaient tout près de moi. — La mémoire lui *faillir* tout-à-coup au milieu de son discours. — Quand il *ouïr* ces paroles, il déchira ses vêtements.

Point de raisons : *falloir* deviner et prédire. (La Font.)

Ordre lui *venir* d'aller au fond de la Norwège. — Dès ce moment, ses forces *défaillir* de jour en jour, et il *mourir* entre nos bras. — Le tribunal, en attendant des renseignements, *surseoir* au jugement de l'affaire. — Ces hommes ne *vouloir* point écouter la voix de la raison. — Nous *faillir* tous périr au port.

Le cerf ne pleura point. Un flatteur l'*aller* dire,
Et *soutenir* qu'il l'avait vu rire. (La Font.)

Jamais nous ne *voir* de joie si vive ni si naturelle. — On *aller* chercher de l'eau fraîche que nous *boire* avec délices. — Duguesclin *reconquérir* presque toutes les provinces que les Anglais avaient enlevées au royaume de France. — Il *devenir* pauvre tout d'un coup. — Moïse frappa le rocher, et il en *saillir* une source d'eau vive. — Je *résoudre* d'être homme et de faire le bien.

Dieu *faire* bien ce qu'il *faire*, et je n'en sais pas plus. (La F.)

Nous nous *tenir* longtemps sur la réserve. — Les Français qui *conquérir* la Gaule étaient originaires de la Germanie. — Sa fortune *déchoir* rapidement. — Dès qu'il *savoir* mon arrivée, il *accourir* me voir. — J'avais promis de tout oublier ; je *tenir* parole, et je l'*accueillir* avec la même cordialité qu'autrefois.

Il *faire* parler les morts, tonna, dit ce qu'il *pouvoir* ;
Le vent emporta tout : personne ne s'*émouvoir*. (La Font.)

35. Exercices.

Mettez au futur les verbes en italique.

Ce que vous *vouloir*, il le *vouloir*. — Je *faire* tout ce qu'il *falloir* pour réussir. — Quand *savoir*-nous vivre en chrétiens ? — Personne ne vous *absoudre* d'une pareille faute. — Ne craignez rien, nous le *soustraire* à la poursuite de ses ennemis. — Malheureuse ville, tu te *voir* bientôt attaquée dans tes murailles.

> Hé ! mon ami, tire-moi de danger,
> Tu *faire* après ta harangue. (La Font.)

Oignez vilain, il vous *poindre*. — Vous *voir* dans une seule vie toutes les extrémités des choses humaines. — Nous nous *asseoir* à l'ombre et nous *faire* une collation délicieuse. — Il *déchoir* rapidement du rang où la faveur l'a fait monter. — Ces débats de famille ne *pouvoir* rester ignorés.

> Petit poisson *devenir* grand,
> Pourvu que Dieu lui prête vie. (La Font.)

Jamais un sot ne *tenir* contre les louanges. — Qui ne vise, en faisant le bien, qu'à éviter des reproches, n'*acquérir* jamais de vertus. — On *renvoyer* l'affaire à huitaine. — Si vous ne faites pas droit à ma réclamation, je me *pourvoir* en justice. — Qui a bu *boire*. — — L'avare entasse, et il *mourir* peut-être demain.

> Je *revenir* dans peu conter de point en point
> Mes aventures à mon frère. (La Font.)

Moins vous exigerez, plus vous *obtenir*. — Etablissez l'ordre, l'habitude l'*entretenir*. — Quiconque met à la loterie espère que le bon numéro lui *échoir*. — Les hommes se *faire* toujours illusion sur leurs défauts. —Son dessein *éclore* peut-être quelque jour. — L'ignorance ne *prévaloir* jamais contre la science.

> Quand le moment *venir* d'aller trouver les morts,
> J'aurai vécu sans soins, et *mourir* sans remords.
>
> (La Fontaine.)

Heureux ceux qui ont le cœur pur, parce qu'ils *voire* Dieu. — Le Seigneur ouvrira, et personne ne *pouvoir* fermer ; il fermera, et personne ne *pouvoir* ouvrir. — Ce balcon *saillir* plus que les autres. — Il n'y a que deux futurs que l'homme puisse s'appliquer avec certitude et sans orgueil : « Je *souffrir*, je *mourir*. »

Quoi ! dit-il, sans mourir je perdrai cette somme ?
Je ne me pendrai pas ! Eh ! vraiment si *faire*,.
  Ou de corde je manquerai. (La Font.)

L'homme n'*acquérir* jamais les richesses qu'aux dépens de son repos. — Je *clore* mon parc par un fossé large et profond. — On *requérir* l'apposition des scellés, parce qu'il y a des mineurs. — Vous *tressaillir* de joie en apprenant une si heureuse nouvelle. — Les envieux *mourir*, mais non jamais l'envie.

Qui *pourvoir* de nous au dîner de demain ? (La Font.)

Je conçois le mépris qui s'attache aux actions, je n'admets pas le mépris pour les hommes. Qu'est-ce, en effet, qu'un homme qu'on méprise aujourd'hui ? C'est celui qu'il *falloir* peut-être admirer demain. — Si les hommes ne pourvoient pas à vos besoins, Dieu y *pourvoir*. — Travaillez, et la faim ne s'*asseoir* pas à votre foyer.

Et qui m'empêchera de mettre en notre étable,
Vu le prix dont il est, une vache et son veau,
Que je *voir* sauter au milieu du troupeau ? (La Font.)

Envoyons au secours de ceux qui souffrent, et quand nous souffrirons, Dieu *envoyer* quelqu'un qui nous assiste.— L'expérience est une seconde vue montrant dans ce qu'on a vu tout ce qu'on *voir*. — On *enclore* prochainement les faubourgs dans la ville. — Un pareil bonheur ne m'*échoir* pas.

Solitude où je trouve une douceur secrète,
Lieux que j'aimai toujours, ne *pouvoir*-je jamais,
Loin du monde et du bruit, goûter l'ombre et le frais ?
      (La Fontaine.)

36. Exercices.

Mettez au présent du conditionnel les verbes en italique.

La jeunesse *devoir* être une caisse d'épargne. — Si on ne le voyait de ses yeux, *pouvoir* on jamais imaginer l'étrange disproportion que le plus ou moins de pièces de monnaie met entre les hommes ? — Il *seoir* mal à un enfant de se croire plus sage qu'un vieillard.

Rien n'est si dangereux qu'un ignorant ami ;
Mieux *valoir* un sage ennemi. (La Font.)

Quand notre humanité à l'égard de nos frères ne serait payée que par le plaisir de faire des heureux, en *falloir*-il davantage pour un bon cœur ? — Quand même je *pourvoir* à tout, on trouverait encore moyen de me blâmer. — Un seul jour perdu *devoir* nous laisser des regrets.

Un sien ami, voyant ses repas somptueux,
Lui dit : Et d'où vient donc un si bon ordinaire ?
Et d'où me *venir* il, que de mon savoir-faire ? (La Font.)

La Vertu est fille de la Religion, le Repentir, son enfant d'adoption : pauvre orphelin qui, sans l'asile qu'on lui offre, ne *savoir* où cacher son unique trésor, ses larmes ! — Je *mourir* plutôt que de vous abandonner. — Je n'ose pas dire le mot qui m'*absoudre*.

Si Dieu m'avait fait naître
Propre à tirer marrons du feu,
Certes, marrons *voir* beau jeu. (La Font.)

Il y a des temps où l'on *dire* que Dieu pêche à la ligne, et que le diable fait le coup de filet. — L'ennemi nous *assaillir* en vain dans nos retranchements. — Ne *pouvoir*-nous pas dire aux voix confuses qui s'élèvent quelquefois au fond de nous-mêmes : Mesdames, s'il vous plaisait de ne parler que quatre à la fois ?

Si la France pouvait connaître votre prix,
En carrosse doré vous *aller* par les rues ;
On *voir* le public vous dresser des statues. (Molière.)

Si on se permettait les noms propres, avec quelle facilité ne *faire*-on pas la liste des quatre-vingt-dix-neuf justes dont le salut réjouit moins le ciel que le retour d'un seul pécheur ! — Si vous le vouliez bien, je *cueillir* volontiers un bouquet de vos roses blanches. — Son crédit *déchoir* promptement, s'il ne faisait pas honneur à sa signature.

> Chacun d'eux croyait faire,
> En prisant ses pareils, une fort bonne affaire,
> Prétendant que l'honneur en *revenir* sur lui. (La Font.)

A la vue de certaines fortunes scandaleuses sur tous les points du globe, ne *dire*-on pas que ce sont les trente deniers de Judas qui ont fructifié à travers les siècles ? — Si l'artiste avait mieux disposé ses plans, le portique *saillir* sur la façade du palais. — On ne fait très bien que lorsque faisant autrement, on ne *faire* pas mal.

> Il *aller* employer ailleurs son gagne-pain. (La Font.)

Un homme de bien ne *savoir* empêcher, par toute sa modestie, qu'on ne dise de lui ce qu'un malhonnête homme fait dire de soi. — Pourquoi l'invincible Armada périt-elle malgré la beauté de ses vaisseaux et la vieille expérience de ses marins ? Il se *pouvoir* bien que de s'être appelée l'Invincible fût entré pour quelque chose dans la défaite. Dieu ne nous permet l'épithète qu'après coup.

> Qu'un pape rie, en bonne foi
> Je ne l'ose assurer ; mais je *tenir* un roi
> Bien malheureux, s'il n'osait rire. (La Font.)

Qui *prévenir* les besoins, *prévenir* aussi les crimes. — L'homme le plus heureux ne *savoir* se passer d'ami. — On ne s'attendait pas que les eaux *saillir* avec une pareille violence. — Si vous acceptiez ces conditions, le premier payement *échoir* à la Saint-Jean. — Un homme bien malheureux serait celui à qui tout *appartenir*. — Le paresseux *vouloir* manger l'amande, mais il ne veut pas casser le noyau.

LE VERBE.

37. Exercices.

Clore tes yeux, mon enfant, et *dormir* d'un sommeil paisible. — Avec les gens qui, par finesse, écoutent tout et parlent peu, parlez encore moins ; ou si vous parlez beaucoup, *dire* peu de chose. — *Asseoir*-toi près de moi, et écoute-moi attentivement.

> Il ne faut jamais dire aux gens :
> Ecoutez un bon mot, *ouïr* une merveille.
> *Savoir*-vous si les écoutants
> En feront une estime à la vôtre pareille ? (La Font.)

Ne *prendre* pas vos amis au hasard. — *Tressaillir* d'allégresse, l'heure du retour est arrivée. — *Acquérir* des vertus, et tu vivras dans la mémoire des hommes.— *Abstenir*-toi de tout ce qui pourrait te causer un repentir. — *Interdire* aux profanes l'entrée du temple. — Ne *contredire* pas pour le plaisir de contredire.

> *Laisser* là tes moutons ; *venir* conduire les hommes :
> Je te fais juge souverain. (La Font.)

Mon Dieu, pardonnez-moi, et *faire* ce que vous voudrez. — *Savoir* braver la mort pour Dieu, pour la patrie. — Ne *médire* jamais de votre prochain. — Condamnez le pécheur, mais ne le *maudire* pas. — *Vouloir*, je vous en prie, remettre vous-même cette lettre à son adresse.

> *Boire* toute cette eau ; notre gorge altérée
> En viendra bien à bout. (La Font.)

Aller toujours au-delà des devoirs tracés, et restons toujours en deçà des plaisirs permis. — *Abstenir*-vous de tout blâme sévère à l'égard des autres. — *Faire* du bien à ceux qui vous font du mal.— Si vous doutez, *absoudre* un accusé et ne vous exposez pas à condamner un innocent.

> Tu te moques de nous ; *mourir*, et *aller* chez Pluton
> Porter tes cent talents en don. (La Font.)

38. Exercices.

Mettez au présent du subjonctif les verbes en italique.

Croire que quelque chose de ce que Dieu nous refuse *pouvoir* nous être nécessaire, c'est une erreur bien inintelligente. — Il faut que je *boire* du lait tous les matins. — Je ne crois pas que vos idées *prévaloir*. — Il en sera ainsi, que vous le *vouloir* ou non. — On dit à la cour du bien de quelqu'un pour deux raisons : la première, afin qu'il *apprendre* que nous disons du bien de lui ; la seconde, afin qu'il en *dire* de nous.

Mais de nos saints autels qu'elle *tenir* éloignée
D'un ramas d'étrangers l'indiscrète fureur. (Racine.)

Le bien est lent, il monte ; le mal est rapide, il descend : comment s'étonner qu'il *faire* beaucoup de chemin en peu de temps ? — Nous ne possédons aucun bien, même dans l'ordre de la grâce, que nous ne *pouvoir* perdre un moment après. — Il semble que tout *concourir* à le rendre malheureux. — Je souhaite que ce vil courtisan *déchoir* promptement de son indigne faveur. — Il faut que je m'*enquérir* de la vérité du fait.

Quant aux ingrats, il n'en est point
Qui ne *mourir* enfin misérable. (La Font.)

Mon Dieu ! faites-moi faire quelque chose que vous *pouvoir* récompenser. — Il n'y a point d'erreur qui ne *produire* le mal, ni de mal qui ne *provenir* de l'erreur. — Il n'y a point de ministre si occupé qui ne *savoir* perdre chaque jour deux heures de temps. — Je dis en moi-même : Que ma main se *mouvoir*, et elle se meut. — L'homme pour qui tout renaît sera-t-il le seul qui *mourir* pour ne jamais revivre ? — L'avocat demandait que le tribunal *surseoir* le jugement du procès. — Beaucoup de personnes savent donner des conseils, mais il en est peu qui *savoir* en recevoir. — Profitez de l'occasion ; craignez qu'elle ne *revenir* plus.

Pouvoir ces paroles être éternellement gravées dans votre cœur. — Il est fâcheux qu'il *falloir* être malheureux pour connaître ses amis. — Je ne puis assurer qu'on *devoir* écrire ainsi, et que ce soit une faute d'écrire autrement. — Que Dieu vous *maintenir* dans ces heureuses dispositions.

> Qu'on m'*aller* soutenir, après un tel récit,
> Que les bêtes n'ont pas d'esprit. (La Font.)

Lorsque vous ferez l'aumône, que votre main gauche ne *savoir* pas ce que fait votre main droite. — Toute confiance est dangereuse si elle n'est entière ; il est peu de conjonctures où il ne *falloir* tout dire ou tout cacher. On a déjà trop dit de son secret à celui à qui on croit devoir en dérober une circonstance. — Il faut que je *m'asseoir*, car je suis excédé de fatigue.

> Moi, des tanches ! dit-il ; moi, héron, que je *faire*
> Une si pauvre chère ! et pour qui me prend-on ? (La Font.)

Tu secours les malheureux par ostentation ; je veux que tu les *secourir* dorénavant par pure charité. — Il faut qu'on *acquérir* dans la jeunesse ce qui peut rendre heureuses les dernières années. — Est-il possible qu'il *disconvenir* d'une chose si évidente ? — Vous demeurerez dans l'obscurité, à moins que vous n'*acquérir* quelque talent par l'étude et par le travail.

> Les derniers traits de l'ombre empêchent qu'il ne *voir*
> Le filet : il y tombe, en danger de mourir. (La Font.)

Il n'y a malheureusement que les gens dont la vie est retirée qui *faire* des retraites. — La finesse flotte entre le vice et la vertu ; il n'y a point de rencontre où elle ne *pouvoir* et peut-être où elle ne *devoir* être suppléée par la prudence. — Mille gens à la cour y traînent leur vie à embrasser, serrer et congratuler ceux qui reçoivent, jusqu'à ce qu'ils y *mourir* sans rien avoir. — Il n'y a que les grands cœurs qui *savoir* combien il y a de bonheur à pardonner.

Vous m'apportez quelque chose de plus précieux que l'argent ou que l'or, si c'est une occasion de vous obliger ; parlez, que voulez-vous que je *faire* pour vous ? — Chante-t-on avec un rhume ? Ne faut-il pas attendre que la voix *revenir* ? — Faites garder aux hommes un poste où ils *pouvoir* être tués, et où néanmoins ils ne soient pas tués ; ils aiment l'honneur et la vie.

Vouloir les immortels, conducteurs de ma langue,
Que je ne *dire* rien qui *devoir* être repris. (La Font.)

Il n'y a que ceux qui ont eu de vieux collatéraux, ou qui en ont encore et dont il s'agit d'hériter, qui *pouvoir* dire ce qu'il en coûte. — De bien des gens il n'y a que le nom qui *valoir* quelque chose. Quand vous les voyez de fort près, c'est moins que rien ; de loin, ils imposent. — Il est impossible qu'on ne *surseoir* point à l'exécution de la sentence.

Il faudra, si je veux,
Que le manteau s'en *aller* au diable. (La Font.)

Il n'y a rien qui se *soutenir* plus longtemps qu'une médiocre fortune; il n'y a rien dont on *voir* mieux la fin que d'une grande fortune.— Il faut que nous *vaincre* ou que nous périssions glorieusement. — Il ne faut pas que la coutume *prévaloir* sur la raison.—Quoi qu'il *faire*, vous le blâmez ; quoi qu'il *dire*, vous le contredisez.

Que les parents sont malheureux qu'il *falloir*
Toujours veiller à semblable canaille ! (La Font.)

Que rien ne vous *distraire* du soin de votre salut. — Il n'est pas de bon mot qui *valoir* une bonne action. — Il faut qu'il *pourvoir* aux besoins de sa nombreuse famille. —Il n'est rien qui *seoir* mieux à un jeune homme que la modestie. — Il suffit que Dieu *interdire* le désespoir, pour que le malheur *avoir* le droit de tout espérer, pour que l'espérance soit libre de tout oser. — Beaucoup de personnes savent donner des conseils, mais il en est peu qui *savoir* en recevoir.

39. Exercices.

Mettez les verbes en italique à l'imparfait du subjonctif.

Je serais désolé que mon plus grand ennemi *mourir* dans l'impénitence.—Il était le seul qui *pouvoir* me consoler. — Il faudrait qu'on *savoir* bien que le bonheur est inséparable de la modération.— J'avais donné l'ordre que l'on *cueillir* ces raisins et que l'on vous en *envoyer* une corbeille. — Nous ne prévoyions pas qu'il *devoir* nous quitter si brusquement.

> Il accusait les dieux, et trouvait fort étrange
> Que le sort à tel point le *vouloir* affliger,
>   Et le *faire* aux mouches manger. (La Font.)

Ne faites pas à autrui ce que vous ne voudriez pas que l'on vous *faire* à vous-même.—Ils craignaient que le jour ne *défaillir* avant qu'ils *pouvoir* arriver. — Il faudrait, pour le tirer d'affaire, qu'une belle succession lui *échoir*. — Je doutais qu'ils ne *boire* que de l'eau. — Je ne savais pas que ce livre vous *appartenir*. — L'avocat demandait que le tribunal *surseoir* son jugement.

> Qu'il *aller* ou qu'il *venir* qu'il *boire* ou qu'il mangeât,
> On l'eût pris de bien court à moins qu'il ne songeât
> A l'endroit où gisait cette somme enterrée. (La Font.)

Il serait impossible que l'homme le plus fort *mouvoir* cette masse sans un levier. — Caton voulait que l'on *acquérir* des héritages et des maisons où il y *avoir* plus à semer et à pâturer qu'à balayer et à arroser.— Il n'était pas convenable que nous nous *asseoir* en sa présence. — Ce que nous comprenons de Dieu n'est pas ce qu'il est en lui-même, mais ce qu'il a voulu que nous en *comprendre*.

SYNTAXE DES MOTS

ACCORD DE L'ARTICLE.

40. UNE TEMPÊTE AU CAP SUNIUM.

Remplacez les points par l'article convenable. (§ 181.)

L'horizon se chargeait au loin de vapeurs ardentes et sombres ; ... soleil commençait à pâlir ; ... surface des eaux, unie et sans mouvement, se couvrait de couleurs lugubres, dont ... teintes variaient sans cesse. Déjà ... ciel, tendu et fermé de toute part, n'offrait à nos yeux qu'une voûte ténébreuse, que ... flamme pénétrait et qui s'appesantissait sur ... terre. Toute ... nature était dans ... silence, dans ...'attente, dans un état d'inquiétude qui se communiquait jusqu'... fond de nos âmes. Nous cherchâmes un asile dans ... vestibule ... temple, et bientôt nous vîmes ... foudre briser à coups redoublés cette barrière de ténèbres et de feux suspendue sur nos têtes ; des nuages épais rouler par masses dans ... airs et tomber en torrents sur ... terre ; ... vents déchaînés fondre sur ... mer et la bouleverser dans ses abîmes. Tout grondait, ... tonnerre, ... vents, ... flots, ... antres, ... montagnes ; et de tous ces bruits réunis il se formait un bruit épouvantable qui semblait annoncer ... dissolution de ...'univers.

L'aquilon ayant redoublé ses efforts, ...'orage alla porter ses fureurs dans ... climats brûlants de ...'Afrique. Nous le suivîmes ... yeux, nous l'entendîmes mugir dans ... lointain. Le ciel brilla d'une clarté plus pure, et cette mer, dont ... vagues écumantes s'étaient élevées jusqu'... cieux, traînait à peine ses flots sur ... rivage.

(BARTHÉLÉMY.)

EMPLOI DE L'ARTICLE.

41. LES INSULAIRES D'OTAÏTI.

Remplacez les points par l'article ou par la préposition DE. (§§ 182-185.)

Lorsque les navigateurs pénétrèrent pour la première fois dans l'Océan Pacifique, ils virent se dérouler au loin ... flots que caressent éternellement ... brises parfumées. Bientôt, du sein de l'immensité, s'élevèrent ... îles inconnues. ... bosquets ... palmiers, mêlés à ... grands arbres, qu'on eût pris pour ... hautes bruyères, couvraient les côtes et descendaient jusqu'au bord de la mer en amphithéâtre ; les cimes bleues ... montagnes couronnaient majestueusement ces forêts. Ces îles, environnées d'un cercle ... coraux, semblaient se balancer comme ... vaisseaux à l'ancre dans un port, au milieu ... eaux les plus tranquilles : l'ingénieuse antiquité aurait cru que Vénus avait noué sa ceinture autour de ces nouvelles Cythères, pour les défendre ... orages.

Sous ces ombrages ignorés, la nature avait placé un peuple beau comme le ciel qui l'avait vu naître. Les Otaïciens portaient pour vêtement une draperie ...'écorce ... figuier ; ils habitaient sous ... toits ... feuilles ... mûrier, soutenus par ... piliers ... bois odorant ; et ils faisaient voler sur les ondes ... doubles canots aux voiles de jonc, aux banderolles ... fleurs et ... plumes. Il y avait ... danses et ... sociétés consacrées aux plaisirs ; tout s'y ressentait de la mollesse de la vie, et un jour plein ... calme, et une nuit dont rien ne troublait le silence. Se coucher près ... ruisseaux, disputer ... paresse avec leurs ondes, marcher avec ... chapeaux et ... manteaux ... feuillage, c'était toute l'existence ... tranquilles sauvages d'Otaïti. Les soins qui, chez les autres hommes, occupent les pénibles journées, étaient ignorés de ces insulaires ; en errant à travers les bois, ils trouvaient le lait et le pain suspendus aux branches ... arbres.

(CHATEAUBRIAND.)

42. Exercices.

Remplacez les points par l'article ou par la préposition DE, et mettez ou non l'article devant les mots en italique. (§§ 185, 193.)

Je mettais le matin sur mon agenda ... bons mots que je donnais l'après-dînée pour des impromptus. — Quoi! tu prends pour ... bon argent ce que je viens de dire? — Il n'y a dans l'Inde que ... grands seigneurs et ... misérables. — Il faut ... bon sens et de la clarté dans toutes les poésies, de quelque nature qu'elles soient. — Ses soldats étaient, pour la plupart, ... jeunes gens, et ... jeunes gens pauvres. — Comme la peau de l'âne est très dure et très élastique, on en fait ... gros parchemin.

Ne me fais point ici ... contes superflus. (Corneille.)

Agir sans avoir réfléchi, c'est se mettre en voyage sans avoir fait ... préparatifs. — Nous n'avouons ... petits défauts que pour persuader que nous n'en avons pas ... grands. — On ne dit jamais qu'on n'a point ... esprit. — Je ne prendrai pas ... peine pour rien. — Le monde est si corrompu, qu'on acquiert la réputation d'homme de bien seulement en ne faisant pas ... mal. — Il n'y a pas ... gens au monde qui tirent mieux parti de leur machine que les Français.

Madame, je n'ai pas ... sentiments si bas. (Racine.)

On ne fait jamais ... bien à Dieu en faisant ... mal aux hommes. — Je ne fais pas ... vers ni même ... prose quand je veux. — Riches qui vous plaignez, n'avez-vous pas ... trésors? — Il n'y a point ... liaisons durables entre les hommes, si elles ne sont fondées sur le mérite et sur la vertu. — Je n'ai point ... l'argent pour le dépenser follement. — Les Francs, peuple sauvage, ne vivaient que ... légumes, ... racines, et ... animaux qu'ils prenaient à la chasse. — Les plus grands esprits n'ont que ... lumières bornées.

Exerc. franç. — Partie de l'élève.   4

Que la pureté est difficile pour les âmes pures ! Un
peu ... poussière d'étamine suffit pour ôter au lis sa
blancheur. — Il en est des amitiés du monde comme de
ces pierres précieuses qui brillent sans avoir ... valeur.
— On voit des îles flottantes de pistia et de nénuphar,
dont les roses jaunes s'élèvent comme ... petits pavillons ; ... serpents verts, ... hérons bleus, ... flamants
roses, ... jeunes crocodiles, s'embarquent passagers sur
ces vaisseaux ... fleurs, et la colonie, déployant au vent
ses voiles ... or, va aborder endormie dans quelque anse
retirée du fleuve.

J'ai lu chez un conteur de fables
Qu'un second Rodilard, *Alexandre* des chats,
Attila, le fléau des rats,
Rendait ces derniers misérables. (La Font.)

Depuis la dévastation ... Amérique, les Espagnols,
qui ont pris la place de ses anciens habitants, n'ont pu
la remplir. — Ils venaient changer leur or contre de
l'eau-de-vie et ... quincailleries ... Europe. — Dans
quelques Etats ... Amérique, le parricide est déclaré folie.
Le criminel est condamné à la réclusion perpétuelle et à
avoir la tête voilée le reste de sa vie. — Ceux qui vivent
dans le continent ... Espagne et ... Portugal se sentent le cœur extrêmement élevé, lorsqu'ils sont ce qu'ils
appellent de vieux catholiques.

Charlatans, faiseurs d'horoscope,
Quittez les cours des princes ... Europe. (La Font.)

Les chiens ... Kamtschatka sont grossiers, rudes et
demi-sauvages comme leurs maîtres. — Les chevaux
... Espagne, qui tiennent le second rang après les barbes,
ont l'encolure longue, épaisse, et beaucoup ... crins. —
Les anciens voyageurs ont dit que les chiens naturels
... Canada ont les oreilles droites comme les renards. —
Bourgogne et *Bordelais* produisent d'excellents vins.
— Quand *Poussin* a voulu faire un tableau du déluge
universel, il n'a représenté qu'une famille.

43. Exercices.

Remplacez les points par LE, LA, LES, ou par LE invariable. (§ 194.)

Les chaînes qui nous serrent de plus près sont celles qui nous pèsent ... moins. — La meilleure de toutes les éducations est ... plus ordinaire, ... moins sévère, et ... plus proportionnée, je ne dis pas aux forces, mais à la faiblesse de l'enfant. — Les plus grandes âmes sont celles qui s'arrangent ... mieux de la situation présente, et qui dépensent ... moins en projets pour l'avenir. — Ceux qui parlent ... mieux sont ordinairement ceux qui parlent ... moins.

A ces mots, dans les airs le trait se fait entendre ;
A l'endroit où le monstre à la peau ... plus tendre,
Il en ressent le coup, se sent ouvrir les flancs. (La Font.)

C'est dans l'âge moyen que les hommes sont ... plus sujets à ces langueurs de l'âme.—Les grâces ... plus piquantes sont celles de l'esprit ; les plus touchantes, celles du cœur. — ... plus dangereuse des flatteries est l'infériorité de ce qui nous entoure. — Les auteurs dramatiques qui ont ... mieux écrit sont aussi ceux qui ont ... plus intéressé. — Je vois revenir le siècle d'Auguste, et les temps ... plus polis et ... plus civilisés de la Grèce. —Les herbes ... plus douces, les légumes ... plus sains, les fruits ... plus suaves, les animaux ... plus tranquilles, les hommes ... plus polis, sont l'apanage des climats tempérés. — Les animaux que l'homme a ... plus admirés sont ceux qui ont plus participé de sa nature. — Dans les traductions, il n'est guère possible de rendre un vers par un vers, lorsque cette précision est ... plus nécessaire. — Les peuples qui vivent de végétaux sont, de tous les hommes, ... moins exposés aux maladies. — Les belles actions cachées sont ... plus estimables.

Les cœurs nourris de sang et de projets terribles
N'ont pas toujours été les cœurs ... moins sensibles.
                                        (Crébillon.)

De tous les âges de la vie, la vieillesse est celui où la condamnation qui pèse sur l'homme est ... plus sensible ; l'ombre projetée par la mort s'étend sur le reste de la vie.—Les gens ... plus aimables sont ceux qui choquent ... moins l'amour-propre des autres. — Les amitiés qui nous paraissent ... plus fortes ne sont souvent que des intérêts réciproques.—Quand l'ambition n'est pas ... plus belle des passions, elle devient ... plus vile. — C'est dans le temps que les grands hommes sont ... plus [communs que l'on rend aussi le plus de justice à leur gloire.—Les États ... mieux gouvernés ont été ceux où les vieillards ont eu la principale autorité.—Les couches de l'air ... plus humides sont celles qui conduisent ... mieux l'électricité. — C'est souvent quand les gouvernements paraissent ... mieux établis qu'ils sont ... plus près de leur chute.

> La ruse ... mieux ourdie
> Peut nuire à son inventeur. (La Font.)

Les sots nous paraissent ... plus nombreux, parce qu'ils font ... plus de bruit. — On serait tenté de croire que les hommes qui amassent le plus de matériaux ne sont pas ceux qui les mettent ... mieux en œuvre. — Les personnes ... plus disposées à se montrer généreuses sont précisément celles qui n'ont pas les moyens de l'être. — Après les yeux, les parties du visage qui contribuent ... plus à marquer la physionomie, sont les sourcils. — Nos actions ... plus pures ne sont pas dégagées de tout intérêt personnel. — Les passions ont un intérêt qui fait qu'on doit s'en défier, lors même qu'elles paraissent ... plus raisonnables. — On écrit aujourd'hui assez ordinairement sur les choses qu'on entend ... moins. —Baignez-vous dans l'endroit où les eaux sont ... moins rapides. — C'est quand une habitude commence qu'elle est ... plus facile à vaincre. — Les opinions ... mieux établies trouvent cependant des contradicteurs.—Parmi les véritables amis, ceux qui obligent sont ... plus heureux.

44. Exercices.

Dites pourquoi l'article est employé ou non devant les mots en italique. (§ 196.)

Il y a beaucoup de *gens* qui ne savent pas perdre leur temps tout seuls : ils sont les fléaux des gens occupés.— Vous reste-t-il beaucoup de *l'argent* que je vous ai donné ? — C'est un défaut d'avoir trop *de* bonté. — A mon retour, vous me ferez boire de *l'excellent vin* que vous m'avez déjà fait goûter. — Peu de *chose* nous console, parce que peu de *chose* nous afflige. — J'ai déjà trop des *chagrins* qu'il me cause. — C'est assez de *l'approbation* des honnêtes gens.

Sa femme, ses enfants, les *soldats*, les *impôts*,
Le *créancier* et la *corvée*
Lui font d'un malheureux la peinture achevée. (La Font.)

Mieux vaut *goujat* debout qu'*empereur* enterré. — L'oisiveté est la *mère* de tous les vices. — Méfiance est *mère* de sûreté. — *Grands* et *petits*, *riches* et *pauvres*, tout pénétrait jusqu'à saint Louis. — Les *devoirs* de la société, les *fonctions* d'une charge, les *soins* domestiques, tout lasse, tout devient insipide. — On n'y voit que *colonnes* de marbre, que *pyramides* et *obélisques*, que *statues* colossales, que *meubles* d'or et d'argent massif.

Femmes, moine, vieillards, tout était descendu. (La Font.)
Fleurs charmantes! par vous la nature est plus belle. (Del.)

Ce que les hommes appellent *grandeur, gloire, puissance, profonde politique*, ne paraît à ces suprêmes divinités que *misère* et *faiblesse*. — Combien de *pauvres* sont oubliés! Combien demeurent sans secours et sans assistance ! — *Sentiment* des grandes âmes, *bonheur* du monde, devant lequel tous les maux disparaissent ou s'affaiblissent, ô *divine amitié !* ton nom seul me rappelle tous les charmes de la vie.

Secrétaire, greffier, procureur ni *sergent*
N'ont jamais pu, dit-on, tenir contre l'argent. (Campistron.)

Répétition de l'article.

45. Exercices.

Mettez ou non l'article devant les mots en italique. (§§ 197, 198.)

Les lettres, *sciences* et *arts* étendent des guirlandes de fleurs sur les chaînes de fer dont les hommes sont chargés.— Si nous voyageons, *les* belles et *fertiles* plaines nous ennuient.— On trouve des condors dans *les* savanes ou *prairies* naturelles. — Après bien *des* marches et *contre-marches*, les Français arrivent près d'une petite ville sur la mer. — Il serait bon qu'on obéît aux lois et *coutumes*, parce qu'elles sont lois, et que le peuple comprît que c'est là ce qui les rend justes.—Jusqu'à l'âge de sept ans, l'enfant, chez les Spartiates, était laissé aux soins *du* père et *mère*. — L'union *des* pères et *mères* aux enfants est naturelle, puisqu'elle est nécessaire.

Les bons et *vrais* dévots qu'on doit suivre à la trace,
Ne sont pas ceux non plus qui font tant de grimaces. (Mol.)

Ces oiseaux passent la nuit sur *des* arbres ou *rochers* très élevés. — *Les* joues ou *côtés* de la tête du condor sont couvertes d'un duvet noir. — *Le* huit et *neuf*, on prit un requin et deux thons. — *Les* dix-sept, *dix-huit* et *dix-neuf*, nous passâmes au milieu des îles, laissant Ténériffe à gauche et Palma à droite. — *L'*ancien et *nouveau* continent paraissent tous les deux avoir été rongés par l'Océan. — *Le* grand et *petit* épagneul, transportés en Angleterre, ont changé du blanc au noir. — *Le* long et *gros* bec du toucan, et sa langue faite en plume, étaient nécessaires à un oiseau qui cherche les insectes éparpillés dans les sables humides des rivages de l'Amérique.

ACCORD DE L'ADJECTIF.

ADJECTIFS QUALIFICATIFS.

46. Exercices.

Corrigez les fautes. (§ 199.)

Un homme indiscret est une lettre *décacheté* : tout le monde peut la lire. — La finesse est la *petit* monnaie de la fausseté. — Le repentir est une *second* innocence. — De la plus *doux* raillerie à l'offense, il n'y a souvent qu'un pas. — Que notre vie soit *pur* comme un champ de neige où nos pas s'impriment sans laisser de souillure ! — Rien n'est si bon que d'avoir une *beau* et *bon* âme : on la voit en toutes choses. — La plupart des hommes emploient la *meilleur* partie de leur vie à rendre l'autre misérable. — Il est des âmes qui, *semblable* aux pontifes de l'*ancien* loi, ne vivent que des sacrifices qu'elles offrent.

> Plusieurs avaient la tête trop *menu*,
> Aucuns trop *gros*, aucuns même *cornu*. (La Font.)

Les *premier* jours du printemps ont moins de grâce que la vertu *naissant* d'un jeune homme. — Les caractères *passionné* n'atteignent le but qu'après l'avoir dépassé.— Il y a des questions si *indiscret* qu'elles ne méritent ni la vérité ni le mensonge. — L'humilité est une cuirasse qui amortit les coups *porté* par l'*hostile* volonté *humain*, mais cette cuirasse fait défaut au cœur. — La *véritable* douleur est presque aussi *difficile* à découvrir que la *vrai* misère. Une pudeur *instinctif* couvre les haillons de l'une et les blessures de l'autre.— Diseur de *bon* mots, mauvais caractère. — Il faut de plus *grand* vertus pour soutenir la *bon* fortune que la *mauvais*. — Le colibri à gorge *carmin* a quatre pouces et demi de longueur.

Il y a dans l'impétuosité de la passion quelque chose qui exclut l'idée de la corruption *moral*. Les eaux du torrent sont *trouble, écumeux*, elles remuent la vase jusqu'au fond, et néanmoins l'immobilité *seul* fait les eaux *croupissant* et produit cette décomposition *lent* et *général* qui altère l'essence même de l'élément. — Le délayage des idées qui me sont *cher* m'est insupportable; j'aime le sucre et je hais le sirop. — Les *meilleur* conseils sur l'art d'être heureux sont aussi *facile* à suivre que celui de se bien porter quand on est malade. — Ces *vieux* amitiés, *sûr* et *véritable*, *vâii* en force, dont on s'occupe peu et qu'on retrouve toujours, sont comme ces murs d'autrefois, *bon* et *épais*, qui ne demandent pas d'entretien et qui sont toujours *prêt* à servir de défense et d'abri.

La *sot* vanité nous est *particulier*. (La Font.)

Les qualités *destiné* à servir au bonheur des autres restent trop souvent *oisif* et *concentré* en elles-mêmes; c'est comme une lettre *charmant* qui n'a pas été *envoyé*. — La nature *humain* est si *faible*, que les hommes *honnête* qui n'ont pas de religion me font frémir avec leur *périlleux* vertu, comme les danseurs de corde avec leurs *périlleux* équilibres. — Dans la jeunesse, on croit s'enrichir de toute illusion *nouveau*; dans l'âge mûr, de toutes celles qu'on perd. — Il y a un goût dans la *pur* amitié, où ne peuvent atteindre ceux qui sont *né médiocre*. — Quand de *nouveau* chagrins nous ont fait faire quelques pas dans la *bon* voie, il n'est pas permis de se plaindre. C'est avoir placé à fonds perdu, mais la rente reste. — Cette pierre *mystérieux* sur laquelle repose Jacob, c'est la Foi. Endormons-nous dans son sein, et nos grandeurs *futur* nous seront *révélé*. — Les couleurs du grand casque sont *aurore*.

Le saule aime une eau *vif*, et l'aune une eau *dormant*.

(Delille.)

47. Exercices.

Corrigez les fautes. (§§ 200-202.)

La société d'un véritable ami nous procure chaque
jour des jouissances et des agréments *nouveau*. — La
clémence et la majesté *peint* sur le front de cet auguste
enfant nous annoncent la félicité des peuples. — Avec
une gradation *lent* et bien *ménagé*, on rend l'homme
et l'enfant *intrépide* à tout. — J'ai remarqué en plusieurs personnes qui avaient l'oreille et la voix *faux*
qu'elles entendaient mieux d'une oreille que d'une autre.

Le riche et l'indigent, l'imprudent et le sage,
Sujet à même loi, subissent même sort. (J.-B. Rousseau.)

Un esprit raisonnable ne doit chercher dans une vie
frugale et *laborieux* qu'à éviter la honte et l'injustice
attaché à une conduite *prodigue* et *ruineux*. — Salomon
célébra la dédicace du temple avec une piété et une magnificence *extraordinaire*. — Philippe montra partout
un courage et une prudence *supérieur* à son âge. —
Chacun travaillait comme s'il eût vu son bonheur et sa
vie *attaché* au succès. — L'orgueil aveugle se suppose
une grandeur et un mérite *démesuré*.

Il me semble déjà que ces murs, que ces voûtes
Sont *prêt* à m'accuser. (Racine.)

Dans la saison qui dépouille la nature, il n'est pas de
brise, de souffle si léger qui ne soient assez *fort* pour
détacher la feuille de l'arbre qui la portait. — Dans la
Laponie, la ronce, le genièvre et la mousse font *seul* la
verdure de l'été. — On voyait, *rangé* dans le plus
grand ordre, des râteaux, des haches, des bêches. — A
Sparte, les vieillards, les enfants et les femmes, *animé*
du même courage, étaient toujours *disposé* aux plus
grands sacrifices pour le service de la patrie.

Le lièvre et la perdrix, *concitoyen* d'un champ,
Vivaient dans un état, ce semble, assez tranquille. (La F.)

4.

48. Exercices.

Dites pourquoi les adjectifs en italique sont à tel genre et à tel nombre.

Voici des êtres dont la taille et l'air *sinistre* inspirent la terreur. — L'ordre et l'utilité *publique* ne peuvent être le fruit du crime. — Ce duvet ou ces soies sont très *serrées*, très *fournies* et très *douces* au toucher. — Le loup n'est pas à beaucoup près aussi terrible, aussi cruel que le tigre, la panthère, le lion ou l'ours *blanc*. — Le sourire est une marque de bienveillance, d'applaudissement et de satisfaction *intérieure*. — Le bon goût des Egyptiens leur fit aimer la solidité et la régularité toute *nue*.

Armez-vous d'un courage et d'une foi *nouvelle*. (Racine.)

Elle trouvait une noblesse, une grandeur d'âme *étonnante* dans ce jeune homme qui s'accusait lui-même. — C'est une aire ou plancher tout *plat* comme celui du grand aigle. — De leurs dépouilles élevez de magnifiques trophées à la gloire de la religion et de la nation *française*. — Il honore les lettres de cet attachement, de cette protection *capable* de les faire fleurir. — Les sauvages de la baie d'Hudson vivent fort longtemps, quoiqu'ils ne se nourrissent que de chair ou de poisson *crus*. — Une jeunesse éternelle, une félicité sans fin, une gloire toute divine est *peinte* sur leurs visages.

Mais le fer, le bandeau, la flamme est toute *prête*. (Rac.)

Quiconque est assez aimé des dieux pour trouver deux ou trois amis d'une sagesse et d'une bonté *constante*, trouve bientôt par eux d'autres personnes qui leur ressemblent. — Les aliments ordinaires des éléphants sont des racines, des herbes, des feuilles et du bois *tendre*. — Ce qu'on admire dans le style de Bossuet, c'est une force, une énergie *extraordinaire*. — Auguste gouverna Rome avec un tempérament, une douceur *soutenue*.

49. Exercices.

Dites pourquoi les mots en italique sont à tel genre et à tel nombre. (§ 204.)

La perdrix *grise-blanche* et la perdrix *rouge-blanche* font variété dans ces deux espèces de perdrix. — L'azurou a le dessus de la tête d'un roux obscur, le bec et les pieds *gris brun*. — Ses cheveux étaient *châtains-bruns* et fins. — Je lui offris donc cinq livres pesant de grains en verre et en porcelaine de couleurs que j'espérais devoir lui plaire davantage, blanche, noire et *bleue-claire*. — L'hyène a le poil du corps et la crinière d'une couleur *gris obscur*. — Les yeux de ce poisson étaient *jaune pâle* et d'une extrême petitesse. — Les pieds du grand béfroi ont dix-huit lignes de longueur, et sont, ainsi que les doigts, d'une couleur *plombée-claire*. — Les étoffes *bleues-claires* sont de couleur bleue et d'un tissu clair; les étoffes *bleu clair* sont d'un bleu clair.

Pour moi, je ne vois rien de plus sot, à mon sens,
Qu'un auteur qui partout va gueuser des encens,
Qui, des *premiers venus* saisissant les oreilles,
En fait le plus souvent les martyrs de ses veilles. (Mol.)

Quand on se couche, on a des pensées qui ne sont que *gris brun*, et, la nuit, elles deviennent tout à fait noires. — La gorge de cet oiseau est aussi revêtue de plumes veloutées, mais celles-ci sont noires, avec des reflets *vert doré*. — C'était comme autant de gros points d'une couleur *jaune-brune* et obscure. — Les Arabes sont dans l'usage de se faire appliquer une couleur *bleue-foncée* aux bras, aux lèvres et aux parties les plus apparentes du corps. — Les paroles *aigres-douces* annoncent toujours un amour-propre blessé. — Les soies de l'éléphant sont très *clair-semées* sur le corps, mais assez nombreuses aux cils des paupières. — Les enfants *nouveau-nés* des nègres sont très susceptibles des impressions de l'air. — La jeune alouette se prit d'une affection singulière pour ces *nouveaux venus*.

ADJECTIFS QUALIFICATIFS EMPLOYÉS COMME ADJECTIFS ET COMME ADVERBES.

50. Exercices.

Corrigez les fautes. (§§ 205-212.)

Ecrire au crayon, c'est comme parler à voix *bas*. — Ils dirent que l'armée, investie de tous côtés, serait obligée de mettre les armes *bas*, si on ne lui donnait un prompt secours. — Les balles pleuvaient *dru* et *menu*. — Quand on vous fait une offense, il faut élever votre âme si *haut* que l'offense ne parvienne pas jusqu'à elle.

Le disciple aussitôt droit au coq s'en alla,
 Jetant *bas* sa robe de classe. (La Font.)

Des manières polies et prévenantes rendent les *bon* raisons meilleures et font passer les *mauvais*. — La chair de l'hermine sent très *mauvais*. — Ils se faisaient *fort* d'une chose qui ne dépendait pas d'eux. — De ma vie je n'ai entendu des voix de femme monter si *haut*. — Les expressions exagérées font dissonance avec l'idée et blessent l'oreille des esprits *juste*.

Mère écrevisse, un jour, à sa fille disait :
Comme tu vas, bon Dieu ! ne peux-tu marcher *droit*? (La F.)

Il faut accoutumer les enfants à raisonner *juste*. — Oh ! que ces fleurs sentent *bon* ! — Les gerboises et les kangourous se tiennent *droit* sur leurs pattes de derrière. — Après avoir avancé quelques pas, ils s'arrêtèrent *court*, craignant de tomber dans un piége. — Les manchons de genette étaient à la mode autrefois et se vendaient fort *cher*. — Il avait porté si *haut* sa réputation, que le soupçon ne pouvait l'atteindre. — Les Polonais ne trouvent pas l'huile *bon*, si elle ne sent *fort*. — Je ne saurais plus vous écrire, depuis que mes lettres ne vont point à vous. Me voilà demeurée *tout court*. — Procuste allongeait de force les jambes de ceux qui les avaient plus *court* que son lit. — Vous m'avez vendu *cher* vos secours inhumains.

Prêtez-moi trois pistoles, disait à quelqu'un un gascon. — Impossible, je n'ai qu'une *demi*-pistole. — Eh bien, donnez-la-moi, et vous me devrez deux pistoles et *demi*. — Les montagnards qui ont en toute saison les jambes *nu*, marchent rarement *nu*-tête. — Il était *nu*-tête et *nu*-jambes, les pieds chaussés de petites sandales.

Je n'en avais nul droit, puisqu'il faut parler *net*. (La Font.)

Saint Louis porta la couronne d'épines, *nu*-pieds et tête *nu*, depuis le bois de Vincennes jusqu'à Notre-Dame. — Les belles-de-jour ne durent qu'une *demi*-journée. — Vous trouverez ci-*inclus* copie de ma lettre. — Ma *feu* aïeule aimait beaucoup *feu* votre mère. — J'ai reçu *franc* de port une lettre anonyme. — Une *demi*-heure après avoir quitté le vaisseau, je foulai le sol américain.

Selon que notre idée est plus ou moins obscure,
L'expression la suit ou moins *net* ou plus pure. (Boil.)

Feu votre tante devait à la protection dont l'honorait la *feu* reine les hautes fonctions qu'elle remplissait à la cour. — Vous recevrez ces douze exemplaires *franc* de port. — Il a éprouvé tous les malheurs *possible*. — Je vous recommande les cinq lettres ci-*inclus*. — Je suis épouvanté tous les jours de voir des villageois pieds *nu* ou ensabotés, qui font des révérences comme s'ils avaient appris à danser.

Ses ais *demi*-pourris, que l'âge a relâchés,
Sont à coups de maillet unis et rapprochés. (Boileau.)

Il y a dans l'exemple une puissance qui surpasse toutes les autres ; sans y songer, nous redressons les autres en marchant *droit*. — Un conquérant, afin de perpétuer son nom, extermine le plus d'hommes *possible*. — Le dessin de ce couguar m'a été envoyé d'Angleterre, avec la description ci-*joint*. — Faisons d'abord respecter notre malheur ; car de toutes les calamités *possible*, la plus insoutenable est le malheur méprisé.

ADJECTIFS DÉTERMINATIFS.

51. LA CASSETTE.

Remplacez les points par l'adjectif déterminatif convenable. (§ 213.)

Un père de famille, aveuglé par ... tendresse pour ... enfants, leur avait donné ... ... biens. Eux, de ... côté, s'étaient engagés à le loger et à le nourrir. Bien traité d'abord, il se vit bientôt négligé et outragé.

Il alla conter ... chagrin à un de ... amis. « ... fils, lui dit celui-ci, qui était un riche banquier, ... fils n'ont plus d'égards pour vous, parce qu'ils savent que vous êtes pauvre et que vous n'avez plus rien à leur laisser. Je vais faire transporter chez vous ... vingt sacs d'écus d'or ; vous aurez soin de les compter dans ... chambre avec beaucoup de bruit et de les laisser voir, tout en paraissant les cacher. Dès qu'ils vous croiront riche, ... fils changeront de conduite à ... égard.

Le pauvre père consentit à la ruse. Rentré dans ... chambre, il se mit à compter l'or du banquier ... ami. Le bruit des écus se faisait entendre de loin. Les fils accoururent et virent, par le trou de la serrure, ... père occupé à faire des rouleaux d'or. Le soir, ils lui dirent : « Père, qu'est-ce donc que ... or que vous comptiez ... matin ? — C'est ... somme, répondit-il, que j'avais mise dans le commerce et qui a profité, grâce aux soins de ... banquier. — Et qu'en ferez-vous ? — Je la veux garder dans ... cassette. C'est un trésor que je destine à celui d'entre vous dont j'aurai été le plus content pendant le reste de ... vie.

Dès ... jour, le vieillard fut soigné, respecté, caressé à l'envi. Il mourut, et ... fils, courant à la cassette, se hâtèrent de l'ouvrir : elle était vide. Il y avait seulement ... marteau de fer avec ... papier contenant ... mots : « Je lègue ... marteau pour casser la tête du père insensé qui donnera ... ... biens à ... enfants et qui comptera sur ... reconnaissance. (St-MARC GIRARDIN).

ADJECTIFS DÉTERMINATIFS EMPLOYÉS COMME ADJECTIFS ET COMME ADVERBES.

Même.

Corrigez les fautes. (§ 214.)

Notre siècle est si évidemment un siècle d'insigne franchise, que les pharmaciens eux-*même* ne dorent plus les pilules. — Les souverains peuvent avoir plus ou moins de puissance, mais ils ont partout les *même* devoirs à remplir. — C'est une maladie contagieuse qui a flétri ceux-là *même* à qui elle n'a pas donné la mort. — Ne demandons pas à un ami des choses indignes de l'honneur, car un ami est un autre nous-*même*.

Ces murs *même*, Seigneur, peuvent avoir des yeux. (Rac.)

Il leur a persuadé la même foi, il les a formés à la même sainteté de vie, par les *même* moyens, malgré les *même* obstacles, avec les *même* succès. — On fait souvent vanité des passions *même* les plus criminelles.— Comment prétendons-nous qu'un autre garde notre secret, si nous ne pouvons le garder nous-*même*? — Tout ce qui est organisé pour la vie se dirige, dans ses accroissements, vers le soleil et la lumière, comme le prouvent les végétaux, *même* plantés à l'ombre.

Par des vœux importuns nous fatiguons les dieux,
Souvent pour des sujets *même* indignes des hommes. (La F.)

L'amitié est comme ces autels antiques où les malheureux et *même* les coupables trouvaient un sûr asile. — Il est des hommes qui, par la sévérité de leur caractère ou la hauteur de leurs manières, mettent à la gêne ceux *même* qu'ils aiment le plus. — Nous ne devons pas fréquenter les impies; nous devons *même* les éviter comme des pestes publiques. — Les hommes, les animaux, les plantes *même* sont sensibles aux bienfaits. — J'ai tout à craindre de leurs larmes, de leurs soupirs *même*.

Quelque.

Corriger les fautes. (§ 215.)

Les signes de compassion et de bienveillance sont, dans *quelque* personnes, comme le canon de détresse qui dit que vous allez périr. — Considérez la condition des hommes qui ont la meilleure part à la faveur et à la conduite des affaires; *quelque* sages et *quelque* absolus qu'ils puissent être, que d'agitations, que de traverses ! — *Quelque* grands avantages que la fortune donne, ce n'est pas elle seule, mais la vertu avec elle qui fait les héros.

> Mais *quelque* soient ton culte et ta patrie,
> Dors sous ma tente avec sécurité. (Campenon.)

Quelque méchants que soient les hommes, ils n'oseraient paraître ennemis de la vertu. — *Quelque* soient les opinions qui nous troublent dans la société, elles se dissipent presque toujours dans la solitude. — Si la loi est juste en général, il faut lui passer *quelque* applications malheureuses. — *Quelque* heureusement doués que nous soyons, nous ne devons pas en tirer vanité. — L'étude de l'histoire est la plus nécessaire aux hommes, *quelque* soient leur âge et la carrière à laquelle ils se destinent.

> Des fruits et *quelque* mets que la ferme a fournis,
> Posés près d'un ruisseau sur les gazons fleuris,
> Nous procurent sans frais un repas délectable. (Castel.)

Les méchants trouvent Dieu partout : *quelque* matin qu'ils se lèvent, *quelque* loin qu'ils s'écartent, sa main est sur eux. — *Quelque* soient vos vertus, *quelque* grands que soient vos talents, *quelque* soit votre modestie, ne croyez pas échapper à l'envie. — Alexandre perdit *quelque* trois cents hommes, lorsqu'il défit Porus. — *Quelque* soit le mérite ou l'esprit, on déplaît sans l'habitude des convenances, comme les meilleurs mets mal assaisonnés.

Tout.

Corrigez les fautes. (§ 216.)

Le plus précieux de *tout* les dons que nous puissions recevoir du ciel est une vertu pure et sans tache. — Les sauvages de l'Amérique brûlent leurs ennemis vivants, et dévorent leurs chairs *tout* sanglantes. — La coquetterie détruit et étouffe presque *tout* les vertus. — J'ai vu une prairie *tout* criblée de trous faits par une espèce de scarabée.

Ils ne mouraient pas *tout*, mais *tout* étaient frappés. (La F.)

Les plaisanteries ne sont bonnes que quand elles sont servies *tout* chaudes. — La joie de faire du bien est *tout* autrement douce que la joie de le recevoir. — Ces ouvrages étaient *tout* ensemble l'admiration des savants et la consolation de *tout* les personnes de piété. — Le chien est *tout* zèle, *tout* ardeur, *tout* obéissance. — Mes haies de chèvrefeuille, de rosiers et de lilas étaient *tout* verdoyantes de feuilles et de boutons de fleurs.

Tout quatre en chemin ils se mirent. (La Font.)

Les louanges *tout* pures ne mettent pas un homme son aise ; il faut y mêler du solide. — En temps de pluie et de dégel, les maisons, les pierres, les vitres, deviennent *tout* humides, parce qu'elles attirent les vapeurs. — Elle sacrifia sa santé, *tout* faible et *tout* usée qu'elle était, à l'honneur d'être auprès d'une grande reine. — Des masses *tout* entières de rochers se sont détachées de la montagne.

Sa face était de pleurs *tout* baignée. (La Font.)

Tout Babylone alla au-devant d'Alexandre revenant des Indes. — L'espérance, *tout* trompeuse qu'elle est, sert au moins à nous mener à la fin de la vie par un chemin agréable. — Une belle rose pendait, *tout* humide de rosée, au-dessus d'un nid de bouvreuil. — Il a les mains *tout* en sang. — La pièce est tombée *tout* à plat.

Tout suivi de autre.

Corrigez les fautes. (§ 217.)

La grâce de naître est *tout* autre chose que la grâce de vivre : naître, c'est *tout* les chances d'une immortalité heureuse ; vivre, c'est trop souvent les compromettre. — Cette liberté a ses bornes, comme *tout* autre liberté. — Bien que sa vertu jetât un fort grand éclat au dehors, c'était *tout* autre chose au dedans.

Ah ! seigneur, songez-vous que *tout* autre alliance
Ferait honte aux Césars ? (Racine).

Cléopâtre aima mieux mourir avec le titre de reine, que de vivre dans *tout* autre dignité. — ·Vous méritez sans doute une *tout* autre destinée. — Sans mentir, ils ont *tout* une autre manière d'écrire que les faiseurs de romans ; ils ont *tout* une autre adresse pour embellir la vérité. — Un homme qui a vécu dans l'intrigue un certain temps, ne peut plus s'en passer ; *tout* autre vie pour lui est languissante.

52. Exercices.

Dites pourquoi les mots en italique s'accordent ou ne s'accordent pas.

Le peuple et les grands n'ont ni les *mêmes* vertus ni les *mêmes* vices. — Pourquoi l'air et l'eau, *quelque* agités qu'ils soient, ne s'emflamment-ils pas ? — Quoique la noblesse de l'âne soit moins illustre, elle est *tout* aussi bonne, *tout* aussi ancienne que celle du cheval. — *Quelque* bons traducteurs qu'ils soient, ils ne comprendront pas ce passage.

Au dire de ces gens, la bête est *toute* telle. (La Font.)

La vie est *courte*, si elle ne mérite ce nom que lorsqu'elle est agréable, puisque si l'on cousait ensemble *toutes* les heures que l'on passe avec ce qui plaît, on ferait à peine, d'un grand nombre d'années, une vie de *quelques* mois. — Cette personne est *toute* honteuse de s'être exprimée comme elle l'a fait.

Je vous écris dans le jardin, où je suis *tout* étourdie par trois ou quatre rossignols qui sont sur ma tête. — Les arbres portent les *mêmes* fruits qu'ils portaient il y a deux mille ans. — *Quelque* corrompues que soient nos mœurs, le vice n'a pas encore perdu *toute* sa honte. — La forêt lui parut *toute* enflammée. — Le lion est *tout* nerfs et muscles. — *Toute nue*, la vérité risque de déplaire.

Nous ne nous prisons pas, *tout* petits que nous sommes,
D'un grain moins que les éléphants. (La Font.)

Dans nos souhaits innocents, nous désirons être *tout* vue, pour jouir des riches couleurs de l'aurore ; *tout* odorat, pour sentir les parfums de nos plantes ; *tout* ouïe, pour entendre les chants de nos oiseaux ; *tout* cœur, pour reconnaître ces merveilles. — *Toute* autre place qu'un trône eût été indigne d'elle.— Cette somme est *toute* où vous l'avez laissée.

Il parle, et dans la poudre il les fait *tous* rentrer. (Racine.)

C'est en vain qu'à travers les bois, avec sa cavalerie *toute* fraîche, Beck précipite sa marche pour tomber sur nos soldtas épuisés.— Dans les pays du Nord, on trouve des loups *tout* blancs et *tout* noirs.— Nous estimons la vertu dans les autres par les fruits qu'elle porte ; en nous-*mêmes*, par les sacrifices qu'elle nous fait accomplir.— La charpente est *toute* en fer.

Mais que veut ce soldat ? Son âme est *tout* émue. (Racine.)

Je vais trouver cet homme, qui me reçoit dans une maison où, dès l'escalier, je tombe en faiblesse d'une odeur de maroquin noir, dont ses livres sont *tous* couverts. — *Quelque* fins politiques que fussent Burrhus et Sénèque, ils ne purent découvrir le fond du cœur de Néron. — C'est sur les bords des rivières que les végétaux se montrent dans *toute* leur beauté. — Cette vie, *tout* affreuse qu'elle est, m'eût paru douce loin des hommes ingrats.

Pendant les belles nuits du printemps, le rossignol se fait entendre à plus d'une *demi*-lieue. — La vie est *courte* et ennuyeuse ; elle se passe *toute* à désirer. — Au siècle où nous vivons, l'impossible perd *tous* les jours du terrain. — A la Chine, on rend ceux qui gouvernent responsables des troubles, *quelle* qu'en soit la cause ou le prétexte.— *Quelques* soins qu'on apporte pour entendre une langue, il faut qu'un usage constant et uniforme concoure avec les règles.

> Un animal paît dans nos prés,
> Beau, grand ; j'en ai la vue encor *toute* ravie. (La Font.)

Nos méthodes savantes nous cachent les vérités naturelles connues *même* des simples bergers. — Il est aisé à un traducteur de se tirer des endroits *mêmes* qu'il n'entend pas. — La hardiesse humaine n'aime pas à demeurer *court*. — Les Géorgiques de Virgile ont *toute* la perfection que peut avoir un ouvrage écrit par le plus grand poëte de l'antiquité, dans l'âge où l'imagination est le plus vive, le jugement le plus formé, et *toutes* les qualités de l'esprit dans *toute* leur vigueur et leur entière maturité.

> Dans son tronc caverneux et miné par le temps
> Logeaient, entre autres habitants,
> Force souris sans pieds, *toutes* rondes de graisse. (La Font.)

On ne méprise point un charpentier, au contraire, il est bien payé et bien traité ; les bons rameurs *même* ont des récompenses sûres et proportionnées à leurs services. — Lorsqu'on s'est révolté contre l'Evangile, on s'est donné à un maître qui est soi-même ; maître qui rend *possibles tous* les autres, en descendant toujours.— *Tout* Rome le sait, on l'a vu. — *Toute* l'Italie avait les yeux tournés sur les Romains et les Volsques. — Les geais imitent *tous* les sons, *tous* les bruits, *tous* les cris d'animaux qu'ils entendent habituellement, et *même* les paroles humaines.

53. Exercices.

Corrigez les fautes. (§§ 205-217.)

Les matelots suivaient deux à deux, *demi-nu* et couverts de l'écume des flots. — Des deux fils du second Paul-Emile, le premier mourut trois jours avant le triomphe de son père, et l'autre trois jours après. C'est *tout* la destinée de l'homme, qui meurt avant d'être heureux, ou qui n'a que *quelque* jours pour l'être.

Chez lui sirops exquis, ratafias vantés,
Confitures surtout, volent de *tout* côtés. (Boileau.)

Tout autre voix que la voix unanime des pasteurs doit lui être suspecte. — Les premiers Romains étaient *tout* laboureurs, et les laboureurs étaient *tout* soldats. — De *quelque* superbes distinctions que se flattent les hommes, ils ont *tout* une même origine, et cette origine est petite.

Quelque soit le plaisir que cause la vengeance,
C'est l'acheter trop cher que l'acheter d'un bien
Sans qui les autres ne sont rien. (La Font.)

Une femme, *quelque* grands biens qu'elle apporte dans une maison, la ruine bientôt si elle y introduit le luxe. — Nos dogmes, *même* ceux que la raison ne peut comprendre, sont rendus croyables par la raison. — Les vieillards eux-*même* manquent d'expérience en beaucoup de choses.

Quelque prix glorieux qui me soient réservés,
Quels lauriers me plairont de son sang arrosés ? (Racine.)

Les castors, les abeilles, les fourmis *même* nous donnent l'exemple du travail et de la prévoyance. — Une *demi*-heure bien employée donne à l'âme plus de bien-être qu'une journée de plaisir. — Il a commencé son règne par une conduite *tout* opposée à celle de Pygmalion.

Prince, *quelque* raisons que vous me puissiez dire,
Votre devoir ici n'a pas dû vous conduire. (Racine.)

La vertu est *tout* autrement douce et *tout* autrement sûre que la gloire. — Les ennemis ont tiré plus de neuf mille coups de canon, et nous *quelque* cinq ou six mille. — Nous ne jugeons pas les hommes sur ce qu'ils sont en *eux-même*, mais sur ce qu'ils sont relativement à nous. — Dans l'état normal de l'organisation, *tout* plaie tend à se fermer.

> Lâcher ce qu'on a dans la main
> Sous espoir de grosse aventure
> Est imprudence *tout* pure. (La Font.)

Une âme chrétienne a des trésors de tendresse inconnus à *tout* autre. — *Quelque* soit le but ou l'avantage d'une chose, lorsqu'elle porte un cachet d'infamie, on ne saurait la faire sans en recevoir l'empreinte. — Les rochers *même* et les plus farouches animaux sont sensibles à de touchants accords. — Les Anglais se montrent *ferme* dans les combats.

> Quoi ! dans ce *même* jour et dans ces *même* lieux,
> Refuser un empire ! (Racine.)

Un railleur s'attire toujours *quelque* mauvaises affaires. — Notre patrie est *tout* où sont nos affections. — Voici de *tout* autres affaires. — Ceux qui ne sont contents de personne sont ceux *même* dont personne n'est content. — Il est difficile de prendre ces animaux *tout* vivants. — Autour d'elle volaient les vengeances *tout* dégouttantes de sang.

> La volonté de Dieu soit faite en *tout* chose. (Molière.)

La vanité est sortie *tout* parée de la tête des femmes, comme Minerve est sortie *tout* armée de la tête de Jupiter. — J'arriverai à midi et *demi*, une *demi*-heure avant vous, et nous repartirons vers trois heures et *demi*. — Tout le dessous du cou était d'un blanc sale, varié de taches *marron*.— Les *même* vertus qui servent à fonder un empire servent aussi à le conserver.—Leurs vertus et *même* leurs noms étaient ignorés.

Presque *tout* les hommes, *même* les gens de bien, payent plus volontiers les services à rendre que les services rendus. — Diogène marchait *nu*-pieds et couchait dans un tonneau. — Hélas ! à quoi les rois sont-ils exposés ? Les plus sages *même* sont souvent surpris. — Dans la saison d'été, les cerfs marchent la tête *bas*, de crainte de la froisser contre les branches.

C'est un ordre des dieux, qui jamais ne se rompt,
De nous vendre bien *cher* les grands biens qu'ils nous font.
(Corneille.)

Tant que les masques s'égayent, ils se trouvent charmants ; lorsqu'ils se découvrent, ils sont *tout* honteux de se reconnaître. — Les animaux, les plus sauvages *même*, nous offrent des exemples de reconnaissance. — La jalousie égare plus que *tout* autre passion. — Vous parlez à un homme à qui *tout* Naples est connu.

Quelque nouveaux malheurs qui nous doivent atteindre,
Vous ne m'entendrez point murmurer ni me plaindre.
(Ancelot.)

L'esprit se forme plus par la conversation que par *tout* autre chose. — L'homme tenant de Dieu *tout* sa gloire doit la lui rapporter *tout* entière. — *Tout* Lisbonne vit partir ces étrangers avec indignation et avec larmes. — À la ville et à la cour, *même* passions, *même* brouilleries dans les familles. — Il faut être en garde contre les écrivains *même* accrédités.

Là, bornant son discours, encor *tout* écumante,
Elle souffle aux guerriers l'esprit qui la tourmente. (Boil.)

Les hommes, comme les oiseaux, se laissent toujours prendre dans les *même* filets. — Je croirais plutôt à un bonheur né dans les larmes qu'au bonheur compatible avec l'aridité de l'âme. — *Quelque* plantes élèvent encore leur tête humide au-dessus de la plaine inondée, mais les sables de la grève sont à jamais stériles. — Déjà son écurie était prête et *tout* bâtie.

La paresse, *tout* engourdie qu'elle est, fait plus de ravages chez nous que *tout* les autres passions ensemble. — *Tout* Memphis se couvrait de deuil et demeurait neuf jours *enseveli* dans sa douleur, quand la mort frappait un de ses rois.

> Un meurtre, *quelque* en soit le prétexte ou l'objet,
> Pour les cœurs vertueux est toujours un forfait.
>
> (Crébillon.)

Il suffit d'un médisant pour faire battre *tout* une ville. — Que vos plaisirs coûtent *cher* à ces infortunés ! — Nous nous tenions *ferme*, de peur que dans cette violente secousse le mât qui était notre unique espérance ne nous échappât. — *Quelque* grandes difficultés qu'il y ait à se placer à la cour, il est encore plus âpre de se rendre digne d'y être placé.

> L'animal porte-sonnette,
> Avec ses ongles *tout* d'acier,
> Prend le nez du chasseur, happe le pauvre sire. (La Font.)

Ne désirons d'esprit que ce qu'il en faut pour être parfaitement bons, et c'est en désirer beaucoup, car la bonté se compose avant tout de l'intelligence de *tout* les besoins et de *tout* les moyens d'y pourvoir qui sont en nous-*même*.

> Et je trouve à propos que *tout* cachetée
> Cette lettre lui soit promptement reportée. (Molière.)

Quand on attend avec impatience des nouvelles, on compte les heures, les minutes *même*. — *Quelque* beaux calculs qu'on vous présente, n'y ajoutez foi qu'après avoir vérifié les résultats qu'on annonce. — Je lui appris la triste nouvelle avec *tout* les ménagements *possible*. — Les montagnes de la planète Vénus sont plus élevées que celles de la lune ; Vénus en paraît *tout* hérissée.

> Un tout petit enfant demande qu'on l'assiste,
> En soufflant dans ses mains *tout* rouges de froid.
>
> (A. de Guiraud.)

54. Exercices.

Remplacez les points par l'article ou par l'adjectif possessif,
selon la règle. (§ 221.)

Une bonne action trouve toujours ... récompense. —
Il a la mauvaise habitude de se manger ... ongles. — Je
n'ai pu le voir, il souffrait encore de ... migraine. —
M. Purgon m'a défendu de découvrir ... tête.

Un loup n'avait que ... os et ... peau,
Tant les chiens faisaient bonne garde. (La Font.)

Il était aisé de voir que le pauvre enfant avait pleuré,
car il avait ... yeux tout rouges. — C'était la belle
parole qu'il avait toujours à ... bouche. — Notre pauvre
ami est toujours incommodé ... bras.

Je t'ai toujours choyé, t'aimant comme ... yeux. (La F.)

L'homme généreux met sous ... pieds les faveurs
qu'il accorde, et sur ... cœur celles qu'il reçoit. —
Zopyre se coupa ... nez et ... oreilles pour faciliter à
Darius la prise de Babylone. — Le commandant phénicien, arrêtant ... yeux sur Télémaque, croyait se souvenir de l'avoir vu.

55. Exercices.

Mettez au singulier ou au pluriel, suivant le sens, les mots
qui sont en italique. (§ 223.)

Quelques-uns ont fait dans *leur jeunesse* l'apprentissage
d'un certain métier, pour en exercer un autre, et fort
différent, le reste de *leur vie.* — Les hommes à réputation
dans les grandes villes sont presque tous des hommes
médiocres; ils sont jugés par *leur pair*, qui *forme* la
majorité. — Il y a des gens qui trahissent un peu *leur
ami*, rien que pour montrer qu'ils *lui* sont fidèles.
— La conscience est l'hôte le plus doux et le plus in-
commode; c'est la voix qui redemandait Abel à son
frère, ou cette harmonie céleste qui retentissait aux
oreilles des martyrs pour adoucir *leur souffrance.*

Exerç. franç. — Partie de l'élève. 5

Il faut convenir qu'après les affections, les habitudes ont bien *leur prix*. C'est une petite eau qui coule à petit bruit, mais qui verdit encore tout sur son parcours.—Les louanges qu'on donne aux gens en place doivent peu flatter *leur amour-propre*. — Ceux qui emploient mal *leur temps* sont les premiers à se plaindre de sa brièveté. — La mort des chrétiens ne finit pas *leur vie*, elle ne finit que *leur péché*.

> Je vois fuir aussitôt toute la nation
> Des lapins qui, sur la bruyère,
> L'œil éveillé, l'oreille au guet,
> S'égayaient, et de thym parfumaient *leur banquet*. (La F.)

La plupart des hommes, pour arriver à *leur fin*, sont plus capables d'un grand effort que d'une longue persévérance. *Leur paresse* ou *leur inconstance* leur *fait* perdre le fruit des meilleurs commencements.—Certaines gens éteindraient volontiers le soleil pour vendre plus cher *leur luminaire*. — On ne suppose dans les princes rien de médiocre, et l'on ne parle jamais de *leur vertu* ou de *leurs vice* sans les exagérer.

> Vois cet homme qui passe, il a de quoi payer;
> Adresse-lui tes dons, ils auront *leur salaire*. (La Font.)

N'envions pas à une sorte de gens *leur grande richesse*. Ils ont mis *leur repos, leur santé, leur honneur* et *leur conscience* pour l'avoir : cela est trop cher, et il n'y a rien à gagner à un tel marché. — L'avantage des grands sur les autres hommes est immense par un endroit. Je leur cède *leur bonne chère, leur riche ameublement, leur chien, leur cheval, leur singe, leur nain* et *leur flatteur;* mais je leur envie le bonheur d'avoir à *leur service* des gens qui les égalent par le cœur et par l'esprit, et qui les passent quelquefois.

> Telles gens n'ont pas fait la moitié de *leur course*,
> Qu'ils sont au bout de *leur écu*. (La Font.)

56. Exercices.

Remplacez les points par l'adjectif possessif, ou par l'article
et le pronom EN. (§ 224.)

Quelquefois une cantharide, nichée dans la corolle
d'une rose, ... relève ... carmin par son vert d'émeraude.
—Amies de l'homme, les cigognes blanches ... partagent
... domaine. — La résignation allége l'infortune ; la
plainte ... aggrave ... poids. — Le front donne de la
majesté au visage et ... relève ... traits. — Ces vérités
ne doivent pas être présentées avec des couleurs qui ...
altèrent ... majesté. — Maîtres de l'univers, les Romains
s'... attribuèrent tous ... trésors.

Prétendre ôter la queue eût été temps perdu ;
        ... mode ... fut continuée. (La Font.)

C'est parce que l'or est rare que l'on a inventé la
dorure, qui, sans ... avoir ... solidité, ... a tout ... brillant.
— Vos chansons m'ont paru jolies ; j'... ai reconnu ...
styles. — L'instruction est un trésor ; le travail ... est
... clef. — Loin de sa tribu chérie, le berger écossais ...
porte partout ... souvenir. — La racine de la science est
amère, mais ... fruits ... sont doux. — L'esprit est la
fleur de l'imagination, le jugement ... est ... fruit.

Vous connaissez ces lieux ? ils ont quelque renom. —
Vraiment je suis ravi d'... apprendre ... nom. (La Font.)

Pourquoi craindre la mort, si l'on a assez bien vécu
pour ne pas craindre . . suites ? — Dans la retraite,
le temps semble accélérer encore ... marche. Rien n'a-
vertit de ... fuite ; c'est une onde sans murmure, parce
qu'elle coule sans obstacle. — Il en est des gouvernements comme du temps : il est rare qu'on ne désire pas
... changement. — L'auteur d'un bienfait est celui qui
... recueille ... fruit le plus doux. — Il remarque un
de leurs vaisseaux qui était presque semblable au nôtre,
et que la tempête avait écarté. ... poupe ... était cou-
ronnée de fleurs.

Répétition de l'adjectif.

57. Exercices.

Mettez ou non l'adjectif déterminatif devant les mots en italique.
(§§ 227, 228.)

La force de sa constitution, sa jeunesse et *gaieté* naturelle le mettent au-dessus de toutes les épreuves. — J'aimerais mieux choisir mes peines que *plaisirs*, par la raison que je crains plus les unes que les autres. — Il faut travailler sans se lasser à rendre sa piété raisonnable et *raison* pieuse.

Ce second terme échu, l'autre lui redemande
Sa maison, *chambre*, *lit*. (La Font.)

Nos habitudes, *arrangements* extérieurs, *habitation*, l'ordre que nous y mettons, tout cela c'est l'extension de notre personnalité ; nous avons tous plus ou moins de l'araignée : nous étendons au loin une toile qui est nous-mêmes. — Il ne faut regarder dans ses amis que la seule vertu qui nous attache à eux, sans aucun examen de leur bonne ou *mauvaise* fortune.

Ces mots à peine dits, ils s'en vont secourir
    Leur chère et *fidèle* compagne,
    Pauvre chevrette de montagne. (La Font.)

Chassez-moi tous ces anciens et *nouveaux* amis qui ne voient en vous que votre position et *fortune*. — Je ne crois pas un mot de cette longue et *ennuyeuse* histoire. — L'économie est un honnête et *raisonnable* emploi de son bien. — En récompense de vos bons et *utiles* offices, que Dieu éloigne de vous tout chagrin domestique.

LE PRONOM.

ACCORD DU PRONOM.

58. LA TERRE.

Remplacez les points par le pronom convenable. (§ 229.)

C'est du sein inépuisable de la terre que sort tout ce qu'il y a de plus précieux. Cette masse informe, vile et grossière, prend toutes les formes les plus diverses, et ... seule devient tour à tour tous les biens que nous ... demandons. Cette boue si sale ... transforme en mille beaux objets ... charment les yeux : en une seule année, ... devient branches, boutons, feuilles, fleurs, fruits, et semence pour renouveler ses libéralités en faveur des hommes. Rien ne ... épuise : plus on déchire ses entrailles, plus ... est libérale. Après tant de siècles, pendant ... tout est sorti d'..., ... n'est point encore usée : ... ne ressent aucune vieillesse ; ses entrailles sont encore pleines des mêmes trésors. Mille générations ont passé dans son sein : tout vieillit, excepté ... seule ; elle ... rajeunit chaque année au printemps. ... ne manque jamais aux hommes ; mais les hommes insensés ... manquent à ..., en négligeant de ... cultiver ; c'est par leur paresse et par leurs désordres qu'... laissent croître les ronces et les épines en la place des vendanges et des moissons : ... se disputent un bien qu'... laissent perdre. Les conquérants laissent en friche la terre pour la possession de ... ils ont fait périr tant de milliers d'hommes et ont passé leur vie dans une si terrible agitation. Les hommes ont devant ... des terres immenses qui sont vides et incultes, et ... renversent le genre humain pour un coin de cette terre si négligée.　　　　　(FÉNELON.)

59. AU COMTE DE BUSSY.

Indiquez les fonctions des pronoms personnels : mettez (*s*) après les sujets ;
(*d*) après les complém. dir. ; (*ind*) après les complém. indir. (§§ 229-238.)

Bonjour et bon an, mon cher cousin. *Je* prends mon
temps de *vous* demander pardon, après une bonne
fête, et en *vous* souhaitant mille bonnes choses cette
année, suivie de plusieurs autres. Il *me* semble qu'en
vous adoucissant ainsi l'esprit, je *vous* disposerai à
me pardonner d'avoir été si longtemps sans *vous* écrire.
Je suis partie de Bretagne pour venir à Paris. J'ai
trouvé ma fille mieux que quand *elle* est partie ; et
cet air de Provence qui devait *la* dévorer, ne *l'* a
point dévorée : *elle* est toujours aimable. J'ai toujours
pensé à *vous* et j'ai dit mille fois : « Mon Dieu !
je voudrais bien écrire à mon cousin de Bussy ; » et
jamais je n'ai pu *le* faire. Pour moi, je crois qu'il y a
de petits démons qui empêchent de faire ce qu'on veut,
rien que pour se moquer de *nous* et pour *nous* faire
sentir notre faiblesse. *Ils* ont un contentement, et je
l' ai senti dans toute son étendue. *Nous* avons ici une
comète qui est bien étendue aussi ; c'est la plus belle
queue qu'il est possible de voir. Tous les plus grands
personnages sont alarmés, et croient fermement que le
ciel, bien occupé de leur perte, *en* donne des avertis-
sements par cette comète. On dit que le cardinal Mazarin étant désespéré des médecins, ses courtisans crurent
qu'il fallait honorer son agonie d'un prodige, et *lui*
dirent qu'il paraissait une grande comète qui *leur* faisait
peur. *Il* eut la force de se moquer d'*eux* et *leur* dit plai-
samment que la comète *lui* faisait trop d'honneur.
En vérité, on devrait en dire autant que *lui* et l'orgueil humain *se* fait trop d'honneur de croire qu'il
y ait de grandes affaires dans les astres quand on doit
mourir.

(Mme DE SÉVIGNÉ.)

60. Exercices.

Remplacez les points par DE LUI, D'ELLE, etc., A LUI, A ELLE, etc., ou par EN, Y. (§§ 238-239.)

Ne nous lassons pas de jeter sur notre route des semences de bienveillance et de sympathie. Sans doute il ... périra beaucoup ; mais s'il est une seule ... qui lève, elle embaumera notre route et réjouira nos yeux. — Le plus clair bénéfice de la retraite, c'est de sortir ... toujours plus content de Dieu et plus mécontent de soi. — Je reçois votre lettre, et je fais réponse ... avec précipitation. — Les passions des hommes sont autant de chemins ouverts pour ... aller.

L'homme, en ses passions toujours errant sans guide,
A besoin qu'on ... mette et le mors et la bride. (Boileau.)

Les situations sont comme les écheveaux de fil ou de soie ; pour tirer parti ..., il suffit de les prendre par le bon bout. — La politesse, chez une maîtresse de maison, consiste à alimenter la conversation et à ne s'emparer jamais ... ; elle a la garde de cette espèce de feu sacré, mais il faut que tout le monde puisse s'approcher ... . — Tous les jours vont à la mort, le dernier arrive ... . — Si l'on veut rendre la critique utile, il faut avoir grand soin de ... donner ... la louange pour passe-port.

Que prétendez-vous donc ? Pensez-vous que ma voix
Ait fait un empereur pour m'imposer trois ... ? (Racine.)

Comptez sur la reconnaissance quand l'intérêt vous répond ... . — Ma chère enfant, j'ai le cœur et l'imagination tout remplis de vous ; je ne puis penser ... sans pleurer, et je pense toujours ... . — On ne saurait dire si Ésope eut sujet de remercier la nature ou de se ... plaindre. — Le temps ne paraît long qu'à ceux qui ne savent que faire ... . — L'excuse qu'en soi-même on donne à ses défauts, est le premier indice qu'on ne veut pas se corriger ... . — Un sage jouit des plaisirs et se passe ..., comme on fait des fruits en hiver.

61. Exercices.

Remplacez les points par LE, LA ou LES, suivant la règle. (§ 240.)

Quand je me fie à quelqu'un, je ... fais sans réserve ; mais je me fie à très peu de personnes.—Ce qui manque aux orateurs en profondeur, ils vous ... donnent en longueur.— En Angleterre, un couvreur se fait apporter la gazette sur les toits pour ... lire. — S'il est ordinaire d'être vivement touché des choses rares, pourquoi ... sommes-nous si peu de la vertu ?

Ne me trompé-je pas en vous croyant ma nièce ?
     — Oui, monsieur, je ... suis. (De Boissy.)

J'ai vu souvent les personnes pieuses attirer beaucoup celles qui ne ... étaient pas. La vie qu'entretient la piété, l'onction qui s'en échappe, exercent leur charme à l'insu même de ceux qui ... subissent. — Êtes-vous les prisonniers qu'on a ramenés d'Allemagne ? — Nous ... sommes. — L'or éclate, dites-vous, sur les habits de Philémon : il éclate de même chez les marchands. Il est habillé des plus belles étoffes : ... sont-elles moins toutes déployées dans les boutiques ?

Aux travers de l'esprit aisément on fait grâce ;
Mais les fautes du cœur, jamais on ne ... passe. (Andrieux.)

On doit faire choix d'amis si sûrs et d'une si exacte probité, que, venant à cesser de ... être, ils ne veuillent pas abuser de notre confiance, ni se faire craindre comme nos ennemis. — Tels étaient pieux, sages, savants, qui, par cette mollesse inséparable d'une trop riante fortune, ne ... sont plus. — La noblesse donnée aux pères, parce qu'ils étaient vertueux, a été donnée aux enfants afin qu'ils ... devinssent. — Ceux qui nous rendent heureux nous savent toujours gré de ... être ; leur reconnaissance est le prix de leurs propres bienfaits.

Et la plus belle chose, ils ... gâtent souvent
Pour ... vouloir outrer et pousser trop avant. (Molière.)

62. Exercices.

Remplacez les points par le pronom SOI, ou par les pronoms
LUI, ELLE, EUX, ELLES. (§§ 241.)

Celui qui sort de votre entretien content de ... et de
son esprit, l'est de vous parfaitement. — Il y a des gens
qui ne parlent jamais de ... ; mais c'est pour y penser toujours. — Qu'est-ce que se résigner ? C'est mettre
Dieu entre sa douleur et ... — Le plus coupable des
excès de la liberté est de se nuire à ... — Souvent
on n'est prophète pour les autres que parce qu'on est
historien pour ... — Le plus grand secret pour le bonheur, c'est d'être bien avec ...

On a souvent besoin d'un plus petit que .. (La Font.)

Quand la charité commande d'aimer les indifférents
comme ..., elle autorise sans doute à aimer ses amis
plus que ... — Chacun trouve à redire en autrui
ce qu'on trouve à redire en ... — Dieu était en Jésus-
Christ, réconciliant le monde avec ... — Les nouveaux
enrichis se ruinent à se faire moquer de ... — Ces en-
trepreneurs, qui jusqu'ici n'avaient travaillé que pour
les autres, ne travaillent plus que pour ... — L'avare
qui a un fils prodigue, n'amasse ni pour ... ni pour ...

Qui choisit mal pour ... choisit mal pour autrui. (Corn.)

Peu d'amitiés subsisteraient si chacun savait ce que
son ami dit de ... lorsqu'il n'y est pas. — Le souverain
n'a rien à craindre du peuple lorsque le peuple n'a rien
à craindre de ... — Un homme de bien ne saurait
empêcher, par toute sa modestie, qu'on ne dise de ... ce
qu'un malhonnête homme fait dire de ... — Être
infatué de ... et s'être fortement persuadé qu'on a
beaucoup d'esprit, est un accident qui n'arrive guère
qu'à celui qui n'en a point ou qui en a peu. — On aime
mieux dire du mal de ... que de n'en pas parler.

Qui ne songe qu'à ... quand la fortune est bonne,
    Dans le malheur n'a point d'amis. (Florian.)

5.

63. Exercices.

Justifiez l'emploi de CE ou de IL devant le verbe ÊTRE. (§§ 245-248.)

Le sourire sur les lèvres du vieillard, ainsi que les rayons du soleil couchant, pénètre l'âme d'une émotion douce et triste : *c'*est encore un rayon, *c'*est encore un sourire, mais ils peuvent être les derniers. — La meilleure des leçons pour beaucoup de gens serait d'écouter aux portes; *il* est fâcheux pour eux que *ce* ne soit pas honnête. — Nous sommes rentrés tard; *c'*est vrai, mais en revanche nous nous sommes levés matin.

> Du palais d'un jeune lapin
> Dame belette, un beau matin,
> S'empara ; *c'*est une rusée :
> Le maître étant absent, *ce* lui fut chose aisée. (La Font.)

Tacite disait de la gloire que *c'*était la dernière passion du sage. — Bien loin d'être des demi-dieux, *ce* ne sont pas même des hommes. — *Il* est plus aisé de conquérir des provinces que de dompter une passion. — On a beaucoup déclamé contre la gloire, *c'*est naturel ; *il* est beaucoup plus aisé d'en dire du mal que de la mériter.

> En vain aux conquérants
> L'erreur parmi les rois donne les premiers rangs ;
> Entre les grands héros *ce* sont les plus vulgaires. (Boil.)

*C'*est assez pour soi d'un ami ; *c'*est même beaucoup de l'avoir trouvé. — *Il* n'est pas malaisé de tromper un trompeur. — Platon disait de l'homme que *c'*était un animal à deux pieds et sans plumes. — *Il* est doux de revoir les murs de la patrie. — L'animal diffère beaucoup de la plante, puisqu'il est doué de sentiment ; *c'*est un être sensible qui, pendant sa vie, est sans cesse agité par le désir de l'entretenir et la crainte de la perdre. — L'étendue de la mer est aussi grande que celle de la terre ; *ce* n'est point un élément froid et stérile, *c'*est un nouvel empire aussi riche, aussi peuplé que le premier.

64. Exercices.

Dites pourquoi le pronom CE est employé ou n'est pas employé
devant le verbe ÊTRE. (§§ 249, 250.)

La foi dans le désordre d'une vie coupable, *c'est* la lampe antique qui brûlait dans les tombeaux. — La seule bonne manière d'agir dans le monde *est* d'être avec lui, sans être à lui. — L'idéal de l'amitié, *c'est* de se sentir un et de rester deux. — Ce qu'il y a de plus difficile, pour peu qu'on soit loyal et droit, *c'est* d'être toujours du parti au milieu duquel on vit.

Vivre content de peu, *c'est* être vraiment riche. (Gaudin.)

Ne pouvoir supporter tous les mauvais caractères dont le monde est plein, *n'est* pas un fort bon caractère ; il faut, dans le commerce, des pièces d'or et de la monnaie. — Vivre avec des gens brouillés et dont il faut écouter de part et d'autre des plaintes réciproques, *c'est*, pour ainsi dire, ne pas sortir de l'audience, et entendre du matin au soir plaider et parler procès.

Prévenir le besoin, *c'est* doubler le bienfait. (Maréchal.)

Blâmer la vanité de ceux que l'on flatte, *c'est* se plaindre du feu que l'on a attisé. — Le plus grand ouvrier de la nature *est* le temps. — De tous nos défauts, celui dont nous demeurons le plus aisément d'accord, *c'est* la paresse. — Brûler *n'est* pas répondre. — Ce qui me console dans mon exil, *c'est* vous.

Déchoir du premier rang, *c'est* tomber au dernier. (La Harpe.)

Le plus beau présent qui ait été fait à l'homme après la sagesse, *c'est* l'amitié. — Vous croyez donc que le plus malheureux, *c'est* vous. — Etre libre *n'est* pas ne rien faire ; *c'est* être le seul arbitre de ce qu'on fait. — Il ne croyait pas que donner par son testament *ce fut* donner. — Le seul moyen d'obliger les hommes à dire du bien de nous, *c'est* d'en faire. — Bien écrire, *c'est* tout à la fois bien penser, bien sentir et bien rendre.

65. Exercices.

Remplacez les points par CELUI-CI ou CELUI-LA, CECI ou CELA. (§§ 243, 251.)

Un magistrat intègre et un brave officier sont également estimables. ... fait la guerre aux ennemis domestiques ; ... nous protège contre les ennemis extérieurs. — L'accessoire, chez Cicéron, c'était la vertu ; chez Caton, c'était la gloire. ... voulait sauver la république pour elle-même ; ... pour s'en vanter. - Sont-ce des hommes que ces jeunes blondins ? ... est bien bâti auprès d'une personne comme vous ! Voilà un homme ... ! — Corneille nous assujettit à ses caractères ; Racine se conforme aux nôtres. ... peint les hommes comme ils devraient être ; ... les peint tels qu'ils sont. — ... mérite nos hommages, qui fonde sa grandeur sur la vertu. — Aussitôt les anges et les démons se répandent dans le sénat, les premiers pour calmer, les seconds pour soulever les passions ; ... pour éclairer les esprits, ... pour les aveugler. — ... est deux fois grand, qui, ayant toutes les perfections, n'a pas de langue pour en parler.

66. Exercices.

Justifiez l'emploi des pronoms en italique. (§§ 254, 255.)

Si l'on feint quelquefois de ne pas se souvenir de certains noms que l'on croit obscurs, et si l'on affecte de les corrompre en les prononçant, c'est par la bonne opinion qu'on a du *sien*. — *Le mien* et *le tien* sont la source de toutes les divisions et de toutes les querelles. — Le dieu lui répondit : *Les tiens* cesseront de régner quand un étranger entrera dans ton île pour y faire régner les lois. — C'est un magistrat fort distingué ; je ne connais pas au palais de plus forte tête que *lui*. — Il est plein d'égards pour moi et *les miens*. — Je m'intéresse à eux et *aux leurs*. — On ne trouve de bien dit ou de bien fait que ce qui part *des siens*.

67. Exercices.

Remplacez les points par le pronom relatif convenable. (§§ 256-266.)

L'éloquence est un don de l'âme, ... nous rend maîtres du cœur et de l'esprit des autres. — David ne savait de ... de ces deux choses il avait le plus à se plaindre, ou de ce que Siba le nourrissait, ou de ce que Séméi avait l'insolence de le maudire. — La douceur du ton et des manières a un ascendant imperceptible ... on ne résiste pas. — C'est un soin superflu de s'attacher à corriger dans les enfants ces petites fautes contre l'usage, ... ils ne manquent jamais de se corriger d'eux-mêmes avec le temps. — Écoutez les conseils des sages et des vieillards ... votre enfance est confiée. — Comme elle abaisse cette tête auguste devant ... s'incline l'univers !

La douleur ... se tait n'en est que plus funeste. (Racine.)

Les gerbes donnent à ceux ... les font croître le courage de les défendre. — Celui ... règne dans les cieux, et de ... relèvent tous les empires, à ... seul appartient la gloire, la majesté et l'indépendance, est aussi le seul ... se glorifie de faire la loi aux rois. — C'est un remède à bien des maux qu'un ami véritable ... entend la langue qu'on parle. — ... naît poule aime à gratter.

... sont ces gens en robe ? Etes-vous avocats ? (Racine.)

O rochers escarpés, c'est à vous que je me plains ; car je n'ai que vous ... je puisse me plaindre. — J'enverrai ... je pourrai. — Tout vient à point à ... peut attendre. — ...est-ce que ce conquérant ... est pleuré de tous les peuples ... il a soumis ? — Il est assez ordinaire de mépriser ... nous méprise. — Loin des personnes ... nous sont chères, toute demeure est un désert et tout espace est un vide. — Le bien ... l'on a fait la veille fait le bonheur du lendemain.

Instruisez-le d'exemple, et vous ressouvenez
Qu'il faut faire à ses yeux ce ... vous enseignez. (Corn.)

L'hypocrisie est un hommage ... le vice rend à la vertu. — On se plaint des ingrats ... on n'a pas faits pour se défendre des ingrats ... on ne veut pas faire. — Prenez la promesse vaille ... vaille. — Les plaisirs publics n'ont pas besoin de protection. L'autorité n'a ... faire de s'en mêler.

... vois-je autour de moi que des amis vendus ? (Racine.)

Voilà ce à ... le monde consacre des éloges. — De ... n'est pas capable un cœur ... la jalousie noircit et envenime ? — Dites-moi en ... je puis vous servir. — Ainsi mes mains me préparaient de ... me nourrir. — Il devient un je ne sais ... qui n'a plus de nom dans aucune langue.

Et ... me sert ma queue ? Est-ce un poids inutile ?
Va, le ciel te confonde, animal importun !
... ne vis-tu sur le commun ? (La Font.)

Elle portait sur son visage la majesté de tant de rois ... elle tirait sa naissance. — Comment avez-vous pu entrer dans cette île ... vos sortez ? — Les alliés de Rome étaient indignés et honteux tout à la fois de reconnaître pour maîtresse une ville ... la liberté paraissait être bannie pour toujours.

Misérable ! et je vis ! et je soutiens la vue
De ce sacré soleil ... je suis descendue ! (Racine.)

Rome accrut ses forces par son union avec les Sabins, peuples belliqueux comme les Lacédémoniens ... ils étaient descendus. — Vénus remonte dans un nuage ... elle était sortie. — Rappeler aux anciennes formes de son origine un peuple éclairé, puissant, immense, c'est vouloir renfermer un chêne dans le gland ... il est sorti. — De même qu'on voit un grand fleuve qui retient encore cette force violente ... il avait acquise aux montagnes ... il tire son origine, ainsi cette vertu céleste conserve toute la vigueur ... elle apporte du ciel ... elle descend.

68. Exercices.

On, quiconque, personne, l'un l'autre, l'un et l'autre. (§§ 267-273.)

On est d'ordinaire plus *médisant* par vanité que par malice. — On n'*est* pas des esclaves pour endurer de si mauvais traitements. — Demeurez pour servir de modèle aux femmes ; montrez-leur qu'on peut être jeune, *beau* et sage. — Quiconque attend un malheur certain peut déjà se dire *malheureux*. — Mesdames, quiconque de vous sera assez *hardi* pour médire de moi, je l'en ferai repentir. — Personne ne sait s'*il* est digne d'amour ou de haine. — Les personnes *consommé* dans la vertu ont en toute chose une droiture d'esprit et une attention judicieuse qui les empêchent d'être *médisant*. — Si les hommes ne se flattaient pas ... il n'y aurait guère de société. — On ne peut aller loin dans l'amitié si l'on n'*est* pas *disposé* à se pardonner ... les petits défauts.

69. Exercices.

Remplacez les points par SON, SA, SES, ou LEUR, LEURS. (§§ 269, 270.)

Les langues ont chacune ... bizarreries. — Ils ont apporté des offrandes au temple, chacun selon ... moyens et ... dévotion. — César et Pompée avaient, chacun, ... mérite ; mais c'étaient des mérites différents. — Voulez-vous savoir ce que c'est que l'ode ? Contentez-vous d'en lire de belles ; vous en verrez d'excellentes, chacune dans ... genre. — Les gens se cotisent et mettent, chacun, du ... — On se battait pour avoir le pillage du camp ennemi ; après quoi le vainqueur et le vaincu se retiraient, chacun dans ... ville. — Les peuples marchaient, chacun dans ... voie. — Les dix tribus de l'Attique avaient, chacune, ... présidents, ... officiers de police, ... tribunaux, ... assemblées et ... intérêts. — Ils sont venus, chacun avec ... gens. — Ils sont venus, chacun, avec ... gens.

Répétition du pronom.

70. Exercices.

Mettez ou non le pronom personnel devant les mots en italique.
(§§ 274-276.)

Je n'ai pas été enrhumé de l'hiver, et *le* suis depuis les chaleurs. — Vous serez estimé, si *êtes* sage et modeste. — C'est parce que les animaux ne peuvent joindre ensemble aucune idée qu'ils ne pensent ni *ne* parlent ; c'est par la même raison qu'ils n'inventent ni *ne* perfectionnent rien.

Voilà mon homme aux pleurs ; il gémit, *soupire*,
Se tourmente, *se* déchire. (La Font.)

Je n'ignore pas qu'on ne saurait être heureux sans la vertu, et *me* propose bien de la pratiquer toujours. — Vous le dites et *ne* le pensez pas. — Je n'accorde rien et *pars*. — Il s'arrache les cheveux, *se* roule sur le sable, *reproche* aux dieux leur rigueur, *appelle* en vain à son secours la cruelle mort.

Je ne t'accuse point, *pleure* mes malheurs. (Corneille.)

Je voudrais bien vous voir un peu, *entendre*, *voir* passer. — Il s'y est pris et *repris* à plusieurs fois. — O admirable nature ! tout ce que je vois me charme et *intéresse*. — Il m'a plu et *enchanté*. — Ces vieux amis se sont brouillés et *fait* tout le mal possible. — Un auteur qui nous flatte et *loue*, est sûr de nous plaire. — Ceux mêmes qui n'ont pas de bien veulent paraître en avoir ; ils en dépensent comme s'ils en avaient : on emprunte, *trompe*, *use* de mille artifices indignes pour parvenir.

LE VERBE.

ACCORD DU VERBE.

71. LES ROGATIONS.

Mettez au présent de l'indicatif les verbes en italique, et faites-les accorder selon la règle. (§ 277.)

Les cloches du hameau se *faire* entendre; les villageois *quitter* leurs travaux : le vigneron *descendre* de la colline, le laboureur *accourir* de la plaine, le bûcheron *sortir* de la forêt; les mères, fermant leurs cabanes, *arriver* avec leurs enfants, et les jeunes filles *laisser* leurs fuseaux, leurs brebis et les fontaines pour assister à la fête.

On s'*assembler* dans le cimetière de la paroisse, sur les tombes verdoyantes des aïeux. Le vieux curé *sortir* de sa retraite, bâtie auprès de la demeure des morts, dont il *surveiller* la cendre. Il *être* établi dans son presbytère comme une garde avancée aux frontières de la vie. Un puits, des peupliers, une vigne autour da sa fenêtre, quelques colombes, *composer* son héritage.

Revêtu d'un simple surplis, il *assembler* ses ouailles devant la grande porte de l'église, et leur *adresser* quelques paroles. Après cette exhortation, la procession se *mettre* en marche. On *entrer* dans des chemins ombragés et coupés profondément par la roue des chars rustiques; on *franchir* de hautes barrières, formées d'un seul tronc de chêne; on s'*avancer* le long d'une haie d'aubépine où *bourdonner* l'abeille, et où *siffler* les bouvreuils et les merles. Les arbres *être* couverts de leurs fleurs ou parés d'un naissant feuillage. Les bois, les vallons, les rivières, les rochers, *entendre* tour à tour les hymnes des laboureurs.

La procession *rentrer* enfin au hameau. Chacun *retourner* à son ouvrage; la religion n'a pas voulu que le jour où l'on *demander* à Dieu les biens de la terre fût un jour d'oisiveté. Avec quelle espérance on *enfoncer* le soc dans le sillon, après avoir imploré celui qui *diriger* le soleil, et qui *garder* dans ses trésors les vents du midi et les tièdes ondées !

Pour bien achever un jour si saintement commencé, les anciens du village *venir*, à l'entrée de la nuit, converser avec le curé, qui *prendre* son repas du soir sous les peupliers de sa cour. La lune *répandre* alors les dernières harmonies sur cette fête que *ramener* chaque année le mois le plus doux. On *croire* entendre de toutes parts les blés germer dans la terre, et les plantes croître et se développer. Des voix inconnues s'*élever* dans le silence des bois, comme le chœur des anges champêtres dont on a imploré le secours, et les soupirs du rossignol *parvenir* à l'oreille des vieillards assis non loin des tombeaux. (CHATEAUBRIAND.)

72. Exercices.

Mettez au présent de l'indicatif les verbes en italique, et faites-les accorder avec leur sujet. (§§ 278-280.)

L'enfant et le vieillard *aimer* qu'on les écoute. — *Nous convenir*, vous et moi, en ce point, que les hommes ne suivent point la raison. — Coucher de poule et lever de corbeau *écarter* l'homme du tombeau. — Vous et votre frère *vous suivre* des routes bien différentes. — La paix et le bonheur *habiter* plus souvent dans les chaumières que dans les palais.

Les tiens et toi *pouvoir* vaquer
Sans nulle crainte à vos affaires. (La Font.)

Mon cousin et moi *être* les meilleurs amis du monde. — La jeunesse et l'inexpérience nous *exposer* à bien des fautes, et, par conséquent, à bien des peines. — Son courage, son intrépidité *étonner* les plus braves.— Dignités, charges, postes, bénéfices, pensions, honneurs, tout leur *convenir* et ne *convenir* qu'à eux.

La santé et la richesse *ôter* aux hommes l'expérience du mal. — Si notre être, si notre substance n'*être* rien, tout ce que nous bâtissons dessus, que peut-il être ? — Bien écouter et bien répondre *être* une des plus grandes perfections que l'on puisse avoir dans la conversation.

Le noir venin, le fiel de leurs écrits
N'*exciter* en moi que le plus froid mépris. (Colardeau.)

Etre né grand et vivre en chrétien n'*avoir* rien d'incompatible. — D'où *pouvoir* venir ce dégoût, cet ennui? — Lorsque la lune est dans le ciel, que pas une feuille, pas une mousse ne *soupirer*, le rossignol entonne ses hymnes à l'Eternel. — Vivre chez soi ; ne régler que soi et sa famille ; être simple, juste et modeste, *être* des vertus pénibles parce qu'elles sont obscures. — Parler et se taire à propos *être* un mérite que peu de personnes possèdent. — Une secousse, un choc, un léger attouchement *suffire* pour que la sensitive reploie ses feuilles sur elle-même.

On part : l'air du matin, la fraîcheur de l'aurore,
Appeler à l'envi les disciples de Flore. (Delille.)

Il ne faut aux princes et aux grands ni efforts ni étude pour se concilier les cœurs ; une parole, un sourire gracieux, un seul regard *suffire*. — Dans tous les âges de la vie, l'amour du travail, le goût de l'étude *être* un bien. — C'est un traître et un imposteur qui *annoncer* les malheurs et la ruine entière de Jérusalem. — Celui qui règne dans les cieux, et de qui relèvent tous les empires, à qui seul *appartenir* la gloire, la majesté et l'indépendance, est aussi le seul qui se glorifie de faire la loi aux rois. — La vanité est si ancrée dans le cœur de l'homme, qu'un goujat, un marmiton, un crocheteur se *vanter* et *vouloir* avoir ses admirateurs. — Bien dire et bien penser ne *être* rien sans bien faire. — Etre chrétien et ne plus tenir à la terre *être* la même chose. — La chronologie et la géographie *être* les deux yeux de l'histoire.

73. Exercices.

Mettez les verbes en italique au singulier ou au pluriel. (§§ 251, 252.)

Une froideur ou une incivilité qui *venir* de ceux qui sont au-dessus de nous, nous les *faire* haïr ; mais un salut ou un sourire nous les *réconcilier*. — Ni l'une ni l'autre n'*être* sa mère. — A l'horizon, un térébinthe ou un noir caroubier se *détacher*, *triste* et *seul*, du bleu du ciel. — Une grande naissance ou une grande fortune *annoncer* le mérite et le *faire* plus tôt remarquer.

Le bien ou le mal se *moissonner*
Selon qu'on sème ou le bien ou le mal. (Lamotte.)

De temps en temps une gazelle ou un chacal se *glisser* furtivement entre les brisures de la roche. — Ni vous ni moi ne *être* coupables. — Les jeux que les enfants aiment le mieux sont ceux où le corps est en mouvement ; ils sont contents pourvu qu'ils changent souvent de place : un volant ou une boule *suffire*.

L'un ou l'autre *faire* une tragique fin ? (Boileau.)

Dès que le son du cor ou la voix du chasseur *avoir* donné le signal de la guerre, le chien marque sa joie par les plus vifs transports. — L'ignorance ou l'erreur *pouvoir* quelquefois servir d'excuse aux méchants. — Le soleil ni la mort ne *pouvoir* se regarder fixement. — A votre salut ou à votre perte *sont attachés* la perte ou le salut de tous ceux qui vous environnent.

Les Sarrasins ont juré que jamais
Ton vieux maître ni toi ne *dormir* en paix. (C. Delavigne.)

On s'attache les hommes avec de l'or ou un ruban, selon que l'intérêt ou la vanité les *dominer*. — Quels sont ses outils ? *être* ce le marteau ou l'enclume ? — Seigneur, il vous est donc indifférent que nous périssions, et notre perte ou notre salut n'*être* plus une affaire qui vous intéresse !

Ulysse ni Calchas n'*avoir* point encore parlé. (Racine.)

74. Exercices.

Faites accorder les verbes selon la règle. (§ 283.)

Une trop grande négligence comme une excessive parure dans les vieillards *multiplier* leurs rides et *faire* mieux voir leur caducité. — Le dévouement, comme le génie, *avoir* ses hardiesses. — La force de l'âme, comme celle du corps, *être* le fruit de la tempérance.

> La nation des belettes,
> Non plus que celle des chats,
> Ne *vouloir* aucun bien aux rats. (La Font.)

L'admiration, comme la flamme, *diminuer* dès qu'... n'*augmenter* plus. — La santé comme la fortune *retirer* ... faveurs à ceux qui en abusent. — C'est la raison, et non pas l'habit, qui *faire* l'homme. — Le jaguar ainsi que le couguar *habiter* les contrées les plus chaudes de l'Amérique méridionale. — L'âme, comme le corps, ne se *développer* que par l'exercice.

Rome, aussi bien que moi, vous *donner* son suffrage. (Rac.)

Il faut que ce soient la sagesse et la vertu, plutôt que la présence de Mentor, qui vous *inspirer* ce que vous devez faire. — Le prodigue, comme l'avare, *abuser* de ses biens et s'en *faire* de vrais maux. — C'était moins la naissance que les dignités curules qui *décider* de la noblesse.

Vertumne avec Pomone *avoir* embelli ces lieux. (St-Lamb.)

La cupidité, ainsi que les autres passions, *être* comme un char qui descend une montagne; si vous ne l'enrayez pas dès le départ, vous ne l'arrêterez pas dans le milieu de sa course. — Non-seulement toutes ses richesses et tous ses honneurs, mais toute sa vertu *s'évanouir*. — C'est le bon ordre, et non certaines épargnes sordides, qui *faire* le profit.

> Le nourrisson du Pinde, ainsi que le guerrier,
> A tout l'or du Pérou *préférer* un beau laurier. (Piron.)

75. Exercices.

Faites accorder les verbes selon la règle. (§§ 284-287.)

Le nombre prodigieux de végétaux jetés comme au hasard dans les prairiès et dans les forêts, nous *présente* un spectacle très agréable. — Un nombre infini d'oiseaux *faisait* résonner ces bocages de ... doux chants. — Une infinité de gens *a* cru cette nouvelle. — L'infinité des perfections de Dieu m'*accable*. — La pluralité des maîtres n'*est* pas *bonne*. — L'armée des infidèles *fut* entièrement *détruite*.

Ciel ! quel nombreux essaim d'iunocentes beautés
S'*offre* à mes yeux en foule, et *sort* de tous côtés. (Racine.)

Une multitude d'animaux, placés dans ces belles retraites par la main du Créateur, y *répandait* l'enchantement et la vie.—Le parfait orateur ne néglige pas ces sciences abstraites, que le commun des hommes ne *méprise* que parce qu'*il* les *ignore*. — L'immensité des eaux qui *environne* le globe *a* quelque chose d'incompréhensible. — La moitié du monde croit être *heureux* du malheur d'autrui.

Le reste ne *vaut* pas l'honneur d'être nommé. (Corneille.)

Une multitude de passions *divise* les hommes oisifs dans les villes. —La mort du général jeta la consternation parmi les Phéniciens, et la multitude des chefs y *mit* une confusion qui accéléra leur perte.— Des enfants qui naissent, la moitié tout au plus *parvient* à l'adolescence. — La quantité de fourmis *était* si *grande*, qu'*elle détruisait* tous les biens que l'on confiait à la terre.—Quantité de gens *redoute* le jugement public, mais très peu se *soucie* des reproches de *sa* conscience. — Si lenombre des cultivateurs propriétaires *était doublé* dans le royaume, la terre en rapporterait au moins une fois davantage.— Un million de Juifs contemporains *aurait* pu le démentir.

Une infinité de familles, entre les deux tropiques, ne *vit* que de bananes. — Ceux qui aiment la dépense et le luxe forment une sorte d'avares qui *est* infiniment *nombreuse*. — Cette foule de flatteurs qui *l'environ- nait* se *dissipe* comme un nuage. — Le petit nombre n'*envisageait* que *son* propre intérêt. — Une foule de voitures *encombrait* la rue.

Ce long amas d'aïeux que vous diffamez tous,
Est autant de témoins qui parlent contre vous. (Boileau.)

Un nombre infini de maîtres de langues, d'arts et de sciences, *enseigne* ce qu'*il* ne *sait* pas. — Percerai-je cet essaim d'hommes de tout âge, de tout rang, qui *roule* dans ce vaste salon ! — Le petit nombre de citoyens qui *gouverne* cherche à se maintenir contre le grand nombre de citoyens qui *obéit*.

Nombre de gens fameux en ce genre *a* écrit. (La Font.)

La plupart des fruits destinés à la nourriture de l'homme *flatte* sa vue et son odorat. — Une partie de ses amis ne *peut* apprendre sa mort, que l'autre n'en soit déjà consolée. — On voit dans les cercles un petit nombre d'hommes qui *pense* pour tous les autres, et par qui tous les autres parlent et agissent. — La plupart *croit* que le bonheur est dans la richesse ; *elle* se *trompe*.

La plupart, emportés d'une fougue insensée,
Toujours loin du droit sens *va* chercher *sa* pensée.
(Boileau.)

Une troupe de pauvres montagnards *écrasa* cette opulente maison de Bourgogne, qui faisait trembler les potentats de l'Europe. — La plus grande partie des voyageurs *s'accorde* à dire que les naturels de Java sont robustes, bien faits, nerveux. — Une infinité d'hommes *est* dans des états qu'*elle a* raison de ne pas aimer. — Un petit nombre *s'échappa* et se *sauva* dans les marais.

Nombre de personnes s'*imagine* qu'on ne peut rien faire de plus sage que de se conformer aux sentiments et aux opinions de la foule. — J'ai vu la plupart du monde *infatué* de cette chimère. — Plus d'un royaume *a* été *bouleversé* par un malentendu. — Quantité d'essais *a* été *tentée*, et force dépenses *a* été *faite* sans résultat. — Quelques sages ont cette opinion; le reste des hommes *est* de mon avis. — Avouons la vérité : peu d'hommes dans le conseil des rois s'*occupe* du bonheur des hommes. — Trop de longueur et trop de brièveté *obscurcit* un discours.

> La moitié de mes gens *doit* occuper la porte,
> L'autre moitié me suivre et me prêter main forte. (Corn.)

Dieu sait que de livres, de discours et d'éloges *a* été *fait* sur la vertu des plantes. Cependant une multitude de malades *meurt* l'estomac plein de ces merveilleux simples. — Tous souhaitent la prospérité; peu *sait* en jouir. — Plus d'un pays *serait* peut-être *devenu* une solitude, si des vertus souvent ignorées ne combattaient sans cesse les crimes et les erreurs de la politique. — Trop de précautions *nuit* quelquefois à la santé. — Beaucoup se *plaint* de la fortune, qui ne *devrait* se plaindre que de *lui-même*.

> Tant de coups imprévus m'*accable* à la fois,
> Qu'il m'*ôte* la parole et m'*étouffe* la voix. (Racine.)

Assez de gens *méprise* le bien, mais peu *sait* le donner. — Combien de gens s'*imagine* avoir de l'expérience par cela seul qu'ils ont vieilli ! — Bien des gens ne *peut* rendre compte de *ses* voyages que par les bornes des grands chemins, ou par le nom des auberges, des villages et des villes qui se rencontrent sur *sa* route. — J'ai connu plus d'un Anglais et plus d'un Allemand qui ne *trouvait* d'harmonie que dans *sa* langue. — Le bonheur ! tout le monde en parle, peu le *connaît*.

76. Exercices.

Mettez le verbe ÊTRE au singulier ou au pluriel, selon la règle. (§§ 288, 289.)

Dans cent ans, le monde subsistera encore en son entier ; ce *sera* le même théâtre et les mêmes décorations, ce ne *sera* plus les mêmes acteurs. — Ce n'*est* ni la Providence ni la vie qui nous *trompe ;* c'*est* nous qui nous trompons sur les desseins de l'une et le but de l'autre. — C'*est* la mollesse et l'oisiveté qui rendent les peuples insolents et rebelles. — Ce ne *sera* ni la force de vos armées, ni l'étendue de votre empire, qui vous rendront cher à vos peuples ; ce *sera* les vertus qui font les bons rois.

D'un courage naissant *est-ce* là les essais ? (Racine.)

Un homme inégal, ce n'est pas un seul homme, c'*est* plusieurs. — Nous croyons que tout change, quand c'*est* nous qui changeons. — C'*est* des contraires que résulte l'harmonie du monde. — C'*est* donc les dieux, et non pas la mer, qu'il faut craindre. — C'*est* vous surtout qu'il faut remercier. — *Était-ce* là de ces tempêtes par où le ciel a besoin de se décharger quelquefois ? — Ce n'*était* pas de l'or et des billets de banque qui manquaient, c'était du pain.

Ce *serait* paroles exquises,
Si c'était un grand qui parlât. (Molière.)

C'*est* les ouvrages médiocres qu'il faut abréger.— *Sera-ce* toujours des reproches que je serai forcé de vous adresser ? — C'*est* trois heures qui ont passé bien rapidement. — Quel est l'aliment de l'âme ? C'*est* la vérité et la justice. — Quelles sont les trois vertus théologales ? C'*est* la foi, l'espérance et la charité. — Le temps passe, disons-nous ; nous nous trompons : le temps reste, c'*est* nous qui passons. — Il appelle à lui quatre courriers qu'il destinait au message ; c'*était* l'âne, le chien, le corbeau et le pigeon.

Exerc. franç. — Partie de l'élève.   6

77. Exercices.

Faites accorder le verbe avec l'antécédent de qui. (§ 290.)

Le cerf est un de ces animaux innocents, doux et tranquilles, qui ne *semble fait* que pour embellir, animer la solitude des forêts. — Ces beautés immortelles montrent une innocence, une modestie, une simplicité qui *charme*. — Il n'y eut que moi qui *espéra* la victoire. — C'est plus le général que les officiers qui *est* blâmable. — Nous étions deux juges qui *étaient* du même avis. — C'est un de mes procès qui m'*a* ruiné. — C'est le goût, la vanité ou l'intérêt qui les *lie*.

> Oiseau jaloux, et qui *devrait* te taire,
> Est-ce à toi d'envier la voix du rossignol ? (La Font.)

Un des plus vieux lions qui *sort* du sommet de l'Atlas, retournant, au point du jour, dans sa caverne, s'est élancé sur moi. — C'est cette foi, cette dévotion qui la *conduisit* et la *régla* dans tous les offices de la vie chrétienne. — C'est un des meilleurs médecins de Paris qui l'*a* guéri. — Homère est un des plus grands génies qui *ait* existé jamais; Virgile est un des plus accomplis. — C'est un des procès qui m'*a* ruiné. — Nous étions les mêmes qui *avaient* combattu dans les jeux.

> C'est moi qui *est* Guillot, berger de ce troupeau. (La Font.)

Ouais ! serait-ce bien moi qui me *tromperait*, ou serais-je devenu médecin sans m'en être aperçu ? — C'est moins le général que les officiers qui *est* blâmable. — Nous sommes ici plusieurs qui *se souviennent* des grands succès que *qu'ils eurent* dans la dernière guerre. — Je suis le seul qui vous *connaît* et qui *veut* vous avertir de vos fautes. — C'est moi seul qui *est* coupable. — Nous sommes les Heures guerrières qui *président* aux durs travaux. — Vous parlez comme un homme qui *entend* la matière. — Tu n'étais qu'un pauvre homme qui *passait sa* vie à discourir.

Je suis, je crois, le premier auteur moderne qui *ait* donné la description de la Laconie. — C'est vous et votre ami qui m'*ont* joué ce mauvais tour. — Je suis Samson qui *fit* écrouler les voûtes du temple. — Vous êtes toujours ce modeste Virgile qui *eut* tant de peine à se produire à la cour d'Auguste. — Thalès est le premier des Grecs qui *ait* enseigné que les âmes étaient immortelles. — Êtes-vous encore ce même grand seigneur qui *venait* souper chez un misérable poëte? — Je suis ce Tancrède qui *a* ceint l'épée pour Jésus-Christ. — Il est le pasteur qui vient chercher les brebis qui périssent, et vous êtes le loup dévorant qui *tue* et *perd* les ouailles que son Père lui avait données. — Aceste, nous prenant pour des étrangers qui *cachaient leur* dessein, ordonna qu'on nous envoyât dans une forêt voisine.

S'il vous souvient pourtant que je suis la première
Qui vous *ait* appelé de ce doux nom de père. (Racine.)

Je ne suis point ici un historien qui *doit* vous développer les secrets des cabinets. — Un jour je vis entrer chez moi un jeune homme de mes amis, qui se *destine* aux lettres. — Je suis tenté de croire que vous êtes Minerve, qui *est* venue, sous une figure d'homme, instruire cette ville. — N'êtes-vous pas cet Ulysse qui *a* combattu tant d'années contre les Troyens? — Nous sommes, au milieu de l'Italie, comme des enfants abandonnés qui *erre* parmi les ruines des palais de leurs aïeux.

Je ne vois que nous deux qui *soit* raisonnables.
(Collin d'Harleville.)

78. Exercices.

Employez AVOIR ou ÊTRE selon le sens. (§§ 291-294.)

On ... toujours assez vécu quand on ... bien vécu. — Si Minerve ne l'eût conduit pas à pas, combien de fois ... -il succombé dans les périls ? — Je ne ... cessé de correspondre avec lui. — Le lièvre ... parti à quatre pas des chiens. — En deux jours, la rivière ... crû de trois pieds. — Les critiques se sont évanouies, la pièce ... *demeuré*.

Mauvaise graine ... tôt *venu*. (La Font.)

Quand la contagion ... *cessé*, saint Charles Borromée fit rendre à Dieu de solennelles actions de grâces. — Il donnerait pour vous sa vie, le seul bien qui lui ... resté. — Je ... resté plus d'un an en Italie, où je n'ai vu que les débris de cette ancienne Italie, si fameuse autrefois.

Madame, je ... couru par votre ordre au rivage. (Corneille.)

La foi du centenier, la foi du charbonnier, ... *passé* en proverbe. — On ne pouvait lui reprocher en toute sa vie que d'... triomphé avec trop de faste des rois qu'il avait vaincus. — ...-vous sorti les orangers ? — Les tableaux ... descendu. — Quand Mentor ... cessé de chanter, les Phéniciens se regardèrent.

Ils chantent, l'heure vole, et leurs maux ... *passé*. (Del.)

Cet enfant ... bien grandi en peu de temps. — Depuis hier, la rivière ... *décru* de deux pieds. — ...-vous monté le bois ? — Les orangers ... -ils sorti ? — Il ... descendu bien promptement. — Il ... sorti, mais il vient de rentrer. — Ses beaux jours ... *passé*. — Sa fortune ... *augmenté* de plus du double — Son bail ... expiré depuis la Saint-Jean.

Sion, repaire affreux de reptiles impurs,
Voit de son temple saint les pierres dispersées,
Et du Dieu d'Israël les fêtes ... *cessé*. (Racine.)

Les eaux de la Loire ... *monté* subitement, et ... inondé les fertiles plaines de la Touraine. — On ... descendu les tableaux. — Mentor, qui craignait les maux avant qu'ils arrivassent, ne savait plus ce que c'était que de les craindre dès qu'ils ... *arrivé*. — Il ... demeuré six mois à Madrid. — Nous ... *demeuré* d'accord sur cela.

J'ai souhaité l'empire et j'y ... parvenu ;
Mais, en le souhaitant, je ne l'ai pas connu. (Corneille.)

Les Tartares ... *demeuré* errants dans leurs vastes déserts. — Il ... sorti, mais il va rentrer. — La procession ... *passé* sous mes fenêtres. — Notre-Seigneur ... monté au ciel. — Midi ... sonné comme vous sortiez de la maison. — Les vins ... beaucoup *augmenté*. — Le fusil ... parti tout d'un coup. — L'armée ... *campé* entre la montagne et la rivière.

Ma langue embarrassée
Dans ma bouche vingt fois ... *demeuré* glacée. (Racine.)

Il ... demeuré quelque temps en Italie pour apprendre la langue de ce pays. — Il ... *demeuré* mille hommes sur la place. — Cet homme ... changé à ne pas le reconnaître.—Cette différence ne m'... pas *échappé.*—Cette place lui ... bien *convenu*. — Ce que je voulais vous dire m'... échappé. — Ce voleur ... échappé de prison.—Il lui ... échappé un mot qu'il ne voulait pas dire.

La mer ... *disparu* sous leurs nombreux vaisseaux. (Del.)

Nous ... *convenu* d'acheter ce qui ne nous ... pas convenu d'abord. — Je ... demeuré captif en Egypte comme Phénicien. — Après un long combat, la victoire nous ... *demeuré*. — La rivière ... *augmenté* d'une manière effrayante ; depuis ce matin même, elle ... encore *augmenté*. — Les Croisés s'emparèrent de Jérusalem le jour et à l'heure où le Christ ... expiré.

Mèdes, Assyriens, vous ... *disparu ;*
Parthes, Carthaginois, Romains, vous n'êtes plus. (L. Rac.)

La sincérité ... souvent *passé* pour incivilité et pour rudesse. — Midi ... sonné depuis plus de dix minutes. — *Est*-il échappé quelque indiscrétion à sa jeunesse ? — Les poëtes disent que Vulcain ... tombé du ciel pendant un jour entier. — Le blé ... beaucoup monté depuis six semaines.

Nous le ... en dormant, madame, échappé belle. (Mol.)

Le baromètre ... descendu de quatre degrés pendant la journée. — Après avoir bivouaqué trente-cinq jours de suite, l'armée ... enfin *campé* dans une position assez avantageuse. — Quand on est arrivé au port, qu'il est doux de se rappeler les orages auxquels on ... échappé !

Seigneur, quelque Troyen vous *est*-il échappé ? (Racine.)

Madame ... *passé* du matin au soir, ainsi que l'herbe des champs. — Le capitaine ... descendu plusieurs passagers dans cette ville. — Il ... monté quatre fois à sa chambre pendant la journée. — Leurs vices, obscurs comme leurs noms, ... *échappé* à l'histoire. — La trève ... *expiré* hier, nous avons recommencé les hostilités. — La justice ... *descendu* chez lui, pour y faire une perquisition.

Quoi ! de quelque côté que je tourne la vue,
La foi de tous les cœurs ... pour moi *disparu !* (Racine.)

L'un des coupables ... échappé à la gendarmerie. — Jamais il ne m'... échappé une parole qui pût découvrir le moindre secret. — On porte Crésus au cimetière ; de toutes ses immenses richesses, que le vol et la concussion lui avaient acquises, et qu'il a épuisées par le luxe et la bonne chère, il ne lui ... pas demeuré de quoi se faire enterrer. — Ils ... *convenu* d'attaquer l'ennemi le même jour. — Nos troupes ... depuis plus d'un mois *entré* en campagne. — Parmi ces malheureux, il y en avait dont la peine ... *expiré* depuis huit jours.

EMPLOI PARTICULIER DE CERTAINS TEMPS DE L'INDICATIF.

79. Exercices.

Dites pour quels temps sont employés les verbes en italique. (§§ 295-298.)

Tous ceux qui ont médité sur l'art de gouverner les hommes ont reconnu que c'*est* de l'instruction de la jeunesse que *dépend* le sort des empires. — Je *suis* de retour dans un moment. — Soyez discret, ou vous *êtes* mort. — Son procès se *juge* demain. — S'ils eussent obtenu six mois de délai de leurs créanciers, ils *étaient* nobles. — Ah ! s'il n'était pas mort, c'*était* de l'or en barre. — Ce fut alors qu'Annibal reconnut que dans les affaires de la guerre, il y *a* des moments favorables et décisifs qui ne *reviennent* jamais.

Je vous *rends* dans trois mois au pied du Capitole. (Racine.)

Madame La Fayette m'a mandé qu'elle allait vous écrire, mais que la migraine l'en *empêche*. — *Avez-vous* bientôt *achevé* votre lettre? *J'ai fini* dans un instant. — Sans vous je *périssais*. — Rendez fidèlement le dépôt qu'on vous *aura confié*, et ne révélez jamais un secret. — Si la reine *eût été* crue, l'affaire *était* décidée. — Dieu n'avait laissé aucune ressource au roi d'Angleterre; tout lui *manque*, tout lui *est* contraire. — On a dit depuis longtemps que les extrêmes se *touchent*.

Et je *pouvais* pour vous gagner cette victoire,
Si le ciel n'eût voulu m'en dérober la gloire. (Molière.)

Qu'est-ce que vous me voulez, mon papa ? Ma belle-maman m'a dit que vous me *demandez*. — Ne manquez jamais de tenir exactement tout ce que vous *aurez* promis. — Mon oncle *vient* ce soir dîner avec nous; il espère que vous serez des nôtres, et il m'a chargé de vous dire qu'il *désire* beaucoup vous voir. — Quelles furent alors sa fermeté et sa sagesse ! Il *court* à la défense d'un pont et *tient* ferme contre une armée.

Aussitôt les conjurés entrèrent en foule dans la chambre du secrétaire : on le *cherche* partout, on *renverse* lits, tables ; on *enfonce* les coffres pour le trouver ; chacun voulait avoir l'honneur de lui donner le premier coup. — Vous vous *serez* mal expliqué. — Il tenait pour maxime qu'un habile capitaine *peut* bien être vaincu, mais qu'il ne lui *est* pas permis d'être surpris.

Le roi arriva au jeudi soir ; la collation dans un lieu tapissé de jonquilles, tout cela fut à souhait. On soupa. Il y eut quelques tables où le rôti manqua. Cela saisit Vatel... A quatre heures du matin, Vatel *s'en va* partout ; il *trouve* tout endormi. Il *rencontre* un petit pourvoyeur qui lui apportait seulement deux charges de marée. Il lui *demande* : « Est-ce là tout ? — Oui, monsieur. » Il ne savait pas que Vatel avait envoyé à tous les ports de mer. Vatel *attend* quelque temps ; les autres pourvoyeurs ne vinrent point. Sa tête s'échauffait ; il crut qu'il n'y aurait point d'autre marée. Il trouva Gourville ; il lui dit : « Monsieur, je ne survivrai point à cet affront-ci. » Gourville se moqua de lui. Vatel *monte* à sa chambre, *met* son épée contre la porte, et se la *passe* au travers du cœur ; mais ce ne fut qu'au troisième coup (car il s'en donna deux qui n'étaient pas mortels) qu'il tomba mort. La marée cependant *arrive* de tous côtés ; on *cherche* Vatel pour la distribuer ; on *va* à sa chambre, on *heurte*, on *enfonce* la porte, on le *trouve* noyé dans son sang.

LE PARTICIPE.

ACCORD DU PARTICIPE.

PARTICIPE PRÉSENT ET ADJECTIF VERBAL.

80. Exercices.

Faites accorder ou non, suivant la règle. (§§ 299-302.)

Quand l'ourse a perdu ses petits, elle annonce sa douleur non par des cris *perçant*, par des rugissements terribles; mais elle est triste et *gémissant :* c'est une mère *pleurant* ses enfants. — Sa pâle et débile lumière, s'*évanouissant*, se perdit dans celle du grand astre qui apparaissait. — Télémaque lui-même arrose de liqueurs parfumées ses cendres encore *fumant*.

Les vaisseaux de Cyrus, citadelles *flottant*,
Font gémir sous leur poids les ondes *écumant*. (Delille.)

La cloche annonce aux villageois *vacant* à leurs travaux la fin du jour et l'heure de la prière. — Quelqu'un de ces pâtres achètera un jour à deniers *comptant* cette royale maison. — Les esprits bas et *rampant* ne s'élèvent jamais au sublime. — Les Romains, autrefois assis sur des escabelles à leurs banquets modestes, se couchaient sur des lits somptueux, *éclatant* de pourpre, d'or et d'ivoire.

L'autre esquive le coup, et l'assiette *volant*
S'en va frapper le mur et revient en *roulant*. (Boileau.)

J'ai un goût prononcé pour l'aube des *excellant* choses. De tous les soleils *levant*, je n'excepte que celui des prospérités; mais je m'incline en vrai courtisan devant les premiers rayons de la piété, de la vertu et du talent. — On voit des gens courir, parler en *courant*, et vous interroger sans attendre de réponse. — Les puits artésiens sont des sources *jaillissant* créées par la main des hommes.

6.

La politesse est comme l'eau *courant* qui rend unis et lisses les plus durs cailloux. — Ils ont pitié des misères qui accablent les hommes *vivant* dans le monde. — Télémaque s'avança vers ces rois, qui étaient dans des bocages odoriférants, sur des gazons toujours *renaissant* et fleuris.

Tout cède : des coursiers épouvantés comme eux
Les pas *retentissant* battent les champs poudreux. (Delille.)

Ils voient la misère elle-même, et la pauvreté en personne *pleurant* et *gémissant* à leur porte. — Ces enfants choisis, de la figure la plus agréable, avaient de longs cheveux *flottant* sur leurs épaules. — C'est là qu'on voit errer les troupeaux qui mugissent, les brebis qui bêlent, avec leurs tendres agneaux *bondissant* sur l'herbe.

La Discorde en sourit, et, les *suivant* des yeux,
De joie en les *voyant* pousse un cri dans les cieux. (Boil.)

Des malades et des convalescents *prenant* l'air et se *réchauffant* au soleil, quelques vieillards *chancelant* et quelques enfants *jouant* sous les tilleuls, voilà l'horizon de mes fenêtres. — Ainsi nous allons toujours *tirant* après nous cette longue chaîne *traînant* de notre espérance. — Les eaux *dormant* sont meilleures pour les chevaux que les eaux vives.

La graine en se *gonflant* boit le suc qui l'arrose ;
C'est un œillet naissant, c'est un lis, une rose. (Delille.)

Hier au soir nous allâmes dans un véritable enfer : ce sont les forges de Vulcain ; nous y trouvâmes huit ou dix cyclopes *forgeant* non pas les armes d'Énée, mais des ancres pour les vaisseaux. — S'il y a une cabane dans une forêt, tous les oiseaux *chantant* du voisinage viennent s'établir autour d'elle. — Nous entendons mal nos intérêts en *sacrifiant* l'avenir au présent.

La famine apparaît, et, *traînant* ses lambeaux,
Traverse les cités, rôde dans les villages. (Castel.)

Quand les frimas ont rabattu les insectes *volant*, la bergeronnette se retire près des ruisseaux, et y passe presque toute la mauvaise saison. — Il entend les serpents, il croit les voir *rampant* autour de lui — Que d'âmes *chancelant* dans le devoir ont été rappelées à la religion par les bons exemples!

Abondant en richesse ou puissante en crédit,
Je demeure toujours la fille d'un proscrit. (Corneille.)

Une ceinture de palmiers, auxquels sont suspendus la datte et le coco, entoure le globe entre les *brûlant* tropiques. — Le jongleur qui place une noix sous le dos d'un rasoir et la casse en frappant sur le tranchant avec la paume de la main, prouve que les instruments *tranchant* ne coupent qu'en *sciant*.

Tout son corps est couvert d'écailles *jaunissant*. (Racine.)

Le lion, hérissant sa crinière, provoque au combat ses rivaux *rugissant*. — Je vous vois tous deux, ne vous en déplaise, dans le grand chemin que tenait précisément Panurge pour se ruiner : *prenant* argent d'avance, *achetant* cher, *vendant* à bon marché, et *mangeant* votre blé en herbe. — Les savants sont des livres *vivant* qui éclairent l'esprit sans incommoder la vue.

Quelques moments après, l'objet devint brûlot,
Et puis nacelle, et puis ballot,
Enfin bâtons *flottant* sur l'onde. (La Font.)

Les fleuves coulent au gré de la pente qui les entraîne, *approfondissant* peu à peu leur lit, *reculant* peu à peu leurs rivages, *portant* avec eux la fertilité ou la terreur. — Les jeunes gens les plus vifs et les moins *pensant* saisissent merveilleusement les ridicules des figures. — Nous voyions des marsouins s'*élançant* par bonds, *luttant* entre eux de vitesse, tantôt *plongeant* sous les eaux, tantôt *effleurant* les vagues *écumant*.

Même les nouveaux nés, qui, par de faibles sons,
Semblaient, en *gazouillant*, essayer leurs chansons. (Del.)

On vient de construire des pompes *aspirant* et *foulant* qui donnent abondamment l'eau dont on a besoin. — Combien de pères, *tremblant* de déplaire à leurs enfants, sont faibles et se croient tendres ! — Ces couleurs, ne *changeant* jamais, doivent être préférées.

Quand l'œil ne peut juger l'objet de sa terreur,
Tout s'exagère à notre âme *tremblant.* (Delille.)

La mer *mugisssant* ressemblait à une personne qui, ayant été longtemps irritée, n'a plus qu'un reste de trouble et d'émotion. — Ils y trouvent une subsistance *abondant,* une pâture toujours *renaissant.*

Tels, *traversant* les airs, des bataillons de grues
De leur vol à grands cris obscurcissent les nues. (Delille.)

Les grands pins, *gémissant* sous les coups des haches, tombent en *roulant* du haut des montagnes. — Les gazons *fleurissant*, les feuilles *naissant*, les troupeaux *sortant* des étables, les campagnes *étalant* leur *brillant* parure sous les feux *resplendissant* du soleil, annoncent le retour du printemps.

Mais sans cesse, *ignorant* de nos propres besoins,
Nous demandons au ciel ce qu'il nous faut le moins. (Boil.)

Ses chevaux fougueux, ne sentant plus sa main *défaillant,* et les rênes *flottant* sur leur cou, l'emportent çà et là. — Des bâteaux de pêcheurs *paraissant* et *disparaissant* tour à tour entre les lames, hasardaient, en s'*échouant* sur le rivage, d'y trouver leur salut.

Le pinson remplit l'air de sa voix *éclatant.* (Michaud.)

La fraîcheur *naissant* de la nuit calmait les feux de la terre embrasée. — Cette réponse *équivalant* à un refus, je me retire. — Les peintres nous représentent les Muses *présidant* à la naissance des poëtes.

Si des beaux jours *naissant* on chérit les prémices,
Les beaux jours *expirant* ont aussi leurs délices;
Dans l'automne, ces bois, ces soleils *pâlissant,*
Intéressent notre âme en *attristant* nos sens. (Delille.)

Que notre estime, notre admiration, soient pour la vertu persécutée ou même *triomphant*, mais que nos larmes tombent sur les plaies de la conscience comme l'huile du Samaritain. — Combien la démangeaison de dire des choses nouvelles fait dire de choses *extravaguant !*

Figure-toi Pyrhus, les yeux *étincelant*,
Entrant à la lueur de nos palais *brûlant*. (Racine.)

Il n'y a rien, à la longue, de plus *fatiguant* que l'oisiveté. — De toutes les injures l'humiliation est la plus *offensant ;* c'est aussi la plus vivement sentie et la plus cruellement vengée. — On trouve une grande quantité de glaces *flottant* dans les mers du Nord. — Les hommes *entreprenant* ne réussissent guère, parce qu'ils manquent presque toujours de persévérance.

Les rois des nations *descendant* de leurs trônes,
T'allèrent recevoir. (L. Racine.)

Les animaux, *vivant* d'une manière plus conforme à la nature, doivent être sujets à moins de maux que nous. — Le vrai moyen d'éloigner la guerre, c'est de cultiver les armes, c'est d'honorer les hommes *excellent* dans cette profession. — La connaissance de Dieu et la mémoire de la création allaient s'*affaiblissant* peu à peu.

Ils te prodigueront des vins délicieux,
Des vins *brillant* dans l'or et servis par les dieux. (Delille.)

On n'entendit plus les coups des terribles marteaux qui, *frappant* l'enclume, faisaient gémir les profondes cavernes de la terre et les abîmes de la mer. — L'hérésie, d'abord timide dans sa naissance, va toujours *croissant.* — Il y a des peuples *errant* dans les déserts. — La gaieté, plus proportionnée à notre faiblesse que la joie, nous rend *confiant* et hardis. — L'eau est une des plus grandes forces *mouvant* que l'homme sache employer, pour suppléer à ce qui lui manque dans les arts les plus nécessaires.

Les rameaux des coloquintes et les vignes sauvages, *grimpant* à l'extrémité des branches, s'élancent de l'érable au tulipier, en *formant* mille grottes, mille voûtes. — Les griffes et les ongles crochus n'ont pas été donnés aux bêtes de proie parce qu'elles sont carnivores, mais parce qu'elles sont *grimpant*. — Des torrents larges et profonds entraînent, en *mugissant*, vers l'équateur, des îles *flottant* de glace, élevées comme des montagnes, nombreuses comme des archipels.

Et la foudre *bruyant*
A mes pieds est tombée en gerbe *flamboyant*. (Delille.)

Là, habitent dans des cavernes des hommes durs, féroces, indomptables, ne *vivant* que de leur chasse, ne se *nourrissant* que de sang, et ne *désirant* que de boire dans le crâne de leurs ennemis. — La richesse et la population, *croissant* dans le nord, rendront plus *abondant* la consommation des denrées du midi de l'Europe. — On voyait des débris *flottant* vers la côte. — Calypso aperçut des cordages *flottant* sur la côte.

Les yeux, en la *voyant*, saisiraient mieux la chose. (Boileau.)

Les Spartiates, *combattant* et *mourant* aux Thermopyles, firent comprendre aux Perses, qui se croyaient déjà *triomphant*, que des esclaves ne peuvent soumettre une nation libre. — Point d'importuns laquais *épiant* nos discours, *critiquait* tout bas nos maintiens, *comptant* nos morceaux d'un œil avide, et *murmurant* d'un trop long dîner ; nous serions nos valets pour être nos maîtres. — Si l'eau était un peu plus raréfiée, elle ne pourrait soutenir ces édifices *flottant* qu'on nomme vaisseaux ; les corps les moins *pesant* s'enfonceraient d'abord dans l'eau. — Il leva vers le ciel ses yeux *mourant* et ses mains *tremblant*.

Et les nombreux torrents qui tombent des gouttières,
Grossissant les ruisseaux en ont fait des rivières.
(Boileau.)

La campagne était couverte d'épis *jaunissant*, et d'esclaves qui les faisaient tomber sous la faux *tranchant*; de jeunes enfants les ramassaient et les présentaient à ceux qui en faisaient des gerbes. — Les cœurs *aimant* sont comme les indigents : ils vivent de ce qu'on leur donne. — On ne rêve rien de si *extravaguant* qu'un philosophe ne puisse soutenir.

Des milliers d'ennemis, se *pressant* sous nos portes,
Fondent sur nos remparts. (Delille.)

J'ai toujours vu ceux qui voyageaient dans de bonnes voitures bien douces, rêveurs, tristes, *grondant* ou *souffrant*. — La foudre et les éclairs ne laissaient entrevoir que des fantômes et des spectres *errant* dans les ténèbres. — Les vapeurs répandues dans l'espace se condensent et sont transformées tout à coup en nuages *menaçant*.

Le laurier, le jasmin, s'*arrondissant* en voûtes,
De leur ombre *odorant* embellissaient les routes. (Castel.)

L'épagneul se fait surtout remarquer par ses longues oreilles *pendant*. — Voyez ces *riant* vergers remplis d'arbres qui plient sous le poids de leurs fruits *pendant* jusqu'à terre. — Les vices des hommes, *croissant* toujours, avaient lassé la patience divine. — L'ambition des Carthaginois *croissant* avec leurs richesses, de marchands ils devinrent conquérants.

Et les zéphyrs légers, *voltigeant* sur le thym,
Vous rapportent le soir les parfums du matin. (Delille.)

On a semé des libelles *tendant* à la sédition. — De *soi-disant* beaux esprits affectent de décrier les poëtes qui restent fidèles aux traditions classiques. — De là on découvrait la mer, quelquefois claire et unie comme une glace, quelquefois follement irritée contre les rochers, où elle se brisait en *gémissant* et *élevant* ses vagues comme des montagnes. — Il n'y a pas de personnes plus *fatiguant* que celles qui rient toujours.

PARTICIPE PASSÉ.

Participe passé employé sans auxiliaire.

81. Exercices.

Corrigez les fautes. (§ 304.)

Les rameaux du genévrier, *hérissé* de feuilles *piquant*, et ses grains noirs *glacé* d'azur, contrastent de la manière la plus agréable avec le sorbier. —Je ne vous peindrai point ces maisons si jolies, si propres, chacune *entouré* de sa prairie, *accompagné* de son jardin, *ombragé* de ses touffes d'arbres.

Là, cette jeune plante, en vase *disposé*,
Dans sa coupe élégante accueille la rosée. (Delille.)

Il semblait encore sourire avec bonté, comme pour nous dire l'adieu que ses lèvres *glacé* ne pouvaient plus articuler. — Une gravité trop *étudié* devient comique. — Pour les âmes délicates, la gratitude est une dette qu'elles aiment à payer constamment, sans jamais se croire *acquitté*. — Il a été exempté des charges publiques, *attendu* son infirmité. — On croit que la suprême félicité se trouve sur les gradins les plus *élevé :* c'est une erreur.

Dans mes coffres, tout pleins de rares qualités,
J'ai cent mille vertus en louis bien *compté*. (Boileau.)

La probité *reconnu* est le plus sûr de tous les serments. — *Supposé* la terre en mouvement, les phénomènes célestes s'expliquent avec la plus grande facilité. — Il y a des sottises bien *habillé*, comme il y a des sots bien *vêtu*. — Il y a des gens qui aiment à faire toutes sortes de bonnes œuvres, *excepté* précisément celles auxquelles leur devoir les oblige. —Bonne amitié vaut mieux que tour *fortifié*.

Ils cueillent à pas lents, laborieux glaneurs,
Les épis *échappé* aux mains des moissonneurs. (Rosset.)

La vanité *humilié* souffre plus que ne jouit la vanité *satisfait*. — On peut se faire une solitude au fond de son cœur au milieu de la vie *dissipé* du monde. — Les caractères *exalté* dans les gens vulgaires sont insupportables. — L'abus des figures ne remplit nos oreilles que de tropes *heurté* et de cadences *rompu*.

Hé ! mon Dieu, nos Français, si souvent *redressé*,
Ne prendront-ils jamais un air de gens *sensé* ? (Molière.)

Dans leurs tombeaux aériens, ces corps *pénétré* de la substance éthérée, *enfermé* dans des touffes de verdure, *rafraîchi* par la rosée, *embaumé* par les brises, *balancé* par elles sur la même branche où le rossignol a bâti son nid et fait entendre sa plaintive mélodie, ces corps ainsi *exposé* ont perdu toute la laideur du sépulcre.

Décrirai-je ses bas en vingt endroits *percé*,
Ses souliers *grimaçant* vingt fois *rapetassé* ? (Boileau.)

Tout est grand dans le temple de la faveur, *excepté* les portes, qui sont si basses, qu'il faut y entrer en rampant. — La vertu *excepté*, tout passe comme un songe. — Une troupe de Pyliens, les yeux *baissé* et pleins de larmes, leurs armes *renversé*, le conduisaient lentement. — Il y avait à cette revue trente-cinq régiments, *y compris* l'artillerie. — Les arbres *chargé* de givre apparaissent *couvert* de fleurs.

Songe aux cris des vainqueurs, songe aux cris des mourants,
Dans la flamme *étouffé*, sous le fer *expirant*. (Racine.)

Les ennemis de Dieu, *honoré* et *exalté* un moment, s'évanouiront comme la fumée. — Les méchants ont bien de la peine à demeurer *uni*. — *Vu* l'humaine faiblesse, plus il y a de gouvernants, plus il se fait de sottises. — Une injustice *fait* à un seul est une menace *fait* à tous. — La fermeté *uni* à la douceur est une barre de fer *entouré* de velours. — Les hommes de génie sont des victimes *couronné* de fleurs et *dévoué* au salut du genre humain.

Participe passé conjugué avec ÊTRE.

82. Exercices.

Corrigez les fautes. (§ 305.)

Le nid du rossignol ressemble à une sorte de gros cocon dont les parois extérieures sont *garni* de mousse. — Toute la cour, sous Henri IV, était *devenu* gasconne et parlait gascon. — Elle est *glacé* pour jamais cette voix éloquente qui retentit encore à nos oreilles. — Tous les hommes sont *né* pour la grandeur, parce que tous sont *né* pour posséder Dieu. — Une faute *avoué* est à moitié *pardonné*. — La patience est une amie généreuse qui partage avec nous le fardeau de nos peines, afin que nous n'en soyons pas *accablé*.

Dans les visites qui sont *fait*,
Le renard se dispense, et se tient clos et coi. (La Font.)

Les fleurs des légumineuses sont *supporté* par des queues *recourbé* et élastiques comme des ressorts, de manière qu'au moindre vent, elles se tournent comme des girouettes et lui opposent leur calice. — A la cour, ceux qui sont sur leurs pieds ne relèvent guère ceux qui sont *tombé*. — Les glaces françaises étant *reconnu* pour être les plus belles, sont aussi les plus *recherché* dans tous les pays où l'entrée en est *permis*.

Jamais nous ne goûtons de parfaite allégresse ;
Nos plus heureux succès sont *mêlé* de tristesse. (Corneille.)

Les fruits du bananier sont *groupé* comme les doigts d'une main. — Lorsque nous sommes *accusé* injustement, nous avons de la peine à nous modérer. — On se résout difficilement à mal faire quand on est sûr qu'aucune de nos actions ne sera *caché*. — Si la bonne foi était *banni* du reste de la terre, elle devrait toujours se trouver dans le cœur des rois. — Puissent ces paroles être éternellement *gravé* dans votre esprit ! — Peu de gens gagnent à être *vu* de bas en haut.

Nous ne concevons jamais bien les raisons qui sont *opposé* aux nôtres. — Les forêts dont les druides faisaient leurs temples, n'étaient *éclairé* que par des rayons *vacillant* et presque *éteint*. — La baie rouge de l'if est *creusé* en grelot. — Les paupières de la fauvette à tête grise sont *garni* de cils blancs. — L'instruction est sèche quand elle n'est pas *orné*.

> Un jour, une glace fidèle
> Lui montra ses traits *allongé ;*
> Ah ! quelle horreur ! s'écria-t-elle :
> Comme les miroirs sont *changé !* (De Neufchâteau.)

Les places où nous aspirons ne sont jamais selon nous *donné* au mérite. — Tous les péchés sont *entré* dans le monde par l'intempérance; toutes les vertus y sont *entré* par l'abstinence. — La cime du pin est à jour, et n'est *formé* à sa base que de branches nues. — Ceux qui sont *arrivé* oublient aisément le point d'où ils sont *parti*. — La tête du papillon est *entouré* d'un réseau admirable d'yeux, au nombre de plus de douze mille.

> Le cerf reprit alors : Sire, le temps des pleurs
> Est *passé* : la douleur est ici superflue.
> Votre digne moitié, *couché* entre des fleurs,
>   Tout près d'ici m'est *apparu.* (La Font.)

Les geais en cage ne peuvent conserver la beauté de leurs plumes, qui sont bientôt *cassé, usé, déchiré, flétri* par un frottement continuel. — Nous oublions aisément nos fautes quand elles ne sont *connu* que de nous. — Les hommes passent comme les fleurs qui s'épanouissent le matin, et qui le soir sont *flétri* et *foulé* aux pieds. — Les courtisans sont *posté* entre la vérité et les rois pour intercepter toute communication entre eux. — Ne descendons pas à nous justifier quand nous sommes *accusé* par des gens méprisables. — L'or et l'argent ne peuvent assouvir l'amour des richesses; la cupidité n'est jamais *satisfait*.

Participe passé conjugué avec AVOIR.

83. Exercices.

Corrigez les fautes. (§§ 306, 307.)

Ce beau lis *coupé* dans sa racine n'a pas encore *perdu* sa vive blancheur et cet éclat qui charme les yeux ; mais la terre ne le nourrit plus et sa vie est *éteint*. — Je vous dirai pour toute excuse que je n'aurais pas *quitté* les biens que la fortune m'a *fait,* si je les eusse *cru* nécessaires à ma félicité. — Les meilleures harangues sont celles que le cœur a *dicté*.

Je ne vois que des tours que la cendre a *couvert.* (Racine.)

Nous ne savons quelle sorte de petite intelligence Dieu a *donné* aux bêtes. — N'étouffons pas en nous les sentiments d'humanité et de bienveillance qu'y a *gravé* la nature. — C'est la vérité elle-même qui lui a *dicté* ces belles paroles. — Les dieux ont *attaché* presque autant de malheurs à la liberté qu'à la servitude.

Que de vertus en vous un seul vice a *détruit!* (Saurin.)

Je m'étais *ennuyé* longtemps et j'en avais *ennuyé* bien d'autres ; je me retirai pour aller m'ennuyer tout seul. — Je ne puis contempler sans admiration les mille et une découvertes qu'a *fait* la science. — Aurai-je le bonheur de vous recevoir dans mon palais et de vous payer des soins que vous m'avez *donné* dans ma jeunesse ?

Le bruit de nos trésors les a tous *attiré*. (Racine.)

Souvent les dons que la nature a *suspendu* aux arbres sont *déposé* dans de simples herbes. — Un des défauts que j'ai *remarqué* chez les Parisiens, c'est de vouloir parler tous ensemble. — Je rends *carré* une boule que les premières lois du mouvement avaient *fait* ronde. — Celui à qui l'expérience a *appris* à se défier des autres est malheureux ; celui qui a *puisé* cette leçon dans son cœur est coupable.

Il y a des justes à qui les malheurs arrivent comme s'ils avaient *fait* les actions des méchants. — La distance que la bonté du Créateur a *mis* entre l'homme et la bête est immense. — Ces chaînes que vous avez vous-même *forgé* vous coûteront plus à rompre que le fer le plus dur.

Que de filles, ô dieux, mes pièces de monnaie
Ont *produit !* Voyez, la plupart sont déjà
Aussi grandes que leurs mères ! (La Font.)

J'ai *cherché* vos gants dans tous les coins, et je ne les ai pas *trouvé.* — Ils poussèrent des cris de joie en revoyant leurs compagnons qu'ils avaient *cru* perdus. — Turenne est un des plus grands hommes de guerre que la France ait *produit.* — Les Athéniens avaient *fait* de la piété une divinité, et lui avaient *bâti* un temple.

Les solides trésors sont ceux qu'on a *donné.* (Racine.)

La vraie bienfaisance aime le secret. Elle ressemble à ces grands fleuves qui se retirent en silence des terres qu'ils ont *rendu* fécondes. — Il passe par des chemins qu'on avait toujours *cru* impraticables. — Quand ils auraient été dix contre un, nous n'aurions pas *reculé.*

Ces bras que dans le sang vous avez *vu* trempés. (Racine.)

Les actions qui ont *causé* le repentir sont une grande instruction. — Une grâce *payé* a toujours *avili* celui qui l'a *reçu,* et *déshonoré* celui qui l'a *accordé.* — Ces enfants que vous aviez *cru* incorrigibles, vous les voyez maintenant plus doux et plus dociles que les autres.

Le moindre des tourments que mon cœur a *souffert*
Egale tous les maux que l'on souffre aux enfers. (Racine.)

Hélas ! si nous fussions morts enfants, nous aurions déjà *joui* de la vie, et nous en aurions *ignoré* les regrets. — Mes chères richesses, qu'êtes-vous *devenu ?* Hélas ! je vous ai *perdu* en moins de temps encore que je ne vous avais *gagné !* — Comment décrire tous les maux que cette guerre a *traîné* après elle ?

Les hommes haïssent quelquefois ceux qui les ont *obligé*, et cessent de haïr ceux qui leur ont fait outrage. — Le zèle d'une pieuse sévérité reprochait à La Fontaine une erreur qu'il a *pleuré* lui-même. — Les ambitieux n'ont jamais *joui* de rien ; tous ont *séché* et *dépéri* au milieu de leur abondance. — Laquelle de ses victoires a-t-il *estimé* par le nombre des misérables qu'il accablait ? Quelle vie a-t-il *exposé* pour son intérêt ?

> Nos voix n'ont jamais *eu* ces mots harmonieux
> Qu'aux pasteurs de Sicile ont *accordé* les cieux. (Corn.)

L'abus des livres tue la science ; croyant savoir ce que nous avons *lu*, nous nous croyons *dispensé* de l'apprendre. — Quels éloges n'ont pas *mérité* ces hommes généreux qui ont *consacré* leur vie au soulagement de l'humanité ! — Cicéron périt après avoir *défendu* soixante ans les particuliers et l'Etat, *lutté* contre les tyrans, et *cultivé* la philosophie, l'éloquence et les lettres. — Les arts arriveraient plus rapidement à leur perfection si les enfants exerçaient l'industrie dans laquelle ont *excellé* leurs pères.

> Vous rendrez compte un jour au Dieu de la nature
> Des tourments qu'a *souffert* sa faible créature. (Chénier.)

Je ne vous ai pas dit tous les jours que j'ai *pleuré* en secret. — L'âme du juste s'envole dans le sein de Dieu, d'où elle est *sorti* et où elle avait toujours *habité* par ses désirs. — Autrefois les hommes vivaient contents ou de ce qu'ils avaient *reçu* de la fortune, ou de ce qu'ils avaient *acquis* par le travail. — O fils d'Ulysse, je ne puis refuser votre sang aux mânes de tant de Troyens que votre père a *précipité* sur le noir Cocyte. — Ce fut alors que saint Jean Chrysostôme déploya contre leur coupable ivresse la même éloquence qu'il avait *opposé* à leur désespoir, et prononça ces homélies célèbres que le temps a *respecté*. — Celui qui a *perdu* la confiance ne peut rien perdre de plus.

Combien de louanges n'a-t-on pas *prodigué* à des
princes qui ne les avaient pas *mérité !* — Boccoris ne
songeait qu'à dissiper les trésors immenses que son père
avait *ménagé.* — Les belles actions ne sont jamais mieux
raconté que par ceux qui les ont *fait.* — Vous pouvez
juger, par toutes les inquiétudes que m'a *causé* votre
maladie, combien j'ai de joie de votre guérison. — Ceux
qui ont *fondé* des hospices ont *rendu* de grands services à
l'humanité. — Nous n'aurions jamais *eu* de fautes à regretter, si nous avions toujours *suivi* la voix de notre
conscience.

Je souffre tous les maux que j'ai *fait* devant Troie. (Rac.)

Les Egyptiens qui avaient *appelé* à leur secours les
étrangers, après avoir *favorisé* leur descente, attaquèrent
les autres Egyptiens, qui avaient le roi à leur tête. — Les
revenus de la République romaine ont *monté* quelquefois
jusqu'à deux mille talents. — On brigue les honneurs
sans les mériter; on en abuse quand on les a *obtenu;* on
n'en veut plus que pour soi quand on les possède. — Les
bonnes œuvres que nous aurons *fait*, ne seront pas
perdu pour nous. — J'ai *reçu* enfin votre lettre, et je
l'ai *lu* avec beaucoup de plaisir. — Le chagrin les a
rendu vieux avant la vieillesse. — Le repos n'est légi-
time que pour les vieillards qui ont bien *employé* leur
vie au profit de la société, de leur famille ou de leur pays.

De grands cris ont soudain *attiré* mes regards. (Racine.)

L'Afrique, qu'on a *reconnu* être beaucoup plus petite
que l'Asie, est la contrée qu'on a le moins *exploré.* —
Un nerf, des fils d'aloès, ou l'écorce souple d'une plante
ligneuse, ont *servi* aux premiers hommes de corde pour
réunir les deux extrémités d'une branche élastique dont
ils ont *fait* un arc; ensuite ils ont *aiguisé* de petits cailloux dont ils ont *armé* leurs flèches. — Le Seigneur a
soufflé sur leurs richesses injustes et les a *dissipé*
comme de la poussière.

Combien d'hommes ressemblent à ces arbres déjà forts et *avancé* que l'on a *transplanté* dans les jardins, où ils surprennent les yeux de ceux qui les voient *placé* dans de beaux endroits où ils ne les ont point *vu* croître, et qui ne connaissent ni leurs commencements ni leurs progrès! — Qui a *cessé* de jouir de la supériorité de son ami a *cessé* de l'aimer. — Toutes les fois que l'on commet une faute, plus elle est griève, plus il faut viser à la perfection, mettant la foi et la confiance en Dieu à la place que la nature eût *marqué* au découragement.

Ses rides sur son front ont *gravé* ses exploits. (Corneille.)

Jamais deux personnes n'ont *lu* le même livre, ni *regardé* le même tableau. — Il en a été de notre querelle sur le Parnasse comme de ces duels d'autrefois, où, après s'être *battu* à outrance et s'être quelquefois cruellement *blessé* l'un l'autre, on s'embrassait, et on redevenait sincèrement amis. — J'ai *gardé* les voies du Seigneur, et je ne me suis point *écarté* de mon Dieu pour suivre l'impiété. — Comme nous nous affectionnons de plus en plus aux personnes à qui nous faisons du bien, de même nous haïssons violemment ceux que nous avons beaucoup *offensé*.

Ils violent des droits que tu n'as pas *gardé*. (Corneille.)

Il n'y a rien de si désolant que de voir une jolie chose qu'on a *dit* mourir dans l'oreille d'un sot qui l'entend. — Les parodies des choses que j'aime me révoltent ou troublent ma conscience; rien de ce qui nous a *ému* ne doit être profané. — Plusieurs disaient que l'état monarchique était préférable à une république qui avait *dégénéré* en pure anarchie. — Les troupes qu'Alexandre avait *laissé* à Antipater suffisaient pour garder la Grèce. — L'Amérique a *commencé* sa carrière au point culminant de la vie : comme Adam, à trente ans. — On oublie plus facilement l'injure qu'on a *reçu* que l'injure qu'on a *fait*.

VERBES ACTIFS.

Participe passé suivi d'un infinitif.

Corrigez les fautes. (§§ 308-310.)

Les hommes n'ont jamais plus *admiré* les singes que
quand il les ont *vu* imiter les actions humaines. — Vous
avez *désiré* qu'on élût des décemvirs, ils ont été *créé ;*
les décemvirs vous ont *déplu,* nous les avons *forcé* d'ab-
diquer. — Je lui ai offert ma bourse, qu'il a *refusé*
d'accepter. — L'alliance que Judas avait *envoyé* demander fut *accordé.* — Il a souffert la hardiesse que j'ai
pris de le contredire. — Telles sont les réflexions que
j'ai *cru* devoir vous soumettre.

Ils ne nous ont pas *vu* l'un et l'autre élever,
Moi, pour vous obéir, et vous, pour me braver. (Racine.)

Racine, Fénelon et ceux qui, comme eux, ont *goûté*
cette mollesse heureuse des anciens, l'ont *laissé* entrer
dans leurs compositions. — La fable que vous avez
commencé à apprendre est facile à retenir. — Le peuple,
irrité plus que jamais contre les patriciens, nomma une
commission *chargé* de faire des informations contre ceux
qui s'étaient *laissé* corrompre par Jugurtha. — Les
prisonniers doivent être à ceux qui les ont *pris*, et non
à ceux qui les ont *regardé* prendre. — La pièce que
nous avons *vu* jouer a été fort applaudie. — Avez-vous
entendu parler des guerres que j'ai *eu* à soutenir ? —
C'est une fortification que j'ai *appris* à faire. — Les
comédiens que nous avons *vu* jouer étaient médiocres.
— Tandis que les autres législateurs se sont *borné* à
empêcher le mal, Lycurgue nous a *contraint* d'opérer le
bien et d'être vertueux.

Quoi ! sire, pour lui seul vous renversez les lois
Qu'a *vu* toute la cour observer tant de fois ! (Corneille.)

Exerc. franç. — Partie de l'élève.   7

Ce fut Périclès qui, le premier, introduisit la coutume de prononcer en public l'éloge des hommes courageux que la patrie avait *vu* périr à son service. — C'est une maison que j'ai *vu* bâtir, et que j'ai *vu* tomber en ruine moins de vingt ans après. — Les démolitions qu'on a *ordonné* de faire rendront la rue plus large et plus régulière. — La véritable cause de cette guerre fut le dépit des Carthaginois de s'être *vu* enlever la Sicile et la Sardaigne.

Les a-t-on *vu* marcher parmi vos ennemis ? (Racine.)

On ne ferre pas les chevaux à Bourbon ; je les ai *vu* courir comme des chèvres dans les rochers dont l'île est *couvert*. — Le fils d'Ulysse comprit la faute qu'il avait *fait* d'attaquer ainsi le frère d'un des rois alliés. — Je ne révèle point ici tant de grandes actions qu'elle a *tâché* de rendre secrètes. — Nous les eussions *laissé* passer tranquillement leur hiver à Paris. — Le succès me donna des desseins que je n'aurais jamais *osé* concevoir.

De jeunes serviteurs que son toit à *vu* naître
Animent la maison et bénissent leur maître. (Andrieux.)

Le ciel donnait aux Hébreux un signal visible pour marquer leur marche, et d'autres miracles semblables, qu'ils ont *vu* durer quarante ans. — Il se rendit maître de la ville de la même manière qu'il l'avait *vu* prendre. — Les sujets ont *cessé* de révérer ces maximes, quand ils les ont *vu* céder aux passions et aux intérêts de leurs princes. — Les grands hommes appartiennent moins au siècle qui les a *vu* naître, et qui jouit de leurs talents, qu'au siècle qui les a *formé*. — Entraîné par le torrent, il se trouva malgré lui hors de la route qu'il avait *résolu* de suivre. — Il est vrai que vous n'êtes pas *venu* à bout de votre dessein ; le monde vous à *laissé* rire et pleurer tout seuls. — J'avais *planté* des poiriers, qui sont morts ; la sécheresse les a *fait* périr.

Nous venons d'entendre une grande vilaine harangue qui nous a *fait* bâiller vingt fois. — La solitude apaise les mouvements impétueux de l'âme que le désordre du monde a *fait* éclater. — Il fut rempli de joie en voyant ce grand arbre sorti d'une petite graine qu'il avait *vu* planter. — Ils étaient *puni* pour les maux qu'ils avaient *laissé* faire. — Ce sont de bons maîtres; je ne les ai pas encore *entendu* gronder une seule fois depuis que je suis à leur service. — La dame que j'ai *vu* peindre peint très bien.

> Du haut du ciel sa voix s'est *fait* entendre. (Racine.)

Louis XIV avait dans son âme une partie de la grandeur qu'on avait *cru* n'être qu'autour de lui. — Télémaque prend ses armes, don précieux de la sage Minerve, qui les avait *fait* faire par Vulcain. — Il fit mourir à ses yeux ses deux fils qui s'étaient *laissé* entraîner. — Ils ont *donné* à leurs enfants toute l'éducation que leur a *permis* leur fortune. — Vous ne lui avez pas *adressé* tous les remerciements que vous auriez *dû*.

> Et je vous ai *laissé* tout du long quereller,
> Pour voir où tout cela pourrait enfin aller. (Molière.)

Les serpents paraissent *privé* de tout moyen de se mouvoir, et uniquement destinés à vivre sur la place où le hasard les a *fait* naître. — Elle s'est *senti* frapper. — Il m'a toujours *payé* les sommes qu'il m'a *dû*. — Ramassez vos livres, que vous avez *laissé* tomber. — Vous avez aimé votre prochain si vous lui avez *rendu* tous les services que vous avez *pu* et que vous avez *dû*. — Monsieur, cette comparaison est bonne, mais elle n'est pas de vous; car je l'ai *entendu* faire à notre curé. — Quand Jugurtha eut *enfermé* une armée romaine, qu'il l'eut *laissé* aller sous la foi d'un traité, on se servit contre lui des troupes mêmes qu'il avait *sauvé*.

> Croyez-moi, les Romains, que j'ai trop *su* connaître,
> Méritent peu, mon fils, qu'on veuille être leur maître. (Corn.)

Participe passé précédé du pronom ʟ'

Corrigez les fautes. (§§ 311, 312.)

Le défrichement des forêts augmente la chaleur dans les pays chauds, comme je l'ai déjà *observé* à l'Ile-de-France. — Je ne me consolerais pas de n'avoir pas fait fortune si j'étais né en Angleterre; je ne suis pas fâché de ne l'avoir pas *fait* en France. — Cette parole indiscrète, vous l'avez *dit* sans y songer. — L'infortune ne déshonore que ceux qui l'ont *mérité*. — Un conquérant mérite d'autant moins la gloire, qu'il l'a *désiré* avec une passion injuste. — L'eau n'est pas un élément, comme on l'avait *cru* jusqu'au siècle dernier. — C'est pour cette raison, comme nous l'avons déjà *indiqué*, que les volcans ne sont nombreux que dans les pays chauds.

Et le sort l'eût-il *fait* encor plus inhumaine,
Une larme d'un fils peut amollir sa haine. (Racine.)

La maison de nos hôtes est bien telle que vous l'avez *décrit;* mais la ferme est tout autre que vous ne l'avez *vu* à votre dernier voyage. — La famine arriva comme Joseph l'avait *prédit*. — Je ne croirais pas que les choses se fussent passées de la sorte, si des personnes graves ne me l'avaient *attesté*. — Nous n'avons jamais été si heureux ni si malheureux que nous nous le sommes *imaginé*. — La nouvelle était publique, et il ne l'a pas *su*. — Elle est venue nous trouver : qui l'eût *cru?* Elle nous a fait mille politesses. — L'affaire était plus sérieuse que nous ne l'avions *pensé* d'abord. — Cette personne est d'un bon conseil : qui l'eût *cru* s'en serait bien trouvé. — Je l'ai *vu*, à la fin, cette grande cité. — Triomphez, hommes lâches et cruels : votre victoire est plus grande que vous ne l'aviez *cru*. — La plupart des gens ne travaillent à faire une grande fortune que pour être au désespoir, quand ils l'ont *fait*, de ce qu'ils ne sont pas d'une illustre naissance.

Participe passé entre deux QUE.

Corrigez les fautes. (§ 313.)

Mes raisons, que j'avais *cru* qu'on approuverait, me paraissaient meilleures qu'elles n'étaient en effet. — Je fus reçu par mes amis que vous aviez *prévenu* que j'arrivais. — Les embarras que j'ai *su* que vous aviez ont accéléré mon départ. — Les mathématiques, qu'on n'a pas *voulu* que j'étudiasse, sont cependant fort utiles. — Votre mère, que j'ai *averti* qu'une affaire importante vous tiendrait éloigné quelques jours, ne peut avoir aucune inquiétude de votre absence. — Je me laissai enlever de l'hôtellerie, au grand déplaisir de l'hôte, qui se voyait par là privé de la dépense qu'il avait *compté* que je ferais chez lui. — Les secours que vous avez *prétendu* que je recevrais ont été illusoires.

VERBES NEUTRES.

Corrigez les fautes. (§ 314.)

La prospérité des impies n'a jamais *passé* à leurs descendants. — Un goûter délicieux nous attendait, et l'on nous a *servi* avec un aimable empressement. — Les huit mois que j'ai *vécu* sans vous voir m'ont *paru* bien longs. — Moments délicieux ! Qu'ils sont tristes les jours qui vous ont *succédé* ! — Quels paisibles et délicieux jours nous eussions *coulé* ensemble ! — Le temps qui nous a *fui* ne reviendra pas.

L'histoire luit : soudain les temps ont *reculé* ;
L'ombre a *fui* ; les tombeaux, les débris ont *parlé*. (Legouvé.)

L'aurore, depuis des milliers d'années, n'a pas *manqué* une seule fois d'annoncer le jour ; elle commence à point nommé, au moment et au lieu *réglé*. — Ronsard et ses contemporains ont plus *nui* au style qu'ils ne lui ont *servi*. — L'évêque de Meaux a *créé* une langue que lui seul a *parlé*. — Je vous envoie les livres que vous avez *paru* désirer.

Le renard mérite la réputation que lui ont *valu* ses ruses. — Cette terre ne vaut plus la somme qu'elle a *valu*. — Ces officiers n'ont pas *assisté* à une seule bataille pendant les vingt ou trente années qu'ils ont *servi*. — Ils regrettent aujourd'hui les sommes que cette maison leur a *coûté*. — Les deux heures qu'a *duré* l'interrogatoire de l'accusé ont *dû* lui paraître bien longues. — Les troupes qu'on avait *envoyé* à notre rencontre nous ont *fui* du plus loin qu'elles nous ont *aperçu*.

Oui c'est moi qui voudrais effacer de ma vie
Les jours que j'ai *vécu* sans vous avoir servie. (Corneille.)

Les indications que vous nous avez *donné* nous ont beaucoup *servi*. — Vous n'avez pas *oublié* les soins que vous m'avez *coûté* depuis votre enfance. — Quels dangers n'a pas *couru* l'Autriche pendant la tempête de vingt ans qu'elle a *essuyé!* — A la parure d'un printemps éternel a *succédé* la nudité des plus tristes hivers. — Il les fait servir, dans le temps et dans l'ordre qu'il a *résolu*, aux desseins qu'il a sur son peuple. — Que d'éloges ne lui a pas *valu* sa conduite noble et généreuse !

Après tous les ennuis que ce jour m'a *coûté*,
Ai-je pu rassurer mes esprits *agité?* (Racine.)

Qui pourrait dire combien de siècles a *vécu* celui qui a beaucoup senti et médité? — Ces raisons pour et contre, les avez-vous *pesé?* — Toutes les heures que vous avez *dormi*, je les ai *passé* à écrire. — De quoi vous êtes-vous *occupé* pendant les dix-huit mois que les négociations ont *traîné* en longueur ? — Charlemagne, pendant les quarante-sept ans qu'il a *régné*, n'a pas cessé d'avoir les armes à la main. — Rome avait *eu* à faire les plus grands sacrifices pendant les vingt-trois années qu'avait *duré* la première guerre punique. — Une mère ne regrette point les soins ni les peines que son enfant lui a *coûté*.

VERBES PRONOMINAUX.

Corrigez les fautes. (§§ 315-318.)

Ceux qui pour donner ne se sont pas *imposé* de privations, n'ont *fait* qu'effleurer les joies de la charité. Nous devons notre superflu, et le bonheur dans le devoir, c'est d'en dépasser les limites. — Il n'y a plus que le nid, les oiseaux se sont *envolé*. — Je vous avouerai ingénûment comment les choses se sont *passé*. — Les voleurs se sont *enfui* d'un pas rapide. — Les perdrix s'étaient *blotti* devant les chiens. — La chute de Rhodes où s'était *brisé* la puissance de Mahomet, fut le premier exploit de Soliman. — La haine s'est *emparé* de son âme. — Tous deux se sont *agenouillé* en *tremblant*. — Bien des écrivains se sont *récrié* sur la cruauté des bêtes féroces. — Selon l'usage de leur tribu, ils se sont *accroupi* pour manger. — Les prisonniers se sont *évadé*. — Cela ne saurait être; ces gens-là se sont *moqué* de vous.

Et la troupe, à l'instant *cessant* de fredonner,
D'un ton gravement fou s'est *mis* à raisonner. (Boileau.)

On découvrit trois espions qui s'étaient *glissé* dans les rangs de l'armée. — Nos vaisseaux se sont bien *comporté* à la mer. — Malgré les ans, la jeunesse *fleuri* s'était *renouvelé* sur son visage. — Ils se sont *ressouvenu* qu'ils m'avaient promis de venir me voir. — Vous êtes-vous *accordé* cette définition? ou sont-ce les loups, les singes et les lions qui vous l'ont *passé*? — Les Athéniens se sont *trouvé asservi* sans s'en apercevoir. — Plusieurs des rois d'Egypte qui avaient *foulé* leurs peuples pour élever des pyramides immenses, furent *flétri* par la loi et *privé* des tombeaux qu'ils s'étaient eux-mêmes *construit*. — C'est par son désintéressement que M. de Lamoignon s'était *réservé* cette liberté d'esprit si nécessaire dans la place qu'il occupait. — Le soleil s'est *couché*, et les petits oiseaux se sont *tu* dans le feuillage.

Le lendemain on cherchait les vieux voyageurs ; mais ils s'étaient *évanoui*, comme ces saintes apparitions qui visitent quelquefois l'homme de bien dans sa demeure. — Démosthène, lâche dans les combats, s'est *donné* la mort, et Alexandre l'a *vu* arriver avec frayeur, lui qui l'avait tant de fois *affronté* avec témérité. — Il y avait dans cette pauvre maison cinq ou six femmes qui s'y étaient *réfugié*. — Ils s'étaient *persuadé* qu'on n'oserait les contredire. — Ils se sont *laissé* tuer en lâches.

A l'injuste Athalie ils se sont tous *vendu*. (Racine.)

Bientôt après l'humble servante du Seigneur s'est *prosterné* sur le marbre du sanctuaire. — Sept villes se sont *disputé* l'honneur d'avoir *vu* naître Homère. — Les Gaulois s'étant *emparé* de la ville de Rome, en furent *chassé* par Camille. — Elle s'est *vu* renaître dans ce jeune prince qui fait vos délices et les nôtres — C'est une chose qui mérite d'être *remarqué* que la plupart des grands hommes de mer que la France a *produit* se sont *formé* dans la marine marchande.

Au bout de la semaine, ayant *dîné* son soû,
Elle entend quelque bruit, veut passer par le trou,
Ne peut plus repasser, et croit s'être *mépris*. (La Font.)

La nature s'est *plu* à doter la Grèce et l'Italie de dons à peu près semblables. — Ils recueillent les fruits de toutes les peines qu'ils se sont *donné*. — Ces rois avaient été *condamné* aux peines du Tartare, pour s'être *laissé* gouverner par des hommes méchants et artificieux. — Ils se sont *attaqué* à plus fort qu'eux. — La puissance et la gloire de Philippe se sont *brisé* contre les remparts d'Olynthe. — La Gaule nourrissait autrefois des élans, des ours et d'autres animaux qui se sont *retiré* depuis dans les contrées septentrionales.

Mais les loups se sont *ravisé* ;
Pour mieux nous vaincre, ils nous ont *divisé*.
(De Neufchâteau.)

J'entends le gazouillement confus des hirondelles qui se sont *emparé* de ma fenêtre. — On a vu des bouvreuils qui, ayant été *forcé* de quitter leur premier maître, se sont *laissé* mourir de regret. — Dans tous les Etats, les lois se sont *multiplié* à mesure que les mœurs se sont *dépravé*. — Rome, par ses conquêtes, s'est *trouvé rempli* d'esclaves qui, sous Spartacus, l'ont *mis* à deux doigts de sa perte.

Au joug, depuis longtemps, ils se sont *façonné*. (Racine.)

Les hirondelles ne reviennent dans nos climats que quand la température s'est *adouci* et que les insectes se sont *multiplié*. — Les sociétés des animaux se sont *évanoui*, leur industrie est *devenu* stérile, leurs faibles arts ont *disparu*, chaque espèce a *perdu* ses qualités générales, et tous n'ont *conservé* que leurs propriétés individuelles.

Jupin les renvoya, s'étant *censuré* tous. (La Font.)

L'autruche est si stupide que, lorsqu'elle s'est *caché* la tête derrière un arbre, elle croit qu'on ne la voit plus. — La victoire et la justice, *exilé* du reste de l'empire, semblaient alors s'être *réfugié* dans les Gaules. — Les fleuves se sont *ouvert* des chemins jusqu'à la mer. — Je demandai à Narbal pourquoi les Phéniciens s'étaient *rendu* maîtres du commerce.

Des enfants de Lévi la troupe *partagé*
Dans un profond silence aux portes s'est *rangé*. (Racine.)

Brennus investit le Capitole et fit sommer ceux qui s'y étaient *renfermé* de lui livrer la place ; mais les ayant *trouvé* inébranlables, il tenta d'enlever le fort par escalade. — La nature s'est *chargé* de punir elle-même nos excès. — Que de batailles se sont *livré* pendant ce quart de siècle ! — La vie pastorale qui s'est *conservé* dans plus d'une contrée de l'Asie, n'est pas sans opulence. — Cette dame charitable s'est souvent *retranché* le nécessaire pour secourir les indigents.

7.

Les montagnes se sont *élevé*, et les vallons sont *descendu* en la place que le Seigneur leur a *marqué*. — L'autorité paternelle s'est *converti* dès le commencement en autorité souveraine. — Des milliers d'hommes, chez les Indiens, se sont *abstenu* de viande, de vin et de liqueurs *fermenté*. — Les Asiatiques se sont *fait* une espèce d'art de l'éducation de l'éléphant.

> Si tant de mères se sont *tu*,
> Que ne vous taisez-vous aussi ? (La Font.)

Voyez cette multitude d'yeux, ce diadème clairvoyant dont la nature s'est *plu* à ceindre la tête de la mouche. — Les livres saints nous fournissent quantité d'exemples de songes qui se sont *réalisé*. — Heureux ceux qui ne se sont jamais *écarté* du chemin de la vertu ! — Ils se retirèrent après s'être *assuré* que tout le monde dormait dans une profonde tranquillité. — Les Romains, pour maintenir la discipline militaire, s'étaient *cru obligé* de répandre le sang de leurs propres enfants et des premiers officiers de l'armée.

> L'un et l'autre avant lui s'étaient *plaint* de la rime. (Boil.)

Divisé par des haines *envenimé*, *énervé* par le luxe qu'ils avaient *apporté* de l'Orient, *accablé* par un despotisme qui les avait *rendu* esclaves, les Romains se sont *laissé* subjuguer par les Barbares, qui, *endurci* par les travaux de la guerre, avaient glorieusement *servi* dans les armées romaines, et s'étaient *établi* près de l'empire qu'ils s'étaient en quelque sorte *partagé* d'avance. Plusieurs souverains, *guidé* par une politique peu *éclairé*, avaient *employé* dans leurs armées des corps entiers de ces Barbares, et leur avaient *donné* des établissements dans les provinces frontières de l'empire, pour les récompenser des services qu'ils en avaient *reçu* ; mais ils se sont bientôt *repenti* de leur imprudence, car ils les ont *vu* envahir leur belle patrie, qui s'était *rendu* la maitresse du monde.

Auriez-vous la sotte prétention de croire que vous vous êtes *donné* vos petits talents? — On voit dans l'histoire de la Chine qu'elle a *eu* vingt-deux dynasties qui se sont *succédé*. — Tous les peuples du monde, sans en excepter les Juifs, se sont *fait* des dieux corporels. — Quand ils se sont *mêlé* d'être conquérants, ils ont *surpassé* tous les autres. — Ces maisons se sont *vendu* à vil prix. — Elle s'est *imaginé* qu'elle devait réussir. — Voilà donc à quel peuple ils se sont *attaqué !* — Les Cimbres, qui s'étaient *proposé* la conquête de l'Italie, s'étaient *joint* aux Teutons et à d'autres peuples *sorti* des forêts de la Germanie. Après avoir *renversé* tout ce qui avait *tenté* de s'opposer à leur marche, ils menaçaient de franchir les Alpes. Déjà quatre-vingt mille Romains ou alliés avaient *péri* dans plusieurs combats où la tactique romaine s'était *laissé* vaincre par la féroce valeur de ces sauvages guerriers.

> Je ne crois pas que la nature
> Se soit *lié* les mains. (La Font.)

La gloire des hommes s'est toujours *mesuré* aux moyens dont ils se sont *servi* pour l'acquérir. — Elle s'est *servi* avantageusement de son crédit. — Les eaux du fleuve ont *débordé* et se sont *répandu* sur la campagne, dont elles ont *emporté* les moissons. — Les esprits forts qui s'étaient *moqué* de l'Evangile, ont été *raillé* à leur tour. — La calomnie s'est toujours *plu* à répandre son venin sur les vertus les plus pures. — A qui doit être *attribué* l'invention des bésicles ? Pour répondre à cette question, plus de trente auteurs sont *entré* dans la lice. Et quel a été le résultat des dissertations auxquelles se sont *livré* ces savants ? Qu'on ne sait plus au juste à qui revient l'honneur d'avoir *inventé* cet instrument. — L'éruption du Vésuve est un des spectacles que la nature s'est *réservé* de montrer seule à l'admiration des hommes. — Combien de gens se sont *repenti* de ne s'être pas assez *défié ?*

Cadix se meurt comme place de guerre, autant que comme ville de commerce. Les brèches que la mer a *fait* dans ses murailles se sont *agrandi*, des pans entiers se sont *écroulé*, sans qu'on ait *songé* à s'opposer à l'action incessante des flots. — Ayant *observé* un jour une mouche qui s'était *reposé* sur mon papier, je remarquai qu'elle était fort *occupé* à se brosser alternativement la tête et les ailes avec les pattes de devant et avec celles de derrière. L'ayant *pris* et *considéré* au microscope, je vis avec admiration que ses deux pattes du milieu étaient *dépourvu* de brosses, et que les quatre autres en étaient *garni*.

VERBES IMPERSONNELS.

Corrigez les fautes. (§ 319.)

Charlemagne a *gouverné* avec gloire une des plus grandes monarchies qu'il y ait *eu* depuis celle des Romains. — Que de temps, que de réflexions n'a-t-il pas *fallu* pour épier et connaître les besoins, les écarts et les ressources de la nature ! — Les chaleurs excessives qu'il a *fait* ont *causé* beaucoup de maladies. — Il s'est *présenté* deux de vos meilleurs amis. — C'est peut-être la plus jolie fête qu'il y ait jamais *eu*. — Lorsque le gouvernement fut *devenu* monarchique, on laissa cet abus, à cause des inconvénients qu'il y aurait *eu* à le changer. — Les mauvais temps qu'il a *fait* ont *nui* aux récoltes. — Quelle imprudence de déclarer la guerre dans de pareilles conditions ! que de maux il en est *résulté !* — Il est *sorti* des Gaules, en différents temps, des armées de cent et deux cent mille hommes. — A mesure que les hommes se sont *répandu* sur la terre, il s'est *formé* des nations *séparé*, qui, se *conformant* aux lieux qu'elles habitaient, se sont *accoutumé* à différentes manières de vivre, et dont les caractères ont été d'autant plus *différant* qu'il y a *eu* moins de communication entre elles.

Participe passé précédé du pronon EN.

Corrigez les fautes. (§ 320.)

Les tyrans d'Athènes firent mourir en huit mois plus de citoyens que la guerre n'en avait *moissonné* dans le Péloponèse. — La crainte de faire des ingrats ou le déplaisir d'en avoir *trouvé*, ne l'ont jamais empêchée de faire du bien. — Cassius, naturellement fier et impérieux, ne cherchait, dans la perte de César, que la vengeance de quelques injures qu'il en avait *reçu*. — Ce ne sont pas les victoires de David qui, seules, l'ont *rendu* le modèle des rois, ses successeurs : Saül en avait *remporté* comme lui sur les Philistins et les Amalécites.

> Hélas ! j'étais aveugle en mes vœux aujourd'hui :
> J'en ai *fait* contre toi quand j'en ai *fait* pour lui. (Corneille.)

Que j'ai envie de recevoir de vos lettres ! Il y a déjà près d'une demi-heure que je n'en ai *reçu*. — Tout le monde m'a *offert* des services, et personne ne m'en a *rendu*. — Idoménée a *fait* de grandes fautes; mais cherchez dans les pays les mieux *policé* un roi qui n'en ait pas *fait* d'inexcusables. — La Renommée que Virgile décrit d'une manière si brillante, est fort supérieure à toutes les imitations qu'on en a *fait*. — Les Romains ont toujours *renoncé* à leurs usages, sitôt qu'ils en ont *trouvé* de meilleurs.

> Votre père et les rois qui les ont *devancé*,
> Sitôt qu'ils y montaient s'en sont *vu renversé*. (Racine.)

J'ai *vu* des savants aimables ; mais j'en ai *trouvé* d'un peu lourds. — J'ai *perdu* plus de pistoles que vous n'en avez *gagné*. — Des compliments, vous ne m'en avez jamais *fait*. — Je trouvai le château au-dessous de la description qu'on m'en avait *fait*. — Le Télémaque a fait quelques imitateurs, les Caractères de La Bruyère en ont *produit* davantage. — Y a-t-il rien de comparable à l'attachement du chien pour son maître ? On en a *vu* mourir sur le tombeau qui le renfermait.

Participe passé précédé d'un adverbe de quantité et du pronom EN.

Corrigez les fautes. (§ 321.)

Les grands hommes se font les uns les autres ; et si Rome en a plus *porté* qu'une autre ville, ce n'a pas été par hasard. — De tous les plaideurs qu'il a *défendu*, combien n'en a-t-il pas *ruiné !* — Baléazar est aimé des peuples ; en possédant les cœurs il possède plus de trésors que son père n'en avait *amassé* par sa cruelle avarice. — Ces terribles agonies effraient plus les spectateurs qu'elles ne tourmentent le malade. Combien n'en a-t-on pas *vu* qui, après avoir été à la dernière extrémité, n'avaient aucun souvenir de tout ce qui s'était *passé*, non plus que de ce qu'ils avaient *senti !*

Participe passé précédé de LE PEU.

Corrigez les fautes. (§ 322.)

Je n'ai pas à me plaindre du peu de considération qu'on m'a *accordé*, puisque j'étais entièrement inconnu. — Le peu de confiance que vous m'avez *témoigné*, m'a *rendu* le courage. — Alonzo ranime le peu de forces qu'il a *conservé*. — Le peu de soldats qu'il a *trouvé* dans la citadelle l'a d'autant plus surpris que la résistance avait été longue et opiniâtre. — Il ne laissa pourtant pas, en lui donnant des marques de son affection, de lui reprocher le peu de confiance qu'il avait *eu* en lui. — Le peu de peine que lui a *causé* la mort de sa mère nous a prouvé son mauvais cœur et son ingratitude. — La retraite des dix mille Grecs fut aussi savante que courageuse ; ils marchaient sur deux colonnes, plaçant dans l'intervalle le peu de bagages qu'ils avaient *conservé*.

COMPLÉMENT DES MOTS

COMPLÉMENT DU NOM.

84. Exercices.

Remplacez les points par la préposition convenable. (§§ 323, 324.)

Il y a du plaisir à rencontrer les yeux ... celui à qui l'on vient de donner. — La littérature russe est un peu comme cette monnaie ... Lacédémone qui était de fer et n'avait de cours que dans le pays. — Toute la vie du chrétien doit être une préparation ... la mort. — C'est en entrant dans la pensée ... autres qu'on les réconcilie avec la sienne. — Il se fit remarquer par son ardeur ... travail. — L'esprit porte les couleurs ... l'âme, comme le valet celles ... son maître. — Amas ... épithètes, mauvaises louanges : ce sont les faits qui louent, et la manière ... les raconter.

> Il leur apprit à leurs dépens
> Que l'on ne doit jamais avoir de confiance
> ... ceux qui sont mangeurs ... gens. (La Font.)

Les démonstrations ... affection ne nous paient guère dans le monde qu'en fausse monnaie; seulement il y a des jetons mieux dorés que d'autres. — Il faisait valoir à son maître son attachement ... ses intérêts. — Il y a des cœurs dont la bienveillance seule a plus de rayons que l'affection ... beaucoup d'autres, comme la lune ... Naples est d'un plus doux éclat que maints soleils. — L'avénement ... Tibère ... l'empire fut signalé par le meurtre ... Agrippa. — Qui ne connaît le tendre attachement et l'admiration naïve ... l'Arabe ... son cheval, ce fidèle compagnon ... ses courses?

Nombre des noms employés comme compléments.

85. Exercices.

Mettez les mots en italique au singulier ou au pluriel, suivant la règle. (§ 325.)

Le montagnard trouve plus de *charme* à sa montagne que l'habitant de la plaine à son sillon. — Les productions du palmier servent aux besoins journaliers d'une multitude de *peuple*. — La flatterie n'a tant de *charme* que parce qu'elle nous paraît confirmer le jugement de notre amour-propre. — Télémaque et Mentor le suivirent environnés d'une grande foule de *peuple* qui *considérait* avec empressement et curiosité ces deux étrangers.

Ses ouvrages, tout pleins d'*affreuse vérité*,
Étincellent partout de *sublime beauté*. (Boileau.)

A Rome, on se servait de peaux d'*anguille* pour châtier les enfants des citoyens. — C'est un homme plein de *vérité*. — Je préfère une branche de lilas à un pot de *giroflée*. — Il n'est pas rare de trouver des enfants qui, pour écrire seulement quelques lignes, usent presque un paquet de *plume*. — Il a ses greniers pleins de *blé*, et ses caves pleines de *vin*. — Les fabricants de *papier* font une grande consommation de *colle*.

Pour consumer autrui, le monstre se consume,
Et, dévorant maisons, palais, châteaux entiers,
Rend pour des monceaux d'*or* de vains tas de *papier*. (Boil.)

On dit peu de *chose solide*, lorsqu'on cherche à en dire d'*extraordinaire*. — Il y a des gens dont la haine et le mépris font plus d'*honneur* que les louanges et l'amitié. — Il y avait là quantité de grands pots d'*argent*, faits à l'antique, pleins, les uns de *vin* de France, d'autres, de *vins* d'Espagne. — La loutre est un animal vorace, plus avide de *poisson* que de *chair*. — Au microscope, une goutte de vinaigre nous paraîtrait comme une rivière pleine de *poisson*.

L'homme entièrement seul est celui qui n'a point d'*ami*. — Ce vaste espace n'était couvert que de *mousse*, de *prêle* et de *chardon*. — Il répondait avec douceur, et ses paroles, quoique simples, étaient pleines de *grâce*. — Son silence était plein de *charme*, mais rien n'égalait l'impression que produisait le son de sa voix. — Le bon arbre ne peut produire de mauvais *fruit*, ni le mauvais arbre produire de *bon fruit*.

> Non, je ne croirai point qu'un cœur si magnanime
> Parmi tant de *vertu* ait laissé place au crime. (Chamfort.)

Les roussettes sont des animaux carnassiers, voraces, et qui mangent de tout; car lorsque la chair ou le poisson leur manque, elles se nourrissent de *végétal* et de *fruit* de toute espèce. — Plus les disgrâces sont cruelles, plus il faut s'envelopper de *vertu*. — En vain vous plantez de *vertu* tout le champ de votre vie, le calomniateur, par son souffle empoisonné, les fait toutes faner sur leur tige. — Il n'est point de *plaisir* sans *honneur* ni *vertu*.

> La mèche en feu dont la clarté s'émousse,
> Se couvre en pétillant de *noir flocon* de *mousse*. (Delille.)

En été, les bouvreuils se nourrissent de toutes sortes de *graine*, de *baie*, d'*insecte*, de *prunelle*. — Avant d'être reçu licencié en droit, il faut subir toutes sortes d'*examen*. — La gélatine demande du médecin deux sortes d'*examen*. — L'intérêt met en œuvre toutes sortes de *vertu* et de *vice*. — Parmi les monuments des hommes, je ne connaissais encore que deux sortes d'*antiquité*, l'antiquité celtique et l'antiquité romaine. — L'homme se nourrit de *pain*. — L'écureuil se nourrit de *noisette*. — Jésus-Christ ayant faim, s'approcha d'un figuier, et voyant qu'il n'avait pas de *fruit*, il le condamna à n'en porter jamais. — Plus un arbre est âgé, plus il produit de *fruit* ou de *graine*. — Un beau naturel négligé ne porte jamais de *fruit mûr*. — On ne vit en ce pays que de *fruit* ou de *lait*, rarement de *viande*.

L'hirondelle de *fenêtre* a la bouche jaune et les pieds couverts de *duvet*. — Comme nous, les anciens avaient plusieurs espèces de *vin*. — Les os de *poisson* broyés avec l'écorce des arbres servent de *pain* aux Lapons. — Les principales espèces de *graminée* sont les gazons proprement dits, les queues de *renard*, les queues de *chat*, les chiendents. — Les Gaulois employaient pour siéges des peaux de *chien* ou des peaux de *loup*.

> Moyennant quoi votre salaire
> Sera force reliefs de toutes les façons,
> Os de *poulet*, os de *pigeon*. (La Font.)

Les musiciens les plus distingués sont souvent de fort mauvais maîtres de *musique*. — *Fin* contre *fin* ne vaut rien pour doublure. — Les hommes à *imagination* sont exposés à faire des fautes. — On trouve des pierres à *rasoir* dans presque toutes les carrières dont on tire l'ardoise.

> Reviens becqueter dans ma main,
> Le millet choisi *grain* à *grain*. (Boisard.)

Les babouins à *museau* de *chien* ont les jambes et les bras fort épais et couverts d'un poil touffu. — De *voleur* à *voleur* on parle probité. — La mouche à *viande* aime à se poser sur les couleurs livides des viandes qui se gâtent.

> Au bout de quelque temps il fit quelques profits,
> Racheta des bêtes à *laine*. (La Font.)

L'intérêt parle toutes sortes de *langue* et joue toutes sortes de *personnage*, même celui de désintéressé. — Le trône de Dagobert est d'argent doré et repose sur des pieds de *lion;* à sa partie supérieure, on voit des têtes de *monstre*. — Il a peu de *mérite*, mais il connaît des gens qui en ont beaucoup. — S'il y avait chez les Grecs des prix pour la lutte, le pugilat, le disque, la course à *pied* ou en *charriot*, c'est que ces exercices étaient nécessaires à la guerre.

On appelle fruits *d'hiver* les fruits qu'on ne mange ordinairement qu'en hiver. — Plus on sème en *désir*, moins on recueille en *bonheur*. — Les armées commencèrent tard à entrer en *action*. — Le violon est un instrument à *corde*. — Les lunettes à *branche* ont été détrônées par les lorgnons.

> L'attaquer, le mettre en *quartier*,
> Sire loup l'eut fait volontiers. (La Font.)

Les plus grandes âmes sont celles qui s'arrangent le mieux de la situation présente, et qui dépensent le moins en *projet* pour l'avenir. — Les perroquets sont des oiseaux à gros *bec*. — Les enfants des sauvages n'ont ni *caprice* ni *humeur*, parce qu'ils ne désirent que ce qu'ils savent pouvoir obtenir. — Il n'a jamais parlé de son affaire qu'à *bâton rompu*.

> Aux autels de son Dieu, dans les saints édifices,
> La France est à *genou*. (C. Delavigne.)

On ne monte à la fortune que par *degré*; il n'en faut qu'un pour en descendre. — Les caractères vifs ou lents, gais ou sérieux, se trouvent souvent disséminés dans la même ville de *frère* à *frère*, et sont également utiles à la société. — Les cordes à *boyau* servent à garnir divers instruments de musique. — La nature fait le mérite, la fortune le met en *œuvre*.

> On ne parlait chez lui que par *double ducat*,
> Et mon homme d'avoir *chien, cheval* et *carrosse*;
> Ses jours de *jeûne* étaient des noces. (La Font.)

L'épaulette à *graine d'épinard* indique un grade supérieur dans l'armée française. — Dans nos climats, les animaux sauvages qui approchent le plus du chien à *oreille droite*, sont le renard et le loup. — Le ciel nous préserve de l'esclavage en *guêtre* et en uniforme ! — Bien des gens épuisent leur fonds philosophique en *conseil* pour leurs amis, et en demeurent dépourvus pour eux-mêmes.

COMPLÉMENT DE L'ADJECTIF ET DU PRONOM.

86. Exercices.

Remplacez les points par la préposition convenable. (§§ 326-329.)

La sainteté n'est pas incompatible ... les manières agréables. — Les grands divertissements sont dangereux ... la vie chrétienne. — Il n'y a rien de plus honteux que d'être inutile ... monde, ... soi-même, et que d'avoir de l'esprit pour n'en rien faire. — La vanité est avide ... louanges les plus ridicules.

Chacun ... tes rubans me coûte une sentence. (Racine.)

Le cœur de l'homme ingrat est semblable... un désert qui boit avidement une douce pluie, l'engloutit et ne produit rien. — Il tient les hommes par un lien cent fois plus fort que celui ... la crainte, c'est celui ... l'amour. — Il est faux que les lourds chagrins rendent moins sensible ... peines légères.

Qu'heureux est le mortel qui, ... monde ignoré,
Vit content ... soi-même en un coin retiré ! (Boileau.)

Les véritables gens de bien sont d'autant plus prompts ... se laisser tromper, qu'ils jugent d'autrui par eux-mêmes. — Quel spectacle de voir et d'étudier ces deux hommes, et d'apprendre de chacun ... eux toute l'estime que méritait l'autre ! — Cet homme paraît fort et robuste; mais il est mou ... travail.

Tu vas donc, égaré sur l'océan du monde,
Affronter cette mer ... naufrages féconde ? (Delille.)

La parfaite valeur est de faire sans témoins ce qu'on serait capable ... faire devant tout le monde. — Saül est impie, il devient superstitieux; destin assez ordinaire ... incrédules. — Hélas ! ... gens heureux la plainte est importune. — Racontait-il quelques-unes ... ces actions qui l'avaient rendu célèbre, on eût dit qu'il n'en avait été que le spectateur. —La vertu a cela ... heureux qu'elle se suffit à elle-même.

COMPLÉMENT DU VERBE.

87. AMOUR DU LIEU NATAL.

Indiquez les compléments directs et indirects des verbes. (§§ 330-337.)

J'ai vu l'Italie, la patrie des Muses; j'ai vu Naples
mirer dans l'azur de ses eaux sa tête étincelante; j'ai vu
dans Rome des temples, des palais, gigantesques débris
d'un empire qui n'est plus; j'ai vu Venise, l'antique cité
des doges, Florence, où régna Médicis, Milan, la ville aux
cent clochers ; j'ai vu dans Albion d'opulentes cités où
tourbillonnait l'or ; j'ai vu ses ports encombrés d'innom-
brables navires : ils apportaient à la reine des mers le
tribut de l'ancien et du nouveau monde; j'ai vu la
sauvage Helvétie et ses grandes montagnes, et ses forêts,
et ses torrents, ses glaciers, ses neiges, ses cataractes
écumantes, et ses lacs qui réfléchissent les splendeurs
d'un ciel serein. Je les ai vues, ces merveilles, et mon
cœur n'est pas là. Mais en France, il y a, dans le plus pauvre canton d'une pauvre province, un petit hameau. Là,
point de bosquets pour s'abriter des feux du jour, point
de ruisseau limpide serpentant parmi les prairies; des
bruyères, et partout des bruyères..., et c'est là qu'est
mon cœur ! C'est là qu'aux heures de silence, il s'envole
porté sur les ailes du souvenir; il va revoir ému les
lieux où il battit pour la première fois. Là, tout parle à
mon âme ; chaque chaumière, chaque rocher, chaque arbre a sa légende, qu'il me conte en passant. Voici d'abord
la grande ferme, le fidèle chien du berger, le vieux colombier, l'étable du taureau noir. Voilà l'église; que d'heures
j'ai passées à contempler les fugitives hirondelles voler
autour du vieux clocher, dérober un brin de mousse à
son toit de chaume, et le porter joyeuses au nid ! Plus
loin, c'est le cimetière; enfant, j'aimais à en franchir le
seuil, j'aimais à errer parmi ces modestes mausolées, et

ce lieu m'était cher. Hélas ! il s'y trouve aujourd'hui deux tombes de plus... et je ne suis plus là pour prier sur ces tombeaux déserts.

Il est désert comme elles l'humble domaine qui me vit naître ; la porte en est rompue, l'ortie croît au milieu des allées, la vigne meurt sur le mur chancelant ; étouffés sous les nœuds du lierre, les tilleuls n'ont plus de bourgeons ; le hêtre ne pétille plus dans le foyer, la grosse cloche est muette. Rien ne résonne dans les salles que le chant plaintif du grillon et les soupirs de la bise qui passe en gémissant au travers des vitres brisées. L'écho pleure... ; il n'entend plus, comme autrefois, la douce voix de ma mère chanter le soir en m'endormant, il n'entend plus mon père m'enseigner, comme autrefois, l'honneur et la vertu... Tous deux sont morts, et tout est depeuplé... Mais je t'aime encore, ô douce patrie ! je t'aimerai toujours !   (CHATEAUBRIAND.)

Place des pronoms personnels employés comme compléments du verbe.

88. Exercices.

Remplacez les points par le pronom personnel convenable, et corrigez les fautes. (§§ 338-340.)

Quand on sait qu'on n'a pas de quoi ... faire estimer de quelqu'un, on est bien près de ... haïr. — Si la douleur de notre captivité ne ... eût *rendu* insensibles à tous les plaisirs, nos yeux auraient été charmés de voir cette fertile terre d'Egypte.

Et puisque Jean Lapin vous demande la vie,
Donnez ... ... de grâce, ou .. ôtez à tous deux. (La Font.)

Les plaisirs innocents laissent une joie pure dans l'âme ; tout ce qui ... souille ... attriste et ... noircit. — Demande ... le soir avant de te coucher le bien que tu auras fait dans la journée. — Un pauvre vous demande-t-il l'aumône, ne ... ... refusez pas ; Dieu ... rendra dans le ciel le bien que vous aurez fait sur la terre.

Heureuse l'âme qui, ... élevant au-dessus d'elle-même, et, malgré le corps qui l'appesantit, remontant à son origine, passe au travers des choses créées sans ... y arrêter, et va ... perdre heureusement dans le sein de son créateur ! — Tenez, Monsieur, battez ... plutôt et ... laissez rire tout mon soûl ; cela ... fera plus de bien. — Si l'on vous propose de faire une mauvaise action, ne ... faites pas.

Le renard étant proche : Or çà, lui dit le sire,
Que sens-tu ? dis ... ... ; parle sans déguiser. (La Font.)

Ils copient vos vices pour que vous ... ... comptiez comme des vertus. — La raison qui ... démontre avec tant de clarté l'existence d'un Dieu, ... répond si obscurément lorsque je ... interroge sur la nature de mon âme, et garde un si profond silence quand je ... demande compte des contradictions qui sont en moi, qu'elle-même ... fait sentir la nécessité d'une révélation, et ... force à ... désirer. — Le plus sûr appui de l'homme est Dieu ; vous voulez ... ... ravir ! — On n'agit pas franchement avec moi, et les secrets un peu importants, on ne ... ... confie pas.

Un jour deux pèlerins sur le sable rencontrent
Une huître que le flot y venait d'apporter :
Ils ... avalent des yeux, du doigt ils ... ... montrent ;
A l'égard de la dent il fallut contester. (La Font.)

Ne ... reprochez jamais l'assistance que vous aurez donnée à un malheureux. — Si vos amis commettent des fautes graves, reprochez ... ... franchement. — Les fautes, même légères, que commettent ses enfants, il ne ... ... passe pas. — Mettez ... ... dans l'esprit : qui fait mal trouve mal. — L'enfant aperçoit-il une araignée, au lieu de la tuer, laissez ... ... prendre dans la main.

Je ... ... ai déjà dit, aimez qu'on ... censure ;
Mais ne ... rendez pas dès qu'un sot ... reprend. (Boil.)

Réfléchissez avant d'agir; mais, quelque parti que vous preniez ensuite, attachez ... ... avec ardeur et persévérance. — Un homme vous flatte-t-il, ne ... ... fiez pas : il veut vous tromper. — Donnez ... ... sur les oreilles. — Je n'ose plus voir le monde, et quoi qu'on ait fait pour ... ... remettre, j'ai passé tous ces jours-ci comme un loup-garou.

Eh ! n'as-tu pas cent ans ? Trouve-moi dans Paris
Deux mortels aussi vieux, trouve ... ... dix en France.
(La Fontaine.)

Si les hommes pensent mal les uns des autres, du moins ils ne ... ... disent pas.—Montrez-moi celui qui a pu arriver à trente ans sans être détrompé ; montrez-... ..., ce mortel privilégié.— Si votre ami vous demande une chose injuste, refusez ... ... — Reste dans le jardin à m'attendre, et promène ... ... un moment. — **Je** ... ... dis encore : vous n'aurez l'estime des hommes que par une solide vertu. — Je ... ... donnerai sur les oreilles. — Puisque c'est une chose qui doit vous faire tant de plaisir, ne ... ... veuillez donc pas.

89. LE PIGEON PUNI DE SON INQUIÉTUDE.

Indiquez les compléments circonstanciels des verbes. (§ 341.)

Deux pigeons vivaient ensemble dans un colombier avec une paix profonde. Ils fendaient l'air de leurs ailes, qui paraissaient immobiles par leur rapidité. Ils jouaient en volant l'un près de l'autre, se fuyant et se poursuivant tour à tour ; puis ils allaient chercher le grain dans l'aire du fermier ou dans les prairies voisines. Aussitôt ils allaient se désaltérer dans l'onde pure d'un ruisseau qui coulait au travers de ces prés fleuris. De là, ils revenaient dans le colombier blanchi et plein de petits trous : ils passaient le temps dans une douce société avec leurs fidèles compagnons. On entendait le doux murmure de ces heureux pigeons, et leur vie était délicieuse. L'un d'eux, se dégoûtant des plaisirs d'une vie paisible, se laissa séduire par une folle ambition et le désir des voyages. Le voilà qui abandonne son ancien ami ; il part, et va du côté du Levant. Il passe au-dessus de la mer Méditerranée, il arrive à Alexandrie ; de là il continue son chemin, traversant les terres jusqu'à Alep. En y arrivant, il salue les autres pigeons de la contrée, qui servent de courriers réglés, et il envie leur bonheur. Aussitôt il se répand parmi eux un bruit qu'il est venu un étranger de leur nation qui a traversé des pays immenses. Il est mis au rang des courriers ; il porte toutes les semaines les lettres d'un pacha, attachées à son pied, et il fait vingt ou trente lieues en moins d'une journée. Il est orgueilleux de porter les secrets de l'Etat, et il a pitié de son ancien compagnon, qui vit sans gloire dans les trous de son colombier. Mais un jour, comme il portait les lettres du pacha, soupçonné d'infidélité par le grand seigneur, une flèche tirée avec adresse l'atteint mortellement : il tombe, et, pendant qu'on lui ôte les lettres pour les lire, il expire plein de douleur, condamnant sa vaine ambition, et regrettant le doux repos de son colombier, où il pouvait vivre en sûreté avec son ami.   (FÉNELON.)

COMPLÉMENT DU PARTICIPE.

90. Exercices.

Remplacez les points par la préposition convenable. (§§ 342, 343.)

Ce prince, se dépouillant ... toute la gloire qu'il avait acquise pendant la guerre, et se renfermant ... une société peu nombreuse de quelques amis choisis, s'exerçait sans bruit aux vertus civiles. — La nuit triomphant enfin ... jour ramène dans nos climats les ténèbres et le sommeil. — Les Romains, se destinant ... la guerre, avaient mis tout leur esprit à la perfectionner.

Exerc. franç. — Partie de l'élève.   8

Cette union, résultant ... la nature des choses, était la continuation de l'ouvrage du cardinal de Richelieu. — Je vis nos voyageurs approchant ... sommet de la montagne. — Ces jeunes gens, ne profitant ni ... mes conseils ni ... mes leçons et ne répondant pas ... mon amitié, me semblent indignes de l'intérêt qu'ils m'avaient d'abord inspiré.

Mais, comme les Romains et leur grave sénat,
Les rats sont gouvernés ... la raison d'Etat. (Delille.)

Les princes seraient-ils fort touchés ... leur grandeur s'ils étaient condamnés à en jouir tout seuls? — Les puits artésiens sont des sources jaillissantes créées ... la main des hommes. — On ne peut se consoler d'être trompé ... ses ennemis et trahi ... ses amis, et l'on est souvent satisfait de l'être ... soi-même. — Nous sommes moins offensés ... mépris des sots que d'être médiocrement estimés ... gens d'esprit. — Les troupeaux, en Autriche, sont gardés ... des bergers qui jouent des airs charmants sur des instruments simples et sonores.

J'aime mieux voir les Turcs en campagne,
Que de voir nos vins de Champagne
Profanés ... les Allemands.
Ces gens ont des hanaps trop grands ;
Notre nectar veut d'autres verres. (La Font.)

On est frappé de bonne heure ... conceptions hardies, ... pensées brillantes ; c'est plus tard qu'on apprécie la grâce du naturel, le charme de la simplicité. — La raillerie est toujours mal reçue ... celui à qui elle s'adresse. — Dans toutes les choses difficiles, la Providence a placé un charme connu seulement ... ceux qui osent les entreprendre. — Quand on est vivement touché ... ses besoins et ... sa faiblesse, on est dans une disposition continuelle de prière, et l'on regarde sans cesse Celui qui est tout à la fois la lumière, la force, le guide, le libérateur de ceux qui l'invoquent.

COMPLÉMENT DE LA PRÉPOSITION ET DE L'ADVERBE.

91. Exercices.

Remplacez ou non les points par une préposition, que vous répéterez au besoin. (§§ 344-349.)

Le génie est le don ...inventer et ...exécuter d'une manière neuve et originale. — Si un artisan était sûr de rêver toutes les nuits, douze heures ..., qu'il est roi, je crois qu'il serait presque aussi heureux qu'un roi qui rêverait, douze heures ..., qu'il est artisan. — On passe pour un monstre quand on manque de reconnaissance ... un père ou ... un ami de qui on a reçu quelques secours.

Ce n'est qu'autour ... lui que vole la victoire. (Racine.)

Les hommes de jugement ont souvent beaucoup ...esprit, et les hommes d'esprit ont parfois peu ... jugement. — La faveur met l'homme au-dessus ... ses égaux, et sa chute au-dessous. — Il parle conséquemment. — Les ennemis sont dedans et dehors... la ville.—Il a conduit l'affaire conséquemment ... ce qui avait été réglé. — Hérode fit tuer tous les enfants de l'âge de deux ans et au-dessous...

On fait sur ce sujet bien ... récits bizarres. (Andrieux.)

Il se répand autour ... trônes certaines terreurs qui empêchent de parler aux rois avec liberté. — C'est Molière, dit-on, qui fournit à Racine l'idée et le sujet de la tragédie ...Etéocle et Polynice. — Il faut vivre conformément ... son état. — Je pense à vous, préférablement ... toutes choses.—Ces montagnes voisines du ciel voient les nuages se former au-dessous ... — Il occupe le premier étage, et ses domestiques logent au-dessus...—Souvent on se donne bien ... mal pour n'être en définitive que ridicule. — Le faux ami n'aime que relativement ... son propre intérêt.

La conscience nous avertit en ami avant ... nous punir en juge. — N'allons pas plus avant, la force m'abandonne. — On est faible ... paresse ou ... défiance de soi-même ; malheur à celui qui l'est par ces deux causes ensemble ! s'il est simple particulier, il ne sera que nul ; s'il est roi, il est perdu. — Celui qui passe ses premières années ... la mollesse et les plaisirs, passera les dernières ... le besoin et la misère. — L'éloquence est un art très sérieux, destiné ... instruire, ... réprimer les passions, ... corriger les mœurs, ... soutenir les lois, ... diriger les délibérations publiques, ... rendre les hommes bons et heureux.

Un roi bon, ainsi Dieu l'a prononcé lui-même,
... la richesse et ... l'or ne met point son appui. (Racine.)

La Fontaine a imité le Pogge dans la fable... Meûnier, ... son Fils et... l'Ane.—On étale le titre de bon citoyen, et on cache dessous... celui de jaloux.—La main du Seigneur l'arrachera de dessus ... la terre—Ce qui rend le papillon bien supérieur à la rose, c'est qu'il a, outre la beauté des formes, les facultés ... voir, ... ouïr, ... odorer, ... savourer, ... sentir, ... se mouvoir, ... vouloir, enfin une âme douée ... passions et ... intelligence.—Il a soutenu le ministre ... sa mauvaise fortune , ... ses propres frayeurs, ... la malignité de ses ennemis, et enfin ... ses amis, ou partagés, ou irrésolus, ou infidèles.

Et bien souvent, tout seul, si l'on l'eût voulu croire,
Il s'y serait couché ... manger et ... boire. (Racine.)

SYNTAXE DES PROPOSITIONS.

UNION DES PROPOSITIONS COORDONNÉES.

92. AU DUC DE BOURGOGNE.

Remplacez les points par une des conjonctions ET, OU, NI, MAIS, selon le cas.
(§§ 352-357.)

Enfant de saint Louis, imitez votre père : soyez, comme
lui, doux, humain, accessible, affable, complaisant ...
libéral. Que votre grandeur ne vous empêche jamais
de descendre avec bonté jusqu'aux plus petits, pour vous
mettre en leur place ; ... que cette bonté n'affaiblisse
jamais ... votre autorité ... leur respect. Etudiez sans
cesse les hommes ; apprenez à vous en servir sans vous
livrer à eux. Allez chercher le vrai mérite jusqu'au bout
du monde : d'ordinaire, il demeure modeste ... reculé. La
vertu ne perce point la foule ; elle n'a ... avidité ... empressement ; elle se laisse oublier. Ne vous laissez pas
obséder par des esprits flatteurs ... insinuants ; faites
sentir que vous n'aimez ... les louanges ... les bassesses.
Ne montrez de la confiance qu'à ceux qui ont le courage
de vous contredire dans le besoin, ... qui aiment mieux
votre réputation que votre faveur.

Il est temps que vous montriez au monde une maturité ... une vigueur d'esprit proportionnées au besoin
présent. Saint Louis, à votre âge, était déjà les délices
des bons ... la terreur des méchants. Laissez donc tous les
amusements de l'âge passé : faites voir que vous pensez
... que vous sentez ce que vous devez penser ... sentir.
Il faut que les bons vous aiment, que les méchants vous
craignent, ... que tous vous estiment. Hâtez-vous de vous

corriger pour travailler utilement à corriger les autres. La piété n'a rien de faible, ... de triste, ... de gêné ; elle élargit le cœur, elle est simple ... aimable, elle se fait tout à tous pour les gagner tous. Le royaume de Dieu ne consiste point dans une scrupuleuse observation de petites formalités; il consiste pour chacun dans les vertus propres à son état. Un grand prince ne doit pas servir Dieu de la même manière qu'un solitaire ... qu'un particulier. Saint Louis s'est sanctifié en grand roi. Il était intrépide à la guerre, décisif dans les conseils, supérieur aux autres hommes par la noblesse de ses sentiments, sans hauteur, sans présomption, sans dureté. Il suivait en tout les véritables intérêts de sa nation, dont il était autant le père que le roi. Il voyait tout de ses propres yeux dans les affaires principales. Il était appliqué, prévoyant, modéré, droit ... ferme dans les négociations, en sorte que les étrangers ne se fiaient pas moins à lui que ses propres sujets. Jamais prince ne fut plus sage pour policer les peuples et pour les rendre tout ensemble bons ... heureux. Il aimait avec tendressse ... confiance tous ceux qu'il devait aimer; ... il était ferme pour corriger ceux qu'il aimait le plus, quand ils avaient tort. Il était noble... magnifique selon les mœurs de son temps, ... sans faste ... sans luxe.

Soyez l'héritier de ses vertus avant que de l'être de sa couronne. Invoquez-le avec confiance dans vos besoins; souvenez-vous que son sang coule dans vos veines, ... que l'esprit de foi qui l'a sanctifié doit être la vie de votre cœur. Il vous regarde du haut du ciel où il prie pour vous, ... où il veut que vous régniez un jour avec lui.

(FÉNELON.)

UNION DES PROPOSITIONS SUBORDONNÉES ET INCIDENTES.

93. Exercices.

Soulignez les mots par lesquels la proposition subordonnée ou incidente s'unit à une autre proposition. (§§ 358-359.)

Le bonheur est une boule après laquelle nous courons tant qu'elle roule, et que nous poussons du pied quand elle s'arrête. — Horace et Aristote nous ont déjà parlé des vertus de leurs pères et des vices de leur temps, et les auteurs de siècle en siècle nous en ont parlé de même; s'ils avaient dit vrai, les hommes seraient à présent des ours.

Dans cette autre famille ayant jeté l'effroi,
  La chatte en son trou se retire. (La Font.)

Quand on est vieux, on peut encore éclairer quelquefois, mais on ne persuade plus.—Nos fautes nous affligent plus que nos bonnes actions ne nous consolent; c'est toujours la peine qui l'emporte dans la conscience comme dans le cœur. — Résistons sans crainte à l'opinion du monde, pourvu toutefois que notre respect pour nous-mêmes croisse en proportion de notre indifférence pour elle.

Sur le soir on apporte herbe fraîche et fourrage,
  Comme l'on faisait tous les jours. (La Font.)

La même justesse d'esprit qui nous fait écrire de bonnes choses, nous fait appréhender qu'elles ne le soient pas assez pour mériter d'être lues. — L'âne est de son naturel aussi humble, aussi patient, aussi tranquille que le cheval est fier, ardent, impétueux. — Dites-moi quel est ce village que j'aperçois à travers ces arbres. —Tant qu'on peut se parer de son propre mérite, on n'emprunte pas celui de ses ancêtres. — L'intérêt, qui dirige les hommes d'un pôle à l'autre, est un langage qu'ils apprennent sans grammaire.

Je vois que l'injustice en secret vous irrite,
  Que vous avez encor le cœur israélite. (Racine.)

Emploi des modes dans les propositions subordonnées et incidentes.

Emploi de l'indicatif, du conditionnel et du subjonctif.

Dites pourquoi les verbes en italique sont à l'indicatif, ou au conditionnel, ou au subjonctif. (§§ 360-375.)

L'amour-propre est la seule chose dont on ne *vient* jamais à bout. — Le présent est l'unique bien dont l'homme *soit* vraiment le maître. — Les Céciniens furent les premiers qui *firent* éclater leur ressentiment. Ils entrèrent en armes sur le territoire des Romains.

Un renard, jeune encor, quoique des plus madrés,
Vit le premier cheval qu'il *eût* vu de sa vie. (La Font.)

L'expérience tient une école dont les leçons coûtent cher; mais c'est la seule où les insensés *peuvent* s'instruire. — Certains provinciaux qui se piquent de bel esprit, n'osent rien dire qui ne leur *paraisse* exquis et relevé; ils croiraient se trop abaisser en nommant les choses par leurs noms.

Et c'est le moindre mal que me *gardait* sa rage. (Racine.)

Le meilleur usage que l'homme *puisse* faire de son esprit est de s'en défier. — Le public n'est pas un juge qu'on *puisse* corrompre. — Le plus grand mal que *fait* un ministre sans probité, c'est le mauvais exemple qu'il donne.

Du bout de l'horizon accourt avec furie
Le plus terrible des enfants
Que le Nord *eût* portés jusque-là dans ses flancs. (La Font.)

Il n'y a rien qui *rafraîchisse* le sang comme d'avoir su éviter de faire une sottise. — Vous marchez de manière que vos compagnons ne *peuvent* vous suivre. — Personne n'ignore qu'il y *a* un droit plus haut et plus sacré que celui que la fortune et l'orgueil imposent aux faibles et aux malheureux.

Voulez-vous qu'on *croie* du bien de vous? N'en dites pas. — Quand je vous ai dit cela, j'ai entendu que vous n'*iriez* pas le répéter à tout le monde. — Je prétends que mon droit *est* incontestable. — Attila était craint de ses sujets, et il ne paraît pas qu'il en *fût* haï.

Il n'est que trop d'esprits lâches et corrompus
Qui *font* plier la loi sous le joug de l'usage. (La Harpe.)

Ne dites-vous pas qu'il *faut* douter de toute chose? Par conséquent vous ne devez pas dire que je vous *ai* battu, mais qu'il vous semble que je vous *ai* battu. — Je n'entends pas que vous *fassiez* de dépense, et que vous *envoyiez* rien acheter pour moi.

Il demande qu'on *ouvre*, en disant: Foin du loup! (La Font.)

Pensez-vous que la perte d'une moisson, si facile à réparer dans un pays où le commerce *est* si florissant, *engagera* les Athéniens à vous demander la paix? — Il ne réfléchit pas qu'il se *perd*. — Considérez que la chose *est* fort difficile. — Est-il possible que vous *vouliez* être malade, en dépit des gens et de la nature?

Croyez-vous qu'un mortel, avant sa dernière heure,
Peut pénétrer des morts la profonde demeure? (Racine.)

Est-il possible que vous *serez* toujours embéguiné de vos apothicaires et de vos médecins? — Il semble que la nature *ait* employé la règle et le compas pour peindre la robe du zèbre. — Il semble que la rusticité n'*est* autre chose qu'une ignorance grossière des convenances.

Croit-elle que toujours j'en *veuille* user ainsi? (La Font.)

On croit certaines personnes insensibles, parce que non-seulement elles *savent* se taire, mais encore sacrifier leurs peines secrètes. — La nature ne s'épuise jamais, pourvu qu'on *sache* par la culture lui rendre ce qu'elle a donné. — C'est assez qu'il m'*ait* recommandé de vous bien recevoir, pour que je vous *fasse* le plus honorable accueil. — Il était à peine sorti, que la maison s'*écroula*.

8.

Il semble qu'aucun prince ne *puisse* recevoir des louanges qu'il ne les *partage*. — Il y a dix mois que je ne l'*ai* vu. — Approchez, que je vous *dise* un mot. — Je n'irai pas là que tout ne *soit* prêt. — Elle m'a fait prier de ne point partir qu'elle ne m'*ait* vue. — Retirez-vous, qu'il ne vous *maltraite*.

Il semble qu'on *ait* là rassemblé l'univers. (Boileau.)

Si les hommes étaient plus sages et qu'ils *suivissent* les lumières de la raison et de la foi, ils s'épargneraient bien des chagrins. — N'attendez pas que j'*ouvre* ici une scène tragique, que je *fasse* crier son sang comme celui d'Abel. — Il ordonna que les vétérans *recevraient* leur récompense en argent, et non en terres.

Ils demandaient fort peu, certains que le secours
    Serait prêt dans quatre ou cinq jours. (La Font.)

Le gouverneur ordonna que nous *irions* à Thèbes. — Loin d'ici ces flatteuses maximes que les rois *naissent* habiles. — Toute intéressante que *soit* cette question, elle demeure presque insoluble. — Comme l'ordre était que les troupes *campassent* toujours, les villes n'en étaient point incommodées.

Je me dévouerai donc, s'il le *faut*; mais je pense
Qu'il *est* bon que chacun s'*accuse* ainsi que moi :
Car on doit souhaiter, selon toute justice,
    Que le plus coupable *périsse*. (La Font.)

Les évêques, tout successeurs des apôtres qu'ils *sont*, semblent moins l'être que les missionnaires. — Il n'était pas d'avis qu'on *dût* absoudre cet accusé. — On n'entendra plus se perpétuer ce blasphème que les princes pieux *sont* les moins propres à gouverner. — Le sénat fut convaincu que le peuple *avait* bien jugé. — Il est singulier que vous *ayez* porté tant de délicatesse dans l'ambition. — Alexandre n'avait pas besoin que les Scythes lui *vinssent* apprendre son devoir dans une langue étrangère.

94. Exercices.

Mettez a l'indicatif, ou au conditionnel, ou au subjonctif les verbes
qui sont en italique. (§§ 360-375.)

Lucullus rapporta du royaume de Pont les premiers
cerisiers qu'on *avoir* vus en Europe.— Les intérêts de
leur vanité sont les derniers qu'on *devoir* ménager.—
Nous sommes si imprudents que nous errons dans les
temps qui ne sont pas à nous, et ne pensons point au
seul qui nous *appartenir*.

> Il n'était point d'asiles
> Où l'avarice des Romains
> Ne *pénétrer* alors et ne *porter* les mains. (La Font.)

On peut dire que le chien est le seul animal dont la
fidélité *être* à l'épreuve. — La tendre jeunesse est le
seul âge où l'homme *pouvoir* encore tout pour se corriger.
— C'est une des dernières lettres que saint Paul *avoir*
écrites. — Les Tyriens furent les premiers qui *dompter*
les flots.

> Croirai-je qu'une nuit *avoir* pu vous ébranler ? (Racine.)

Racine est le premier qui *avoir* su rassembler avec art
les secrets d'une intrigue tragique. — L'argent qu'il
m'a coûté m'a acquis le plus cher et le plus précieux ami
que j'*avoir* sur la terre.— Le moins de servitude qu'on
pouvoir est le meilleur.— Les Egyptiens sont les premiers
qui *avoir* bien connu les règles du gouvernement.

> Malheur à l'écrivain nouveau !
> Le moins de gens qu'on *pouvoir* à l'entour du gâteau. (La F.)

Je suis le fils du grand Ulysse, le plus sage des rois
de la Grèce qui *avoir* renversé la superbe ville de Troie.
— Depuis plus de trois ans, vous ne m'avez pas donné
la moindre marque que vous me *connaître* seulement.
— Je fais la meilleure contenance que je *pouvoir*.— Vous
aurez trop parlé, de manière qu'on *savoir* maintenant
votre dessein. — Racine, lu par des connaisseurs, sera
regardé comme le poëte le plus parfait qui *avoir* écrit.

Tous ceux qui cherchent Dieu sans Jésus-Christ ne trouvent aucune lumière qui les *satisfaire*. — Il n'est aucune passion qui *nuire* plus au raisonnement que la colère. — On ne voit que des gens qui *faire* aisément des choses médiocres; mais des gens qui en *faire*, même difficilement, de fort bonnes, on en trouve très peu.

Je ne m'étonne plus qu'il *craindre* de me voir. (Racine.)

Il n'y a pas de montagne dans les îles de l'Archipel qui n'*avoir* son église, ni de coteau à la Chine qui n'*avoir* sa pagode. — Ne soyons pas surpris que Lycurgue *avoir* regardé l'éducation comme l'affaire la plus importante du législateur. — Il ne me plaît pas que vous *aller* là. — Je ne sais rien sinon que tout le monde *dire* et *prétendre* qu'il *être* coupable.

Viens m'aider à sortir du piége où l'ignorance
    M'*avoir* fait tomber. (La Font.)

Mentor voulait une grande quantité de jeux et de spectacles qui *animer* le peuple, mais surtout qui *exercer* les corps pour les rendre plus adroits, plus souples et plus vigoureux. — Les mouvements des planètes sont les plus réguliers que nous *connaître*. — Le premier prince qui *avoir* fait asseoir avec lui la religion sur le trône des Français a immortalisé tous ces titres par celui de chrétien.

Le coup le plus cruel, le plus irréparable
Que *pouvoir* nous porter le destin ennemi,
C'est de nous enlever un véritable ami. (Chateaubriand.)

Il y a peu d'hommes dont l'esprit *être* accompagné d'un goût sûr et d'une critique judicieuse. — Montrez-moi la faute que j'*avoir* faite. — Montrez-moi une faute que j'*avoir* faite. — Ceux qui se portent bien deviennent malades; il leur faut des gens dont le métier *être* de leur assurer qu'il ne *mourir* point. — Nous ne vous demandons point qu'il *devenir* le vainqueur de l'Europe; nous vous demandons qu'il *être* le père de son peuple.

Il semble que nous *augmenter* notre être lorsque nous pouvons le porter dans la mémoire des hommes : c'est une nouvelle vie que nous acquérons. — Il semble que l'esprit de mensonge que Dieu menaçait de répandre sur ses prophètes, *être* répandu sur tous les hommes. — Il me semble que qui sollicite les autres *avoir* la confiance d'un homme qui demande justice.

> Il semble que ce *être*
> Un sergent de bataille allant en chaque endroit
> Faire avancer ses gens et hâter la victoire. (La Font.)

Il semble que je *voir* l'accomplissement de cette parole du prophète : Le roi pleurera, et les mains tomberont au peuple de douleur et d'étonnement. — Il semble que le temps *être* un ennemi commun contre lequel tous les hommes sont convenus de conjurer. — Il semble que les climats extrêmement chauds *être* contraires aux chevaux.

> Enseigne-moi, Molière, où tu trouves la rime.
> On dirait, quand tu veux, qu'elle te *venir* chercher. (Boil.)

On ne me persuadera point qu'il n'y *avoir* en moi quelque chose qui pense. — Le tact a beaucoup de connexion avec le goût ; il est difficile qu'on *pouvoir* avoir l'un sans l'autre. — Il y a du plaisir d'être dans un vaisseau battu de l'orage, lorsqu'on est assuré qu'il ne *périr* point. Les persécutions qui travaillent l'Eglise sont de cette sorte.

> Qu'importe à ceux du firmament
> Qu'on *être* mouche ou bien éléphant ? (La Font.)

Y a-t-il donc sur la terre des grands assez grands pour que nous *croire* et que nous *vivre* à leur gré ? — La raison exige que nous *conformer* toutes nos actions aux lois de la plus sévère morale. — Pittacus ordonna qu'un homme qui commettrait quelque faute étant ivre, *être* puni doublement. — Il est malaisé que plusieurs personnes *pouvoir* avoir les mêmes intérêts.

Comme il est absolument nécessaire qu'il y *avoir* une puissance suprême parmi les hommes, il est naturel de croire que les pères de famille *être*, dans le principe, les dépositaires de l'autorité suprême. — On exigea d'eux qu'ils *remettre* aux Romains la place et le port de Lilybée, dans la Sicile. — Jésus-Christ a promis qu'il *venir* juger les vivants et les morts.

Il dirent à Gaster qu'il en *aller* chercher. (La Font.)

Je suppose que c'*être* ici votre dernière heure et la fin de l'univers. — Le fermier nous a fait espérer que la moisson *être* abondante cette année. — Il a prouvé que les méchants *être* punis dans une autre vie. — Si nous n'*avoir* pas de défauts, nous ne prendrions pas tant de plaisir à en remarquer dans les autres. — Ils taisent seulement qu'ils *avoir* eu peur.

Pour moi, qui sais comment *devoir* agir les rois,
Je les affranchis du supplice. (La Font.)

Nous nous sommes plaints que la mort, ennemie des fruits que nous promettait la princesse, les *avoir* ravagés dans la fleur. — Vous me direz que ces conditions vous paraîtraient meilleures, si vous *pouvoir* vous assurer qu'Idoménée les accomplirait de bonne foi. — Je n'oserais me promettre que vous me *faire* cet honneur. — Si les Titans *avoir* chassé du ciel Jupiter, les poëtes auraient chanté les Titans.

A peine il fut instruit autant qu'il *pouvoir* l'être,
Qu'un troupeau s'approcha. (La Font.)

Combien reçut-il d'avis secrets que sa vie n'*être* pas en sûreté? — Il semble qu'on *être* convenu que la bonne foi ne *être* plus une vertu. — Les savants ont annoncé qu'il y *être* le mois prochain une éclipse de soleil visible à Paris. — Si l'on *mettre* toujours à comprendre le temps que l'on met à paraître avoir compris, et à écouter le temps où l'on ne songe qu'à répondre, tout le monde n'y trouverait-il par son compte?

Le Télémaque, tout admirable qu'il *être*, n'a pas pu obtenir parmi nous le titre de poëme. — C'est là que nous attendons que notre espérance ne *être* pas déçue. — J'ai la ferme croyance que notre œuvre *avoir* un succès complet. — On décida que les images *être* honorées. — La croyance répandue partout que rien ne leur *résister*, faisait tomber les armes des mains de leurs ennemis.

> J'ai cru que des présents *calmer* son courroux,
> Que ce Dieu, quel qu'il *être*, en *devenir* plus doux. (Racine.)

Parce qu'il y a de fausses religions, s'ensuit-il qu'il n'y en *avoir* pas une véritable ? — Toute dégradée que nous *paraître* la nature de l'Esquimaux, on reconnaît en lui quelque chose qui décèle encore la dignité de l'homme. — Il n'est guère possible qu'il y *avoir* du bon chez celui qui n'ose se montrer tel qu'il est.

> On crut que jusqu'au lendemain
> Le maudit animal à la serre insolente
> > *Nicher* là malgré le bruit,
> Et sur le nez sacré *vouloir* passer la nuit. (La Font.)

Quelques avantages que nous *souhaiter* à nos amis, nous ne sommes jamais fâchés qu'ils *avoir* besoin de nous. — Faites réflexion que les hommes les plus heureux et les plus malheureux *être* également environnés de la main divine. — Pourvu qu'on *savoir* la passion dominante de quelqu'un, on est assuré de lui plaire.

> Si tu *voir* mettre à la broche
> Tous les jours autant de faucons
> Que j'y *voir* mettre de chapons,
> Tu ne me ferais pas un semblable reproche. (La Font.)

Les hommes ont la volonté de rendre service jusqu'à ce qu'ils en *avoir* le pouvoir. — Il serait bon qu'on *obéir* aux lois. — Elle semblait oublier son rang, et on ne s'apercevait pas qu'on *parler* à une personne si élevée. — Il arrive bien difficilement qu'on *être* malheureux pour ne pas savoir ce qui se passe dans le cœur des autres.

Correspondance des temps du subjonctif avec ceux de l'indicatif.

95. Exercices.

Mettez au subjonctif et au temps convenable les verbes qui sont en italique.
(§§ 376-378.)

Les devoirs de la société exigent que l'on *avoir* quelque ménagement pour l'amour-propre des hommes. — Il y a peu d'hommes qui *savoir* se contenter de leur état, sans inquiétude et sans désirs. — Ces sublimes vérités qu'il importe tant à l'homme de connaître, il était essentiel que Dieu *daigner* les lui communiquer. — Il est faux qu'on *avoir* fait fortune lorsqu'on ne sait pas en jouir.

La faim détruisit tout ; il ne resta personne
De la gent marcassine et de la gent aiglonne
    Qui n'*aller* de vie à trépas. (La Font.)

Il importe qu'un maître de maison *avoir* l'œil sur ses gens et qu'il *savoir* tout ce qui se passe chez lui. — S'il y a peu d'orateurs, y a-t-il bien des gens qui *pouvoir* les entendre ? — Serait-il possible, ô mon Dieu, que ce *être* là ma récompense ? — Il importe à la prospérité d'un empire que les lois *être* respectées et fidèlement observées. — Il est étonnant que les bêtes *être* infaillibles en beaucoup de choses.

    Quiconque est loup *agir* en loup ;
    C'est le plus certain de beaucoup. (La Font.)

Il était nécessaire à la gloire de la religion que toute la raison humaine se *être* épuisée pour rendre les hommes vertueux. — Ne souffrez pas qu'on *insulter* et qu'on *avilir* devant vous la foi de vos pères. — Dieu, pour punir le péché de ses peuples, ou pour exercer la charité du roi, permit que la peste et tout ensemble la famine *désoler* un grand royaume.

J'en dis peut-être plus qu'il ne faut, et suppose
    Que Votre Majesté *garder* le secret. (La Font.)

Il faut que la raillerie *réjouir* les indifférents sans blesser les intéressés. — On combat souvent les raisons par des injures, mais il est bien rare qu'on ne *répondre* aux injures que par des raisons. — Je relisais sans cesse cette lettre, et je ne pouvais me persuader qu'elle *être* de Philoclès.

Un lièvre, apercevant l'ombre de ses oreilles,
  Craignit que quelque inquisiteur
N'*aller* interpréter à cornes leur longueur,
Ne les *soutenir* en tout à des cornes pareilles. (La Font.)

Les araignées tendent des piéges aux moucherons pour les enlacer et les surprendre avant qu'ils *pouvoir* se débarrasser. — On est mort avant qu'on *avoir* aperçu qu'on pouvait mourir. — Combien de fois a-t-on vu des hommes publics faire échouer des entreprises utiles à l'Etat, de peur que la gloire n'en *rejaillir* sur leurs rivaux ?

Il n'est pas de bon mot qui *valoir* un bon office. (Delavigne.)

Quand la gloire vous appelle, vous ne commandez pas qu'on vous *servir*, mais qu'on vous *suivre*. — Il est injuste d'exiger des hommes qu'ils *faire* par déférence pour nos conseils ce qu'ils ne veulent pas faire pour eux-mêmes. — Le plus doux privilége que la nature *avoir* accordé à l'homme qui vieillit, c'est celui de se ressaisir avec une extrême facilité des impressions de l'enfance.

L'homme lui met un frein, lui saute sur le dos,
  Ne lui donne point de repos
Que le cerf ne *être* pris et n'y *laisser* la vie. (La Font.)

Quelque effort que *faire* les hommes, leur néant paraît partout. — Une loi d'Athènes voulait que, lorsque la ville était assiégée, on *faire* mourir tous les gens inutiles. — Les hommes les plus sensés ont une peine extrême à croire que les bêtes n'*avoir* aucune connaissance, et qu'elles *être* de pures machines. — Plût aux dieux qu'on *régler* ainsi tous les procès !

Nous aimons à parler de nous-mêmes, *devoir*-nous parler contre nous ; et ce n'est pas le défaut le plus aisé à détruire.— Il faut bien qu'il y *avoir* plusieurs causes d'ennui quand tout le monde est d'accord pour bâiller. — Quelle goutte de sang a-t-il répandue qui n'*avoir* servi à la cause commune ?

> Prétendrais-tu que les Parques
> *Devoir*, filant tes instants,
> Signaler des mêmes marques
> Ton hiver et ton printemps ? (J.-B. Rousseau.)

Mettons toujours le vice au rang des malheurs, et que la pitié *tenir* dans notre cœur la place de l'indignation qu'il mérite. — Les plus grands courants d'eaux vives qu'il y *avoir* au monde sortent tous de montagnes à glaces. —Comme il était naturel que le temps *faire* inventer beaucoup de choses, il devait aussi en faire oublier d'autres.

> Bien qu'au moins mal qu'il *pouvoir* il *ajuster* la chose,
> Le loup fut un sot de le croire. (La Font.)

Il faut être honnête pour soi, quoique souvent ceux à qui l'on parle ne méritent pas qu'on le *être* pour eux. — Il a voulu que ma lettre l'*introduire* près de vous. — Il n'y a point de si petit État qui ne *pouvoir* nourrir un grand homme. — Vous avez bien voulu que je vous *faire* attendre.

> L'ombrage n'était pas le seul bien qu'il *savoir* faire ;
> Il courbait sous les fruits. (La Font.)

Il y a plus de quarante ans que je dis de la prose sans que j'en *savoir* rien.— Tout est grand et admirable dans la nature ; il ne s'y voit rien qui ne *être* au coin de l'ouvrier. — Les moineaux sont si malfaisants, si incommodes, qu'il serait à désirer qu'on *trouver* quelque moyen de les détruire. — Que celui d'entre vous qui est sans péché lui *jeter* la première pierre.

> L'homme trouvant mauvais que l'on l'*avoir* convaincu,
> Voulut à toute force avoir cause gagnée. (La Font.)

Elle trouvait tout simple que son fils *battre* ses domestiques, et se plaignait seulement qu'il *avoir* la mauvaise
habitude de les battre de la main gauche. — Quand ils
eurent goûté la douceur de la victoire, ils voulurent
que tout leur *céder*. — Ce n'est pas que j'*avoir* mieux
fait que vous.

Il n'était point d'étang dans tout le voisinage
Qu'un cormoran n'*avoir* mis à contribution. (La Font.)

Il faut que celui qui parle se *mettre* à la portée de
ceux qui l'écoutent. — Rien n'est si contagieux que
l'exemple, et nous ne faisons jamais de grands biens ni
de grands maux qui n'en *produire* de semblables. —
Quoique je doive mourir par un arrêt de votre main, ne
pensez pas que je *mourir* votre ennemie.

Comment voulez-vous que je *croire*
Qu'un hibou *pouvoir* jamais emporter cette proie ? (La F.)

Vivez de manière que chacun *avoir* pour vous de l'estime et de l'amitié. — S'il est vrai qu'Homère *avoir* fait
Virgile, c'est son plus bel ouvrage. — Quelques découvertes que l'on *avoir* faites dans le pays de l'amour-propre,
il y reste encore bien des terres inconnues. — Pompée
aspirait à des honneurs qui le *distinguer* de tous les
capitaines de son temps.

Il n'était pas besoin qu'ils *trouver* un bœuf. (La Font.)

Il faut que je vous *faire* part d'une petite histoire
qui vous divertira fort. — Quand je lus les Guêpes
d'Aristophane, je ne songeais guère que j'en *devoir* faire
les Plaideurs. — Dieu a permis que des irruptions de
Barbares *renverser* l'Empire romain, qui s'était agrandi par toutes sortes d'injustices. — Amilcar méritait
qu'on lui *confier* le commandement de l'armée qui
devait agir en Espagne.

Le compère aussitôt va remettre en sa place
L'argent volé, prétendant bien
Tout reprendre à la fois, sans qu'il y *manquer* rien. (La F.)

Il semble, à vous entendre parler, que vous m'*avoir* rendu service. — Henri d'Albret, grand-père de Henri IV, voulait que ce prince *être* nourri et vêtu comme les autres enfants, et 'qu'on *l'accoutumer*, comme eux, à grimper sur les arbres et à gravir les rochers.

> Un d'eux, le plus hardi, mais non pas le plus sage,
> Promit d'en rendre tant, pourvu que Jupiter
>   Le *laisser* disposer de l'air,
>   Lui *donner* saison à sa guise,
> Qu'il *avoir* du chaud, du froid, du beau temps, de la bise,
>   Enfin du sec et du mouillé,
>   Aussitôt qu'il aurait baillé. (La Font.)

Nous voudrions que les places et les dignités *faire* disposées à notre gré ; que nos conseils *régler* les affaires publiques ; que les faveurs ne *tomber* que sur ceux à qui notre suffrage les avait destinées ; que les événements publics ne *être* conduits que par les mesures que nous avions nous-mêmes choisies.

> Deux vrais amis vivaient au Monomotapa :
> L'un ne possédait rien qui n'*appartenir* à l'autre. (La Font.)

Les hommes devraient employer les premières années de leur vie à devenir tels par leurs études et par leur travail que la République *avoir* besoin de leur industrie et de leurs lumières ; qu'ils *être* comme une pièce nécessaire à tout son édifice, et qu'elle se *trouver* portée par ses propres avantages à faire leur fortune et à l'embellir.

> Hippolyte est heureux qu'aux dépens de vos jours,
> Vous-même, en expirant, *appuyer* son discours. (Racine.)

Je n'ai pu encore aller à Livry, quelque envie que j'en *avoir*. — C'était la plus belle décoration qu'on *pouvoir* imaginer. — Quelque esprit que vous *avoir*, sachez vous taire à propos. — Je ne pense pas que cette affaire *avoir* réussi sans les démarches que vous avez bien voulu faire. — Les Romains ne voulaient point de victoires qui *coûter* trop de sang.

Les premiers hommes, avant qu'un culte impie se *faire* taillé des divinités de bois et de pierre, adorèrent le même Dieu que nous adorons.— Il suffit qu'un honnête homme n'*avoir* rien négligé pour faire réussir une entre- prise : le mauvais succès ne doit point diminuer son mérite. — Si l'équité régnait dans le cœur des hommes, et que la vérité et la vertu leur *être* plus chères que tous les autres biens, rien n'altérerait leur bonheur.

Il n'est espoir de bien, ni raison, ni maxime,
Qui *pouvoir* en ta faveur m'arracher une rime. (Boileau.)

Allez dire à ce vieillard : Pourquoi plantez-vous ? il vous répondra : Pour les dieux immortels, qui ont voulu que je *profiter* du travail de ceux qui m'ont précédé, et que ceux qui me suivront *profiter* du mien. — Les Ro- mains de ce siècle n'ont pas eu un seul poëte qui *valoir* la peine d'être nommé.

Et si nous n'étions seuls, malgré ce que je vois,
Je ne croirais jamais que l'on s'*adresser* à moi. (Crébillon.)

Vous avez beaucoup de grâces à rendre à Dieu de ce qu'il a permis qu'il ne vous *être* arrivé rien de fâcheux. — L'affaire fut résolue par les suffrages d'une compa- gnie composée de trois cents hommes. Qui croirait que le secret *être* gardé, et qu'on n'*avoir* jamais rien su de la délibération que quatre ans après ?

Hélas ! on ne craint point qu'il *venger* un jour son père ;
On craint qu'il n'*essuyer* les larmes de sa mère. (Racine.)

Baléazar est aimé des peuples ; il n'est aucune fa- mille qui ne lui *donner* tout ce qu'elle a de biens, s'il se trouvait dans une pressante nécessité ; il n'y a aucun de ses sujets qui ne *craindre* de le perdre, et qui ne *hasarder* sa propre vie pour conserver celle d'un si bon roi. — Il a fallu que mes malheurs m'*avoir* instruit, pour m'ap- prendre ce que je ne voulais pas croire. — Dieu a entouré les yeux de tuniques fort minces, transparentes au-devant, afin que l'on *pouvoir* voir à travers.

Emploi de la négation dans les propositions subordonnées.

96. Exercices.

Remplacez ou non les points par la négation NE. (§§ 379-381.)

Tout le monde dit d'un fat qu'il est un fat, et personne n'ose le lui dire à lui-même; il meurt sans le savoir et sans que personne ... se soit vengé. — Le lion n'attaque jamais l'homme, à moins qu'il ... soit provoqué.

> J'évite sa présence,
> De peur qu'en le voyant, quelque trouble indiscret
> ... fasse avec mes pleurs échapper mon secret. (Racine.)

Je ne saurais faire un pas que je ... l'aie à mes trousses. — L'ennemi a tout à craindre d'une conduite si sage et si ferme, à moins qu'il ... fasse la paix. — Ne nous livrons pas trop, de crainte qu'on ... nous trompe.

> Thibaud l'agnelet passera
> Sans qu'à la broche je ... le mette. (La Font.)

L'homme impatient rompt les branches pour cueillir le fruit avant qu'il ... soit mûr.—Toutes les créatures paraîtront devant Dieu comme le néant, sans qu'il ...y ait entre elles de prérogatives que celles que la vertu y aura mises.

> Malheureux ! laisse en paix ton cheval vieillissant,
> De peur que, tout d'un coup, efflanqué, sans haleine,
> Il ... laisse en tombant son maître sur l'arène. (Boileau.)

Ne jetez pas les perles devant les pourceaux, de peur qu'ils ... les foulent aux pieds, et que, se tournant contre vous, ils ... vous déchirent. — Hélas ! nous ne pouvons un moment arrêter les yeux sur la gloire de la princesse, sans que la mort ... s'y mêle aussitôt pour tout offusquer de son ombre. — Cachez-lui votre dessein, de peur qu'il ... le traverse. — Je ne saurais voir d'honnêtes pères chagrinés par leurs enfants, que cela ... m'émeuve.

Vous devez prendre garde à ... jamais laisser le vin devenir trop commun dans votre royaume. — On eut bien de la peine à empêcher qu'elle ... fût déchirée par le peuple en fureur. — L'Écriture nous fait voir la terre revêtue d'herbe et de toutes sortes de plantes avant que le soleil ... ait été créé.

Évitez qu'un excès de rigueur, d'indulgence,
... encourage l'audace, ou ... arme la vengeance. (Delille.)

La pluie presque continuelle empêche qu'on ... se promène dans les cours et dans les jardins. — Gardez qu'on ... vous voie. — Donnez-vous de garde qu'on ... vous trompe. — Il défendit qu'aucun étranger ... entrât dans la ville.

J'ai même défendu par une expresse loi
Qu'on ... osât prononcer votre nom devant moi. (Racine.)

Il semble qu'il y ait en nous plusieurs hommes, puisque souvent chacun de nous pense et agit aujourd'hui tout autrement qu'il ... le faisait hier. — Évitez qu'il ... vous parle. — Eh ! peut-on être heureux sans qu'il ... en coûte rien ?

Les derniers traits de l'ombre empêchent qu'il ... voie
Le filet : il y tombe, en danger de mourir. (La Font.)

L'homme ne règne que par droit de conquête; il jouit plutôt qu'il ... possède. — La distance est moindre que vous ... dites. — Empêchez qu'on ... nous mette toute l'Europe sur les bras. — Il a bien d'autres vues que vous ... croyez.

Je vous entends ici mieux que vous ... pensez. (Racine.)

On dompte la panthère plutôt qu'on ... l'apprivoise. — La joie de faire du bien est tout autrement douce que ... l'est celle de le recevoir. — Le temps est plus doux qu'il ... l'était hier. — Il y a beaucoup de mots qu'on prononce autrement qu'on ... les écrit. — Il n'agit pas autrement qu'il ... parle.

Les portes des palais sont moins hautes qu'on ... pense.
— Personne n'est plus votre serviteur que je ... le suis. —
On ne peut être plus content de sa personne qu'il ...
l'est de lui-même. — Le secret dans les conspirations
n'a jamais été mieux gardé qu'il ... le fut dans cette
entreprise de Louis XIV.

> Puis-je autrement marcher que ... fait ma famille ?
> Veut-on que j'aille droit quand on y va tortu ? (La Font.)

Le monde ne lui offre pas plus de charmes et plus
d'illusions qu'il ... vous en offre. — Je ne le connais pas
plus que vous ... le connaissez. — Il s'en faut de beaucoup que leur nombre ... soit complet. — Tant s'en faut
qu'il ... y consente. — Il ne tenait pas à lui qu'on ... ou-
bliât ses victoires.

>   A ces mots, le pâtre s'en va
> Dans un bois ; il y fit des fagots, dont la vente
> Empêcha qu'un long jeûne à la fin ... fît tant
> Qu'ils allassent là-bas exercer leur talent. (La Font.)

Les passions sont les mêmes dans le peuple et parmi
les puissants ; mais il s'en faut bien que le crime ... soit
égal. — Il tient à vous que tout ... se passe bien. —
A quoi tient-il que nous ... partions ? — Il tint à peu
de chose que je ... lui fisse affront. — Peu s'en faut
que je... interrompe ici mon discours.

> Craignez, seigneur, craignez que le ciel rigoureux
> ... vous haïsse assez pour exaucer vos vœux ! (Racine.)

Il s'en faut peu que le crime heureux ... soit loué
comme la vertu même. — Je ne sais à quoi il tient que
je ... l'abandonne. — Il s'en faut de beaucoup que
Boileau ... ait mis dans la satire le courage que Molière
a mis dans la comédie. — Peu s'en fallut que le même
accident ... lui arrivât. — Annibal étant blessé, il y eu
une telle épouvante et une telle confusion, qu'il s'en
fallut de bien peu que les ouvrages et les galeries ..
fussent abandonnés.

Tant s'en faut qu'un chrétien... doive haïr son prochain, qu'au contraire il est obligé de le secourir et de faire du bien même à ses ennemis.— Nous ne trouvons pas ces railleries mauvaises; peu s'en faut que nous ... les trouvions plaisantes.

Il a peur que ce dieu dans cet affreux séjour
D'un coup de son trident ... fasse entrer le jour. (Boileau.)

Jamais homme ne craignit moins que la familiarité... blessât le respect. — Il ne faut pas craindre qu'ils ...respectent moins la puissance qui avoue ses torts. — Vous avez bien peur que je ... change d'avis.

Point de réponse ; mot : le roussin d'Arcadie
Craignit qu'en perdant un moment
Il ... perdît un coup de dent. (La Font.)

On craignait toujours qu'il ... finît trop tôt. — Vous ne devez pas appréhender que j'oublie ma promesse. — Je n'ai pas peur qu'il ... vienne. — Je crains qu'il ... vienne pas. — Je n'ai pas peur qu'il ... me manque de parole. — Ne craignez-vous pas qu'il ... vienne ?

Quoi ! dans mon désespoir trouvez-vous tant de charmes ?
Craignez-vous que mes yeux...versent trop peu de larmes ?
(Racine.)

Ne craignez-vous pas que l'on ... vous fasse le même traitement ?—Point de doute qu'il ... soit bon de donner des prix ; mais mieux vaudrait n'en pas donner que de les prodiguer. — Doutez-vous que je ... sois malade ?

S'il fuit, ne doutez pas que, fiers de sa disgrâce,
A la haine bientôt ils ... joignent l'audace. (Racine.)

Il s'en faut bien que le monde intelligent ... soit aussi bien gouverné que le monde physique. — Je ne nie pas que je ...te l'ai dit.—Doutez-vous qu'il ... vienne ?— Je nie qu'il ... soit venu. — Je ne doute pas que la vraie dévotion ... soit la source du repos.—Je ne désespère pas qu'il ... vous fournisse un jour le moyen de vous éclairer. — Vous ne sauriez disconvenir qu'il ... vous ait parlé.

Exerc. franç. — Partie de l'élève.   9

97. Exercices.

Remplacez ou non les poins par PAS ou POINT. (§ 382.)

Il n'est ... qu'un petit nombre de justes qui opèrent à
l'écart leur salut avec crainte. — Le monde est une servitude où nul ne vit ... pour soi. — Il ne craint...ni les dieux
ni les reproches de sa conscience. — Il ne s'avance...
que par vives et impétueuses saillies.

Auras-tu donc toujours des yeux pour ne ... voir? (Rac.)

La tour, déjà élevée fort haut, ne l'était ... autant
que le souhaitait la vanité humaine. — Depuis que je ne
vous ai ... vu, il s'est passé de bien grandes choses. —
L'honnête homme est celui qui fait tout le bien qu'il
peut, et ne fait ... de mal à personne.

N'éclaircirez-vous ... ce front chargé d'ennuis? (Racine.)

Nest-ce ... la disposition seule de la Providence qui
vous a fait naître d'un sang illustre? — Il a bien changé
depuis que je ne l'ai ... vu. — Il n'y a rien dans cette
maison qui ne me blesse ... le cœur. — Je n'entends ...
goutte à cette affaire.

Vieillard, lui dit la Mort, je ne t'ai ... surpris;
  Eh! n'as-tu ... cent ans? (La Font.)

Nous ne trouvons ... guère de gens de bon sens que
ceux qui sont de notre avis. — Ne décidons jamais où
nous ne voyons ... goutte. — Les querelles ne dureraient
pas longtemps, si le tort n'était ... que d'un côté. — On
est quelquefois un sot avec de l'esprit, mais on ne l'est...
jamais avec du jugement. — On ne plaît pas longtemps
quand on n'a ... qu'une sorte d'esprit. — Il ne faut...avoir
de l'esprit que par mégarde et sans y songer.

REMARQUES DÉTACHÉES.

A, ou. (§ 384.)

Nous sommes si vains, que l'estime de cinq ... six personnes qui nous environnent nous amuse et nous contente. — On a pris aux Allemands sept ... huit cents hommes. — Les chevaux de Perse sont si bons marcheurs, qu'ils font très aisément sept ... huit lieues de chemin sans s'arrêter. — Si les ennemis viennent de perdre une bataille où il soit demeuré sur la place quelque neuf ... dix mille hommes, il en compte jusqu'à trente mille, ni plus ni moins.

Aider quelqu'un, aider à quelqu'un. (§ 385.)

J'ai aidé Guillaume à mettre dans le grenier une charretée de foin. — Ils se sont appauvris pour aider ... pauvres. — J'aidai ... Rhodien confus à se relever. — Dois-je demeurer auprès de mon fils pour avoir soin de ses affaires, et ... aider à gouverner son royaume ? — Quoiqu'il sût que nous manquions de tout, non-seulement il ne nous a pas *aidé*, mais encore il nous a *insulté* par l'étalage de son luxe et de son opulence. — Télémaque, voyant Mentor qui lui tendait la main pour ... aider à nager, ne songea plus qu'à sortir de l'île. — Nous ... aurions *aidé* à porter ce fardeau, si nous avions prévu qu'ils désiraient le changer de place. — Il y a des esprits faits comme les yeux de certains insectes, qui distinguent admirablement les nervures les plus fines de la feuille qui les porte, sans pouvoir embrasser l'ensemble de la plante ou de l'arbrisseau. Quand l'erreur est entrée dans ces esprits-là, elle y demeure invincible, parce qu'aucune vue générale ne ... aide à s'affranchir de l'impression immédiate et fortuite.

Aller, Etre. (§ 387.)

Tous ceux qui ... à la guerre n'en reviendront pas. — Tous ceux qui ... à Rome n'en sont pas meilleurs. — On a blâmé les chevaliers d'... chercher les infidèles jusque dans leurs foyers. — Je ... de Nantes à Angers par le bateau à vapeur. — Il y a dix ans que je ... en Angleterre pour la première fois. — Nous ... de Lille à Amiens à pied sans les excessives chaleurs qu'il a fait. — Combien de grands monuments ... en poussière !

Anoblir, Ennoblir. (§ 388.)

Cette famille fut ... par Henri IV. — La piété élève l'esprit et ... le cœur. — Il se flattait que le motif ... cette action coupable. — Le roi peut vous ..., mais votre mérite seul vous ... — Les sciences, les beaux-arts ... une langue. — Cette idée est commune, mais l'expression l'...

Mais enfin par les temps le mérite avili
Vit l'honneur en roture et le vice ... (Boileau.)

Applaudir. (§ 389.)

Cet acteur ne peut entrer en scène sans qu'aussitôt le public en masse ... applaudisse. — J'applaudis votre dévouement, votre conduite. — Quels fléaux pour les grands que ces hommes nés pour applaudir leurs passions ! — Il a fait un discours ... tout le monde à vivement applaudi. — Le peuple applaudissait ... gouvernement qui lui faisait avoir le pain à si bon marché. — On a beaucoup applaudi cette tirade. — Quand un homme est en faveur tout le monde ... applaudit. — Cet orateur avait quelque chose d'entraînant, et bien souvent l'assemblée l'interrompait pour ... applaudir. — Le vice des flatteurs, c'est qu'ils applaudissent ... mal de même que ... bien. — On applaudira toujours ... belles scènes que renferme cette tragédie.

Assurer. (§ 390.)

Celui qui assure le plus un bienfaiteur de sa reconnaissance, n'est pas toujours le plus reconnaissant. — Il assure tous ses amis que le succès de cette entreprise dépend des démarches que vous ferez. — Il ... assura que la chose était vraie. — Assurez-... de mon respect et de ma reconnaissance. — Vous pouvez ... assurer que je prendrai ses intérêts. — Ils ont reçu une lettre qui ... assure que tous les bruits qui circulent sont dénués de fondement.

A travers, au travers de. (§ 391.)

Il porta ses armes redoutées ... des espaces immenses de terre et de mer. — Nous passâmes ... écueils, et nous vîmes de près toutes les horreurs de la mort. — Ils passèrent ... vaisseaux ennemis. — Il se fit jour ... ennemis. — On ne voyait le soleil qu' ... brouillard. — Un roi ne voit le peuple qu' ... prisme brillant de la cour; comment découvrirait-il la misère sous les riches couleurs qu'il réfléchit? — Les lois sont comme les toiles d'araignée; les petits insectes s'y prennent, les gros passent . . travers. — Le sable de la mer Caspienne est si subtil, que les Turcs disent en proverbe qu'il pénètre ... la coque d'un œuf.

Atteindre. (§ 392.)

Nous partîmes en même temps, mais j'atteignis ... but avant lui. — Voyons si tous les divers genres de gloire peuvent atteindre ce degré de grandeur où la religion élève l'homme de bien. — Il atteindra bientôt sa douzième année. — On craint la vieillesse ... on n'est pas sûr de pouvoir atteindre. — Il vaut mieux exceller dans le médiocre que de s'égarer en voulant atteindre ... grand et ... sublime. — Nous atteindrons ce village avant la nuit. — Il osait se flatter d'atteindre ... Racine.

Au moins, du moins. (§ 393.)

Si l'on n'est pas maître de ses sentiments, ... moins on l'est de sa conduite. — La plupart des enfants aiment le vin, ou ... moins s'accoutument fort aisément à en boire. — Si l'on ne sait point divertir, il faut ... moins ne point ennuyer. — La sagesse inutile au monde est pire que certaines folies, qui servent ... moins à l'amuser. — Si ce n'est point un crime de ne pouvoir régler les mouvements de son cœur, c'est ... moins un très grand malheur. — Si l'on ne peut ruiner son pouvoir, on attaque ... moins sa réputation. — Puisque les dieux nous ôtent l'espérance de vous voir régner au milieu de nous, ... moins aidez-nous à trouver un roi qui fasse régner nos lois.

> Et si de t'agréer je n'emporte le prix,
> J'aurai ... moins l'honneur de l'avoir entrepris. (La Font.)

Au reste, du reste. (§. 394.)

Pygmalion ne mangeait que des fruits qu'il avait cueillis lui-même dans son jardin, ou des légumes qu'il avait semés, et qu'il faisait cuire ; ... reste, il ne buvait jamais d'autre eau que celle qu'il puisait lui-même. — Je ne demande à mes lecteurs que de lire tout, et de suite, avant que de juger ; ... reste, qu'ils usent de tous leurs droits. — Madame doit dissimuler son mécontentement, faire bonne mine et attendre tout du temps ; ... reste, elle est maîtresse de sa conduite. — Il a une facilité merveilleuse à manier l'ironie, et il est tout plein de certaines pointes d'esprit, qui frappent toujours où il vise ; ... reste, il assaisonne toutes ces choses d'un tour et d'une grâce inimitable. — Cet homme est bizarre, emporté ; ... reste, brave et intrépide.

> J'abats ce qui me nuit, partout où je le trouve ;
> C'est là mon sentiment. A quoi bon tant d'apprêts ?
> ... reste, déjeunons, messieurs, et buvons frais. (Boileau.)

Auprès de, près de. (§ 395.)

Mon fils est depuis plusieurs jours ... de moi. — Il est logé ... de l'église. Sa maison est ... de la mienne. — Asseyez-vous ... de moi. — Cette jeune personne a toujours vécu ... de ses parents. — Il y a beaucoup à profiter ... de lui. — J'apprends la perte que vous venez de faire, et ce moment est un de ceux où j'ai le plus de regret de n'être pas ... de vous.

Que dis-je ? sur ce trône, assis ... de vous,
Des astres ennemis j'en crains moins le courroux. (Racine.)

Auprès de, au prix de. (§ 396.)

Tous les ouvrages de l'homme sont vils et grossiers ... des moindres ouvrages de la nature, ... d'un brin d'herbe, ou de l'œil d'une mouche. — Tous les anciens physiciens ne sont rien ... des modernes. — Que sont les peines du corps ... des tourments de l'âme ? — Ce service n'est rien ... de celui qu'il m'a rendu. — Sa vieillesse paraissait flétrie et abattue ... de celle de Mentor.

Le bois le plus funeste et le moins fréquenté
Est, ... Paris, un lieu de sûreté. (Boileau.)

Aussi, autant. (§ 397.)

... intrépide que son maître, le cheval voit le péril et l'affronte. — Il y a ... de paresse que de faiblesse à se laisser gouverner. — On l'écoute ... longtemps qu'il veut parler. — Le mauvais exemple nuit ... à la santé de l'âme que l'air contagieux à la santé du corps. — L'amour du prochain est de tous les sentiments le plus sage et le plus utile ; il est ... nécessaire dans la société civile pour le bonheur de notre vie, que dans le Christianisme pour la félicité éternelle.

Il estime Rodrigue ... que vous l'aimez. (Corneille.)

Aussi, si ; autant, tant. (§ 398.)

Le monde est ... corrompu, que l'on acquiert la réputation d'homme de bien seulement en ne faisant pas de mal. — Nous sommes ... fatigués que vous. — Numa fit la religion ... sérieuse, ... grave et modeste, que les ténèbres de l'idolâtrie le pouvaient permettre.— Ils ont ... peu de jours à vivre sur la terre ; ces jours sont ... misérables ; pourquoi précipiter une mort déjà si prochaine ? — Le plaisir de l'étude est ... tranquille que celui des autres passions est inquiet. — Les vents d'automne ne font pas un bruit ... perçant ni ... aigu. — Je ne suis pas ... prévenu en sa faveur que je ne voie bien ses défauts.

Es-tu toi-même ... crédule
Que de me soupçonner d'un courroux ridicule ? (Racine.)

La couronne de France est ... au-dessus des autres couronnes du monde, que la dignité royale surpasse les fortunes particulières. — Il a ... de richesses qu'on ne les saurait compter. — L'Angleterre a ... changé, qu'elle ne sait plus elle-même à quoi s'en tenir. — Cette princesse a soulagé ... de misérables qu'elle a connu de véritables misères. — Rien ne pèse ... qu'un secret. — Rien n'empêche ... d'être naturel que l'envie de le paraître.

Hâte-toi, mon ami ; tu n'as pas ... à vivre. (La Font.)
Peut-être que tu mens ... bien ... lui. (Corneille.)

Auparavant, avant. (§ 399.)

Ne creusez pas si ... dans la terre. — Il fit un pas en ... — N'allez pas si ... dans le bois. — Jamais philosophe ne pénétra si ... dans la connaissance des choses. — Il ne faut employer aucun terme dont on n'ait ... expliqué le sens.

Il faut que vous soyez instruit même ... tous
Des grands desseins de Dieu sur son peuple et sur vous. (Rac.)

Avant, devant. (§ 400.)

Il faudrait mettre les histoires générales ... les histoires particulières. — Elle est sans reproche ... Dieu et ... les hommes. — Qu'il ne se présente plus ... moi. — Il meurt ... d'avoir pu passer le Jourdain. — Allez ... , je vous suivrai. — Si la victoire volait ... lui, les vœux de la reine avaient volé ... la victoire.

L'infortune, en secret se nourrissant de pleurs,
Saura qu'il est un Dieu témoin de ses douleurs ;
Qu'il faut se résigner ... la Providence,
Et qu'il n'est jamais temps de perdre l'espérance. (Chénier.)

Avoir affaire. (§ 401.)

Les prophètes avaient affaire ... un peuple charnel. — Il trouvera à qui parler, et il aura affaire ... plus fort que lui. — J'ai bien affaire ... cet homme-là ! — Ce procès lui a donné bien de la peine ; il avait affaire ... plus déraisonnable des hommes. — On a affaire ... des ennemis qui renaissent de leurs propres défaites.

Qu'ai-je affaire ... trône et ... la main d'un roi ? (Corn.)

Avoir l'air. (§ 402.)

Ils ont l'air *fâché* de ce qu'ils viennent d'apprendre. — Ils ont tous deux l'air *prévenant*. — Cette proposition n'a pas l'air *sérieux*. — Cette viande a l'air d'être *frais* — Ils ont l'air tout *troublé*. — Ces légumes n'ont pas l'air *cuit*. — Tous ces sauvages ont l'air *rêveur*.

A la campagne, en campagne. (§ 403.)

On dit que Camille ne mena jamais d'armée ... campagne sans la ramener comblée de gloire et chargée de butin. — Ils passent deux mois aux eaux, et le reste de la belle saison ... campagne.

J'ai donné l'ordre en bas qu'on se mît ... campagne
Pour préparer le rhum et le champagne. (C. Delavigne.)

9.

Capable, susceptible. (§ 404.)

Un pareil événement est ... de changer la face des affaires. — L'esprit de l'homme est ... de bonnes et de mauvaises impressions. — Cette digue n'est pas ... de résister à la violence des flots. — Les grands sont d'autant plus ... de préjugés, qu'ils aiment moins la peine de l'examen.

> Un mal qui répand la terreur,
> Mal que le ciel en sa fureur
> Inventa pour punir les crimes de la terre,
> La peste, (puisqu'il faut l'appeler par son nom,)
> ... d'enrichir en un jour l'Achéron,
> Faisait aux animaux la guerre. (La Font.)

Changer. (§ 405.)

Il a changé ses tableaux ... des meubles. — La médisance change les vertus ... vices. — Il a changé sa vieille vaisselle ... de la neuve. — L'intempérance des hommes change ... poisons mortels les aliments destinés à conserver leur vie.

> Changer le mal ... bien, c'est le plaisir d'un Dieu. (Delille.)

Colorer, colorier. (§ 406.)

Les fruits se ... peu à peu au soleil. — Il n'est point de si méchante action qu'un flatteur ne sache ... . — Il s'amuse à ... une estampe. — Ce peintre ... mieux qu'il ne dessine. — Je ne sais pas ce que l'on peut dire pour ... tant de violences.

Comparer. (§ 407.)

Comparons les œuvres de la nature ... ouvrages de l'homme. — Que l'on compare la docilité, la soumission du chien ... la fierté et la férocité du tigre; l'un paraît être l'ami de l'homme, et l'autre son ennemi. — Il n'y a pas d'église qu'on puisse comparer ... St-Pierre de Rome. — Les vieillards d'Israël pleuraient en comparant la pauvreté de ce nouvel édifice ... la magnificence de l'autre.

Consommer, consumer. (§ 408.)

Le feu de l'amitié échauffe le cœur sans le ...
— Dieu ... en six jours l'œuvre de la création. —
L'esprit s'use comme toutes choses : les sciences sont ses
aliments, elles le nourrissent et le .... -— On ...
beaucoup de bois dans cette maison. — Ce qu'un
zéphir fait par sa fraîcheur sur le bord des eaux pour
délasser les troupeaux languissants que l'ardeur de l'été
..., ce discours le fit pour apaiser le désespoir de
la déesse.

Pour ... autrui, le monstre se ... . (Boileau.)

Croire. (§ 409.)

Il ne veut point croire ... gens sensés qui ... assurent qu'on ne doit point croire ... revenants. — Ori-
gène, Bossuet, Pascal, Fénelon, Leibnitz, ont cru ... la
vérité de l'histoire de Moïse. — C'est un menteur, on ne
... croit plus. — Impie, tu ne croyais pas ... religion ! —
Croyez-vous cet homme-là ? — Il proteste de son innocence, mais je ne ... crois pas. — Il était défendu aux Juifs
de croire tout faiseur de miracles. — Je ne vois pas
qu'il y ait plus de difficulté à croire ... résurrection des
corps que ... création.

De. (§ 410.)

Où sont vos premières années ? que laissent-elles
réel dans votre souvenir ? — Quoi plus grand que
d'être né pour le bonheur des siècles à venir ! — La
sagesse n'a rien austère ni affecté. — Qu'y a-t-il
plus puissant que les bienfaits pour attirer les cœurs ? —
Il y avait ceci particulier chez les Romains, qu'ils
mêlaient quelque sentiment religieux à l'amour qu'ils
avaient pour leur patrie.

Car quoi ! rien assuré, point de franche lippée !
Tout à la pointe de l'épée ! (La Font.)

Il n'y a pas une seule plante perdue de celles qui étaient connues de Circé, la plus ancienne des botanistes. — Il y eut trois cents sénateurs proscrits, deux mille chevaliers, plus de cent négociants, tous pères de famille. — Sur cent mille combattants, il y en eut mille tués et cinq cents blessés. — Parmi tant de livres, je n'en ai aucun relié. — Je ne connais personne aussi heureux que lui.

> C'est imiter les dieux
> Que remplir son cœur du soin des malheureux. (Crébillon.)

C'est acheter cher un repentir que se ruiner pour acheter une fantaisie. — La terre commence à verdir, les arbres à bourgeonner, les fleurs à s'épanouir : il y en déjà passées. — C'est bien peu connaître les chances de la fortune que s'abandonner au désespoir. — Il aime mieux tenter une sortie périlleuse que capituler. — Il vaut mieux suspendre une bonne action que ... risquer, en la précipitant, d'en faire une mauvaise.

> J'aime mieux, s'il le faut, succomber avec gloire,
> Que avoir à rougir d'une indigne victoire. (La Harpe.)

Les chevaux danois sont de si belle taille et si étoffés, qu'on les préfère à tous les autres pour en faire des attelages; il y en a parfaitement moulés, mais en petit nombre. — Il vaut mieux prévenir le mal que être réduit à le punir. — Voilà un bras que je me ferais couper tout à l'heure, si j'étais que vous. — Il vaut mieux étouffer un bon mot qui est près d'échapper, que chagriner qui que ce soit. — Si j'étais que médecins, je me vengerais de ses impertinences ; et quand il sera malade, je le laisserais mourir sans secours.

> Mais un fripon enfant (cet âge est sans pitié)
> Prit sa fronde, et du coup tua plus d'à moitié
> La volatile malheureuse. (La Font.)

Déjeuner, dîner, souper. (§ 411.)

Nous avons déjeuné ... un pâté, et dîné ... un morceau de bœuf. — Je dînais tous les jours à Paris ... quelques grands personnages ; ces repas me plaisaient à cause des convives. — Pour travailler après ses repas, il faut déjeuner ou dîner ... choses très légères. — Ce pauvre ouvrier déjeune tous les jours .. pain et ... fromage, sans interrompre son travail ; et le soir il soupe ... sa famille ... un potage et ... un plat de légumes.

Digne, indigne. (§ 414.)

Les grandes âmes aiment naturellement tout ce qui est ... de leur estime. — Il est ... des grâces que vous lui faites. — La vertu la plus pure, dès qu'elle déplaît au souverain, est bientôt ... de l'oubli et du mépris même des courtisans. — La fraude et le déguisement sont ... d'un honnête homme.

Emprunter. (§ 416.)

Les Grecs ont emprunté ... Egyptiens l'idée de la forme des temples. — Votre raisonnement emprunte ... la circonstance présente une nouvelle force. — Les magistrats empruntent leur autorité ... pouvoir qui les institue.

Entre, parmi. (§ 417.)

Un magistrat intègre peut se trouver placé ... la haine d'un premier ministre et le mépris de la nation ; mais il ne peut balancer. — Le mérite de la bonté est d'être bon ... les méchants — Il n'est point de liaisons durables ... les hommes, si elles ne sont fondées sur le mérite et la vertu. — Par malheur il y a trop peu d'intervalle ... le temps où l'on est trop jeune et celui où l'on est trop vieux. — ... de grandes vertus il y a souvent quelques défauts.

... tant de héros je n'ose me placer. (Racine.)

Faire. (§ 418.)

Cet enfant ne tient pas un moment en place; il ne ... entrer et sortir. — Dieu vous comptera un verre d'eau donné en son nom plus que tous les autres ne ... jamais tout votre sang répandu. — Attendez-moi, je ne ... aller et venir. — On ne peut s'intéresser plus tendrement que je ne ... à ce qui vous touche.

Je n'ai ... passer; il n'était déjà plus. (Racine.)

Hériter. (§ 419.)

La noblesse manque et s'éteint dès qu'on hérite ... nom sans hériter ... vertus qui l'ont illustré. — La vertu est le seul bien ... il ait hérité ... ses parents. — Doit-on hériter ... ceux qu'on assassine? — Louis Racine, à qui son père avait appris à étudier les anciens et à les admirer, n'avait pas hérité ... lui ... talent de lutter contre eux.

Imminent, éminent. (§ 421.)

Le lendemain du jour où sa disgrâce semblait ..., Richelieu était plus en faveur que jamais. — Il ne peut y avoir un péril plus ... pour des voyageurs. — Après la bataille de Cannes, Rome était dans un péril ... — Nous sommes exposés à un danger ..., auquel nul secours ne pourra nous arracher.

Imposer, en imposer. (§ 422.)

Il ne faut pas que ces manières doucereuses vous ... ...; c'est un homme au fond très malin. — Notre fier contenance ... aux ennemis. — Louis XII ignora le grand art des hommes en place, celui d... à la renommée. — Aristide et Périclès ... autant par la gravité de leurs manières que par la force de leur éloquence. — Avec beaucoup d'art, on peut ... longtemps; mais les succès de l'art ne sont jamais aussi longs que ceux de la nature.

Infecter, infester. (§ 423.)

De peur que l'idolâtrie n'... tout le genre humain, Dieu appela d'en haut son serviteur Abraham. — Athènes, avec ses vaisseaux, ... les possessions des Lacédémoniens. — L'amour du gain ... les esprits. — De quel droit ...-tu les mers? disait Alexandre à un pirate. Du droit que tu ... l'univers, répondit le pirate. — Autrefois on pensait que les malins esprits se faisaient un plaisir d'... les châteaux inhabités.

Toute source infectée ... ses ruisseaux. (Racine.)

Insulter. (§ 424.)

C'est insulter la loi que d'insulter ceux qui sont armés en son nom. — N'approche pas de lui, mon fils, car il croirait que tu veux ... insulter dans son malheur. — Le luxe insulte la faim du pauvre. — Cet ivrogne a insulté son hôte. — En vain le monde insulte tous les jours la piété par des dérisions insensées.

Sinon vainqueur insulte ... désastres de Troie. (Racine.)

Matinal, matineux. (§ 425.)

Les gens de la ville ne sont pas aussi ... que ceux de la campagne. — Lui qui est très ... , il n'a pas été ... ce matin. — Vous êtes bien ... aujourd'hui. — Notre gentilhomme était fort ... , et chasseur.

Les coqs, lui disait-il, ont beau chanter matin,
    Je suis plus ... encore. (La Font.)

Mêler. (§ 426.)

Cet auteur a mêlé l'agréable . . l'utile dans tous ses ouvrages. — On ne mêle que très difficilement l'huile ... vinaigre. — La Saône en se jetant dans le Rhône ne mêle pas immédiatement ses eaux ... celles de ce fleuve. — Dieu mêle sagement ... douceurs de ce monde des amertumes salutaires.

Observer. (§ 427.)

J'ai ... qu'il n'adressait la parole qu'à vous. — Je vous ... que cela déplaît. — ...-leur que rien ne contribue plus à l'économie et à la propreté que de tenir chaque chose en sa place. — ... bien toutes ces choses. — J'ai ouï dire que quelqu'un ... à Voltaire qu'un fait n'était pas tel qu'il l'avait raconté : Je le sais bien, dit-il, mais avouez qu'il est mieux comme je le raconte.

Parce que, par ce que. (§ 428.)

Il ne faut pas juger les hommes ... qu'ils ignorent, mais ... qu'ils savent, et par la manière dont ils le savent. — La soumission sera sans bornes, ... qu'elle sera sans contrainte. — L'homme est toujours malheureux, et ... qu'il désire, et ... qu'il possède. — Combien de gens se nuisent à eux-mêmes ... qu'ils veulent savoir parler avant d'avoir appris à écouter !

Là, tout est beau, ... que tout est vrai. (J.-B. Rousseau.)

Participer. (§ 429.)

C'est en quelque sorte participer ... une bonne action que de la louer de bon cœur. — L'enthousiasme de cet homme participe ... la folie. — C'est par vous que les peuples participent ... tous ces désordres. — Plusieurs des défauts que l'on rencontre dans La Fontaine, participent quelquefois ... qualités aimables qui les avaient fait naître. — Vous participez ... ma fortune, comme vous avez participé ... ma disgrâce. — Le pathétique participe ... sublime autant que le sublime participe ... beau et ... l'agréable. — On est coupable d'un mal ... on participe, soit en le conseillant, soit en y coopérant.

Déjà de Vespérus la douteuse lumière,
Qui participe ensemble et ... l'ombre et ... jour,
Éclairait à demi le terrestre séjour. (Delille.)

Pire, pis. (§ 430.)

La condition des hommes serait ... que celle des bêtes, si la solide philosophie et la vraie religion ne les soutenaient. — Rien n'est ... qu'une mauvaise langue. — Il y a de mauvais exemples qui sont ... que les crimes, car plus d'Etats ont péri parce qu'on a violé les mœurs, que parce qu'on a violé les lois. — L'homme personnel est nécessairement ennuyé, et, qui ... est, ennuyeux. — Les ... des ennemis, ce sont les flatteurs; et les ... de tous les flatteurs, ce sont les plaisirs. — Pour l'homme qui vieillit sans acquérir de raison, toutes choses vont de mal en ... . — L'état de l'homme qui retombe est ... que le premier.

Plus, davantage. (§ 431.)

L'envie est ... irréconciliable que la haine. — Cela ne vaut guère ... d'un écu. — Il n'y a rien qui chatouille ... que les applaudissements. — L'irrésolution est le défaut qui s'oppose ... à notre avancement ou au succès de nos affaires. — La vanité est dangereuse ; la paresse l'est ... — La science est estimable, mais la vertu l'est bien ...

De quoi m'ont profité mes inutiles soins ?
Tu me haïssais ... , je ne t'aimais pas moins. (Racine.)

Personne n'y a ... d'intérêt que lui. — Ce bœuf mange ... que deux chevaux. — La confiance fournit ... à la conversation que l'esprit. — Je suis flatté de plaire à un homme comme vous, et je le suis encore ... de la bienveillance que vous avez pour moi. — Mon âme brisée est incapable de soutenir ... d'assauts et de secousses. — Les glaces qui descendent du Nord sont déjà ... qu'à moitié fondues lorsqu'elles arrivent sur le banc de Terre-Neuve. — Nos ennemis approchent ... de la vérité dans les jugements qu'ils font de nous, que nous n'en approchons nous-mêmes.

Plus tôt, plutôt. (§ 432.)

Ceux qui nuisent à la réputation ou à la fortune des autres ... que de perdre un bon mot, méritent une peine infamante. — Que les dieux me fassent périr ... que de souffrir que la mollesse et la volupté s'emparent de mon cœur. — Il n'eut pas ... dit cela qu'il s'en repentit. — Il est venu le ... qu'il a pu. — Le ... sera le mieux. — Ce sentier solitaire et rude où il grimpe *plutôt* qu'il ne marche.

Je ne hais pas les gens que la colère enflamme ;
On sait mieux et ... tout ce qu'ils ont dans l'âme.

(C. Delavigne.)

Près de, prêt à. (§ 433.)

Je suis ... maintenir mon sentiment, la plume à la main, jusqu'à la dernière goutte de mon encre. — Rome, ... succomber, se soutint principalement durant ses malheurs par la constance et par la sagesse du sénat. — On ne connaît l'importance d'une action que quand on est ... l'exécuter. — On dit qu'après s'être démis de la dictature, Sylla cria tout haut, au milieu de la place, qu'il était ... rendre compte de sa conduite.

Je définis la cour : Un pays où les gens,
Tristes, gais, ... tout, à tout indifférents,
Sont ce qu'il plaît au prince, ou, s'ils ne peuvent l'être,
Tâchent du moins de le paraître. (La Font.)

Quand, quant à. (§ 434.)

On ne se trompe pas ... on attribue tout à la prière. —... à moi, je consulte avant de m'engager. — Je serai votre ami, ... même vous ne le voudriez pas.—Il a le cœur bon ; ... à la tête, elle est mauvaise. —... l'exemple des grands ne servirait qu'à autoriser la vertu, quelle abondance de bénédictions pour un empire !

... l'eau courbe un bâton, ma raison le redresse. (La Font.)

Quoi que, quoique. (§ 435.)

Jamais en ... ce puisse être, les méchants ne sont bons à rien de bon. — ... vous écriviez, évitez la bassesse. — ... l'Evangile propose à tous la même doctrine, il ne propose pas à tous les mêmes règles.

> ... en dise Aristote et sa docte cabale,
> Le tabac est divin ; il n'est rien qui l'égale. (Th. Corneille.)

Raillerie. (§ 436.)

Néron, tout Néron qu'il était, entendit très bien ... sur ses vers, et ne crut pas que l'empereur, en cette occasion, dût prendre les intérêts du poëte. — Il faut un esprit très vif et un goût très délicat pour entendre ... — J'ai reconnu en vous une qualité que j'estime fort, c'est que vous entendez très bien ... quand d'autres que moi vous font la guerre sur vos petits défauts.

Servir à rien, de rien. (§ 438.)

Vous pouvez prendre mon cheval, il ne me sert ... rien aujourd'hui. — Vous êtes aveugle, des lunettes ne vous serviraient ... rien. — Il a des talents qui ne lui servent ... rien. — Nous eûmes beau pleurer, nos larmes ne servaient ... rien. — Ce qui ne sert ... rien aujourd'hui pour servir demain à quelque chose.

> Il met toute sa gloire et son souverain bien
> A grossir un trésor qui ne lui sert ... rien. (Boileau.)

Suppléer. (§ 439.)

Le titre de brave et franc chevalier annonçait l'honneur et ne ... suppléait jamais. — Ce sac doit être de mille francs ; ce qu'il y a de moins, je ... suppléerai. — Souvent dans les disputes les injures suppléent ... raisons. — On vit saint Louis suppléer par sa vertu ... inégalité du nombre, et soutenir lui seul le poids de l'armée.

Témoin. (§ 440.)

La diction dépend de la grammaire, *témoin* les beaux vers de Corneille. — Les féciaux avant de déclarer la guerre prenaient les dieux à *témoin* de la justice de la cause des Romains. — Les *témoin* muets suffisent quelquefois pour convaincre un criminel.

Tout à coup, tout d'un coup. (§ 441.)

Tout ... coup une noire tempête enveloppa le ciel et irrita les ondes de la mer. — Il a gagné mille écus tout ... coup. — Ce mal lui a pris tout ... coup, comme il y pensait le moins. — La confiance et l'amitié naissent tout ... coup entre les mœurs qui se ressemblent par la bonté.

Tout de suite, de suite. (§ 442.)

On assure que Pygmalion ne couche jamais deux nuits ... dans la même chambre, de peur d'y être étranglé. — Il vole ... au camp des troupes du Péloponèse, et les amène au combat. — Un étourneau peut apprendre à prononcer ... une phrase un peu longue. — Il a fait trois courses de bague ...

Vénéneux, venimeux. (§ 443.)

On dit que les herbes sur lesquelles le crapaud et la chenille ont passé sont ... — Plusieurs champignons sont ... — La morsure du serpent à sonnettes est très ... . — Les jolies couleuvres qu'on trouve en si grand nombre dans les bois ne sont pas ...

SIGNES GRAMMATICAUX.

SIGNES ORTHOGRAPHIQUES.

98. Exercices.

Corrigez les fautes. (§§ 478-483.)

La simplicite pare les hommes, la recherche les deguise, la malproprete les degrade.

Pour enseigner la vertu il n'y a qu'un moyen: c'est d'enseigner la piete.

Au lieu de me plaindre de ce que la rose a des epines, je me felicite de ce que l'epine est surmontee de roses, et de ce que le buisson porte des fleurs.

Quand l'humilite n'accompagne pas la devotion, celle-ci devient inevitablement orgueil.

Des yeux leves au ciel sont toujours beaux, quels qu'ils soient.

Quand je vais dans un pays, je n'examine pas s'il y a de bonnes lois, mais si on execute celles qui y sont; car il y a de bonnes lois partout.

S'il etait permis d'oublier ce que l'on doit a la superiorite, ce serait lorsque ceux qui jouissent du privilege s'en souviennent.

Rien ne coute tant aux enfants que la reflexion.

Il y a dans la sobriete de la proprete et de l'elegance.

L'amenite, le bon accueil, sont un billet d'invitation qui circule toute l'annee.

Il y a de la lachete a craindre la mort, de la temerite a la braver, de la sagesse a l'attendre.

Les dettes abregent la vie.

L'amitie qu'on a pour un vieillard a un caractere particulier: on l'aime comme une chose passagere; c'est un fruit mur qu'on s'attend a voir tomber.

La gravite n'est que l'ecorce de la sagesse ; mais elle la conserve.

L'annee est une couronne qui se compose de fleurs, d'epis, de fruits et d'herbes seches.

Pensez aux maux dont vous etes exempts.

On ne peut manquer d'etre honore des hommes, quand on les tient par l'interet.

Ne degoutez pas les rois de leur role, car c'est un role necessaire.

La lie a beau faire, elle retombe au fond par sa propre grossierete.

La direction de notre esprit est plus importante que son progres.

L'education doit etre tendre et severe, et non pas froide et molle.

Les enfants ont plus besoin de modeles que de critiques.

Souvenons nous en bien, l'education ne consiste pas seulement a orner la memoire et a eclairer l'entendement ; elle doit surtout s'occuper a diriger la volonte.

En elevant un enfant, songez a sa vieillesse.

Les enfants n'obeissent aux parents que lorsqu'ils voient les parents obeir a la regle. L'ordre et la regle, une fois etablis, sont la plus forte des puissances.

Il faut que les enfants aient un gouverneur en eux memes: il y est mieux place et plus assidu qu'a leurs cotes. Tous sont disposes a le recevoir, et il y a dans leur conscience une place toujours prete pour lui.

Point de bonheur ou il n'y a point de repos ; point de repos ou Dieu n'est point.

Il faut regretter, pour la jeunesse, les leçons de piete que jadis ses regards rencontraient partout, jusque sur les vitraux des cloitres, a l'aspect des monasteres, et a la vue de ces prie Dieu au pied d'un crucifix, qui formaient dans chaque maison, a la tete du lit du maitre, une chapelle domestique.

Recevoir les bienfaits de quelqu'un est une maniere plus sure de se l'attacher, que de l'obliger lui meme.

Dieu eclaire ceux qui pensent souvent a lui et qui levent les yeux vers lui.

Il est des ames limpides et pures ou la vie est comme un rayon qui se joue dans une goutte de rosee.

Les maledictions des peres abregent la vie; celles des meres donnent la mort.

La familiarite plait, meme sans bonte; avec la bonte, elle enchante.

Avant d'employer un beau mot, faites lui une place.

Les recits coupes et rapides, en entrainant le lecteur, le cahotent.

Plus on veut l'arreter, plus il croit et s'elance. (Boileau.)

L'attention est d'etroite embouchure. Il faut y verser ce qu'on dit avec precaution, et, pour ainsi dire, goutte a goutte.

Il est impossible de devenir tres instruit si on ne lit que ce qui plait.

L'abeille et la guepe sucent les memes fleurs; mais toutes deux ne savent pas y trouver le meme miel.

Le talent va ou est la voix de la louange; c'est la sirene qui l'egare.

La sagesse consiste a connaitre Dieu et a se onnaitre soi même.

Tous les peres, jusqu'aux plus graves, jouent avec leurs enfants.

Les livres qu'on se propose de relire dans l'age mur, sont assez semblables aux lieux ou l'on voudrait vieillir.

Ceux là seuls veillent, ô mon Dieu, qui pensent a vous et qui vous aiment. Tous les autres sont endormis; ils font des reves et s'attachent aux fantomes. Vous seul etes la realite. Rien n'est bien que d'occuper de vous son cœur et son esprit, de faire toutes choses pour vous, de n'etre mu que par vous.

La crysalide est l'image du vieillard. Il vegete engourdi, mais il vivra ! et c'est pendant ce sommeil, cette impassibilité passagere que se forment les ailes qui le porteront a l'immortalite.

Le vrai caractere du style epistolaire est l'enjouement et l'urbanite.

Il faudrait qu'on ne recueillit rien dans nos cimetieres, et que leur herbe meme eut une inutilite pieuse.

> Tendons lui quelque piege ;
> Mais quel indigne emploi moi meme m'impose je ? (Racine.)

La meilleure maniere d'instruire les autres, c'est de les conduire par la route qu'on a du tenir pour s'instruire soi meme.

Un critique n'est forme qu'apres plusieurs annees d'observations et d'etudes ; un critiqueur nait du soir au matin.

> Il n'est pas sur que la sagesse
> Suive toujours les cheveux gris. (Quinault.)

Cesar remarque qu'il n'y avait point d'armees ou l'on ne trouvat des soldats gaulois.

On se heurte toujours ou l'on a mal.

C'est rusticite que de donner de mauvaise grace. Le plus fort et le plus penible est de donner ; que coute t il d'y ajouter un sourire ?

> Nous saluons le temple, et l'if religieux
> Qui protege la tombe ou dorment nos aïeux. (Chênedollé.)

Le meme orgueil qui nous fait blamer les defauts dont nous nous croyons exempts, nous porte a mepriser les bonnes qualites que nous n'avons pas.

Voulez vous pousser le mechant aux derniers exces, decourager le faible, envenimer le cœur aigri ? Revetez la severe verite de paroles dures et hautaines, et soyez certain que les mauvaises passions qui provoquent votre zele vont redoubler de violence.

Quand un navire deploie ses voiles pour franchir l'Ocean, le goëland deploie ses ailes et part avec lui, tantot poussé par le souffle de la tempete, tantot par la lame ou il se repose et l'attend.

Quand l'abus de l'esprit est un badinage, il plait ; quand il est serieux, il deplait.

Louis XIV disait que, lorsqu'il nommait a une place, il faisait quatre vingt dix neuf mecontents et un ingrat.

Lorsque sur la nature on regle ses besoins,
Combien s'epargne t on de travaux et de soins ! (Du Resnel.)

Le feu, dit-on, fait compagnie ; c'est qu'il fait reflechir. L'attitude, le silence, le lieu, et l'espece de reverie ou l'on est toujours quand on se chauffe, contribuent à donner a l'esprit plus d'attention et d'activite.

Le prie Dieu est indispensable au bon ordre ; ou il n'est pas, il n'y a point de penates, point de respect.

Le sourire reside sur les levres ; mais le rire a son siege et sa bonne grace sur les dents.

J'aime, comme l'alouette, a me promener loin et au dessus de mon nid.

Voyons l' avec Esope en un sujet semblable. (La Font.)

Les anciens soutenaient que dans toute œuvre litteraire, meme dans une harangue, il devait se trouver une gauche et une droite, un cote d'on partit le mouvement, un autre ou il allat aboutir et d'ou il revint, par une circulation qui s'etendit a tout et passat par tous les points. Dans leurs ecrits, la pensee semble proceder par le mouvement d'un oiseau qui plane, et avance en tournoyant. Ils cherchaient plus la grace que la force et l'exactitude. Remarquez la liberte d'esprit et d'imagination particuliere aux Grecs. Nous avons, en comparaison, dans nos ecrits, l'air de forçats attaches a la chaine, d'esclaves a la tache, d'idiots en extase.

Je lui vendrai si cher ce bonheur qu'il ignore
Qu'il vaudrait mieux pour lui qu'il l'ignorat encore. (Rac.)

Exerc. franç. — Partie de l'élève. 10

Quoiqu'invisibles, il est toujours deux temoins qui nous regardent : Dieu et la conscience.

Vante t on dans un poëte la vigueur de l'âme, les sentiments sublimes, c'est corneille ; la sensibilite du cœur, le style tendre et harmonieux, c'est racine ; la noble facilite, la negligence aimable, c'est la fontaine.

De peur de l'ecouter, pan fuit dans les roseaux. (Boileau.)

Les dieux de syrie, qui habitent quelquefois la terre, n'y auraient pu choisir une plus belle demeure.

Les sybarites priaient les gens a manger un an avant le jour du repas, pour avoir le loisir de le faire aussi delicat qu'ils le voulaient.

Ne voyez vous pas, aveugle que vous etes, le piege qui vous est tendu ?

Les jardins, à paris, sentent le renferme. (J. Joubert.)

Alexandre fit deux mauvaises actions : il brûla persepolis et tua clitus.

Assemblez-vous, ennemis d'israël, dit le dieu des armees, et vous serez vaincus.

Rien n'etait si formidable que de voir toute l'allemagne deployer ses etendards, et marcher vers nos frontieres pour nous accabler par la force.

Le foyer est un pinde, et les muses y sont. (J. Joubert.)

Dans la premiere jeunesse, on n'est guere sensible qu'aux emotions tres vives ; ce qui n'eblouit pas semble terne, ce qui n'est que touchant parait froid, les beautes qui se montrent font passer a cote des beautes qu'il faut chercher, et l'esprit aussi, dans sa hate de jouir, demande des plaisirs faciles. L'age mur inspire differemment : il revient sur ses pas, il savoure ce qu'il avait devore, il etudie, il decouvre, et le rayon decompose sous sa main lui donne mille nuances pour une couleur.

Dans ce sac ridicule où scapin s'enveloppe,
Je ne reconnais plus l'auteur du misanthrope. (Boileau.)

SIGNES SYNTAXIQUES.

99. Exercices.

Mettez la virgule aux endroits convenables.

La fraude le parjure les procès les guerres ne font jamais entendre leur voix dans ce séjour chéri des dieux.

L'esprit devient plus pur plus lumineux plus fort et plus étendu à proportion que s'augmente l'union qu'il a avec Dieu.

Les armes les séditions les guerres civiles ravageaient la chrétienté.

Fier de sa noblesse jaloux de sa beauté le cygne semble faire parade de tous ses avantages.

J'aime peu de tableaux peu de statues peu de poëmes et cependant j'aime beaucoup les arts.

La religion fait au pauvre même un devoir d'être libéral noble généreux magnifique par charité.

Le juste le beau le bon le sage est ce qui est conforme aux idées que Dieu a du juste du beau du sage et du bon.

Daigne daigne mon Dieu sur Mathan et sur elle
Répandre cet esprit d'imprudence et d'erreur
De la chute des rois funeste avant-coureur. (Racine.)

Il entre dans l'impiété de l'horreur pour ce qui est divin du dédain pour les hommes du mépris pour l'aimable simplicité.

Nos pères trouvaient leurs plaisirs dans leur famille leur instruction dans les temples leurs amusements dans leur bibliothèque et leurs délassements chez leurs voisins.

L'âme est ce qui nous fait penser entendre sentir raisonner vouloir choisir une chose plutôt qu'une autre.

Les animaux carnassiers aiment non-seulement la proie mais la chasse. Elle est leur jeu leur passe-temps leur plaisir.

Si quelqu'un a deux noms il faut l'appeler du plus beau du plus doux et du plus sonore.

L'esprit du sage a comme sa conscience ses examens ses afflictions sa honte et ses fermes propos.

Le soin du corps et l'apprentissage des arts la négligence de l'esprit et l'ignorance des devoirs sont les caractères de l'éducation nouvelle.

Il faut mourir aimable si on le peut.

Dans la langue française les mots tirés du jeu de la chasse de la guerre et de l'écurie ont été nobles.

Quand on court après l'esprit on attrape souvent la sottise.

La religion donne à la vertu les plus douces espérances, au vice impénitent les plus vives alarmes et au vrai repentir les plus douces consolations.

Allons vous vous rêvez et bayez aux corneilles. (Molière.)

Heureuse l'âme chrétienne qui sait se réjouir sans dissipation s'attrister sans abattement désirer sans inquiétude acquérir sans injustice posséder sans orgueil et perdre sans douleur.

On donne des conseils mais on ne donne pas la sagesse d'en profiter.

Mentor l'embrasse le console l'encourage lui apprend à se supporter lui-même.

L'homme s'ennuie du bien cherche le mieux trouve le mal et s'y soumet crainte de pire.

Monsieur ne songe à rien monsieur dépense tout
  Monsieur court monsieur se repose. (La Font.)

On ne peut ni parler contre le catholicisme sans colère ni parler de lui sans amour.

Les questions montrent l'étendue de l'esprit et les réponses sa finesse.

Oh ! qu'il faut peu de chose pour empêcher un vers un poëme un tableau un trait un visage un discours une parole un accent un geste d'être touchants !

Tout ce qui multiplie les nœuds qui attachent l'homme à l'homme le rend meilleur et plus heureux.

Tout ce que j'admire m'est cher et tout ce qui m'est cher ne peut me devenir indifférent.

Voyez un homme heureux et lisez au travers d'un calme étudié et d'une feinte modestie combien il est content et pénétré de soi-même.

D'éloges on regorge à la tête on les jette
Et mon valet de chambre est mis dans la gazette. (Molière.)

C'est par l'esprit qu'on s'amuse mais c'est par le cœur qu'on ne s'ennuie pas.

Le sage oublie les injures comme un ingrat les bienfaits.

Celui qui ne sait rien se croit habile parce qu'il ne sait pas qu'il ne sait rien.

Cet inconnu dit-il nous la vient donner belle ! (La Font.)

Les passions qui sont les maladies de l'âme ne viennent que de notre révolte contre notre raison.

J'ai mauvaise opinion du lion depuis que je sais que son pas est oblique.

Il faut craindre de se tromper en poésie quand on ne pense pas comme les poëtes et en religion quand on ne pense pas comme les saints.

Le sort qui toujours change
Ne vous a pas promis un bonheur sans mélange. (Racine.)

Les orgueilleux me semblent avoir comme les nains la taille d'un enfant et la contenance d'un homme.

La dévotion embellit l'âme surtout l'âme des jeunes gens.

L'humilité est aussi convenable à l'homme devant Dieu que la modestie à l'enfant devant les hommes.

Le culte d'une religion qui n'admet point les châtiments d'une autre vie ne doit point être toléré dans un Etat bien policé.

L'érudition n'est pas la science de même que les matériaux ne sont pas le bâtiment.

10.

Il y a dans les vêtements propres et frais une sorte de jeunesse dont les vieillards doivent s'entourer.

Si l'on n'y prend pas garde on est porté à condamner les malheureux.

Les bons mouvements ne sont rien s'ils ne deviennent de bonnes actions.

Le temps qui fuit sur nos plaisirs semble s'arrêter sur nos peines.

L'attention de celui qui écoute sert d'accompagnement dans la musique du discours.

On apprend à hurler dit l'autre avec les loups. (Racine.)

Des fontaines coulant avec un doux murmure sur des prés semés d'amarantes et de violettes formaient des bains aussi clairs que le cristal.

Non non vous n'aurez pas un seul un seul moment.

La vraie liberté est celle qui veut qu'on obéisse aux lois qui lie tous les intérêts privés à l'intérêt commun et qui fait regarder la patrie comme une mère bienfaisante.

Quand je ramasse des coquillages et que j'y trouve des perles j'extrais les perles et je jette les coquillages.

Les envieux mourront mais non jamais l'envie. (Molière.)

On n'est jamais médiocre quand on a beaucoup de bon sens et beaucoup de bons sentiments.

Demander c'est recevoir quand on demande les vrais biens.

Dans les festins il suffit d'être joyeux pour être aimable.

Pour bien choisir il vaut mieux choisir entre mille qu'entre deux.

Certaines gens quand ils entrent dans nos idées semblent entrer dans une hutte.

Par l'association des idées le bonheur du premier âge en fait aimer tous les événements les mets dont on fut nourri les chants qu'on entendit l'éducation que l'on reçut et les peines même qu'elle causa.

100. Exercices.

Mettez la virgule et le point et virgule aux endroits convenables.

Entendez grands de la terre instruisez-vous arbitres du monde.

Partout où je trouve l'envie je me fais un plaisir de la désespérer je loue toujours devant un envieux ceux qui le font pâlir.

Tout ce qui est hors de nous ne saurait faire un bonheur pour nous les plaisirs occupent les dehors le dedans est toujours vide.

L'âme ne trouve rien en elle qui la contente c'est ce qui la contraint de se répandre au dehors.

J'en pourrais par malheur faire d'aussi méchants
Mais je me garderais de les montrer aux gens. (Molière.)

J'envisage non pas sa fortune mais sa vertu les services qu'il a rendus non pas les places qu'il a remplies les dons qu'il a reçus du ciel non pas les honneurs qu'on lui a rendus sur la terre.

Quel bonheur de s'être fait dans ses premières années des plaisirs innocents et tranquilles d'avoir accoutumé le cœur à s'en contenter !

Le regret consiste dans le sentiment de quelque perte le repentir dans celui d'une faute.

Jamais au grand jamais elle ne me quitta. (Racine.)

Garde le silence le plus souvent ne dis que les choses nécessaires et toujours en peu de mots.

Ceux qui veulent gouverner aiment la République ceux qui veulent être bien gouvernés n'aiment que la Monarchie.

Autour d'elle volaient les noirs soucis les vengeances toutes dégouttantes de sang et couvertes de plaies les haines injustes l'avarice qui se ronge elle-même le désespoir qui se déchire de ses propres mains l'ambition forcenée qui renverse tout.

Toute contestation rend l'esprit sourd et quand on est sourd je suis muet.

Il n'y a d'heureux que les bons les sages et les saints mais les saints le sont plus que tous les autres tant la nature humaine est faite pour la sainteté.

Le remords est le châtiment du crime le repentir en est l'expiation.

Le milieu est le point le plus voisin de la sagesse il vaut autant ne point l'atteindre que de le dépasser.

S'il faut agir prodigue-toi s'il faut parler ménage-toi.

La déférence pour l'âge le mérite et la dignité est une partie du devoir pour les égaux les étrangers et les inconnus elle est une partie de la politesse et de la vraie civilité.

Non non tous ces détours sont trop ingénieux. (Racine.)

La vertu sans récompense ne se plaint pas ne s'indigne pas ne s'agite pas l'injustice ne produit en elle aucun ressentiment mais seulement une douce mélancolie.

La tulipe est une fleur sans âme mais il semble que la rose et le lis en aient une.

Oignez vilain il vous poindra poignez vilain il vous oindra.

Les chemins produisent sur le coteau le même effet que la rivière dans la plaine.

Enseigner c'est apprendre deux fois.

Le poli et le fini sont au style ce que le vernis est aux tableaux ils le conservent le font durer l'éternisent en quelque sorte.

Ce qui est vrai à la lampe n'est pas toujours vrai au soleil.

Le bien de la fortune est un bien périssable
Quand on bâtit sur elle on bâtit sur le sable
Plus on est élevé plus on court de dangers.
Les grands pins sont en butte aux coups de la tempête
Et la rage des vents brise plutôt le faîte
Du palais de nos rois que du toit des bergers. (Racan.)

101. Exercices.

Mettez la virgule, le point et virgule et les deux points aux endroits convenables.

Il faut entre bons amis laisser trotter les plumes comme elles veulent la mienne a toujours la bride sur le cou.

Elle viendra cette heure dernière elle approche nous y touchons la voilà venue.

On peut appliquer à l'enfance ce que M. de Bonald dit qu'il faut faire pour le peuple peu pour ses plaisirs assez pour ses besoins tout pour ses vertus.

Vous m'êtes en dormant un peu triste apparu. (La Font.)

Le péril extrême où se trouve mon fils la guerre qui s'échauffe tous les jours la crainte que l'on a des mauvaises nouvelles et la curiosité qu'on a de les apprendre tout cela me déchire me tue.

Enclume ou marteau tel est le sort de la plupart des hommes.

Les peuples s'écriaient avec étonnement On ne voit point d'idole en Jacob.

J'imite la colombe souvent je jette un brin d'herbe à la fourmi qui se noie.

Quand on a trouvé ce qu'on cherchait, on n'a pas le temps de le dire il faut mourir.

Maint estafier accourt on vous happe notre homme
On vous l'échine on vous l'assomme. (La Font.)

La vue d'un homme à qui l'on fait du bien est toujours agréable on aime en lui son ouvrage.

Bossuet emploie tous nos idiomes comme Homère employait tous les dialectes. Le langage des rois des politiques et des guerriers celui du peuple et du savant du village et de l'école du sanctuaire et du barreau le vieux et le nouveau le trivial et le pompeux tout lui sert et de tout cela il fait un style simple grave et majestueux.

La gaieté est le contre-poison du chagrin elle éloigne les maladies du corps égaye l'esprit se moque des caprices de la fortune calme l'orage des disgrâces rend sensible aux agréments de la vie qu'elle prolonge au-delà du terme ordinaire.

Les hommes sont pour nous ce que nous les faisons amis ennemis ou indifférents.

Pythagore a dit Mon ami est un autre moi-même.

Nous croyons toujours que Dieu est semblable à nous-mêmes les indulgents l'annoncent indulgent les haineux le prêchent terrible.

> Je vous sacrifierai cent moutons c'est beaucoup
> Pour un habitant du Parnasse. (La Font.)

Aimer Dieu et se faire aimer de lui aimer nos semblables et se faire aimer d'eux voilà la morale et la religion.

Il est tel auteur qui commence par faire sonner son style pour qu'on puisse dire de lui Il a de l'or.

Dans les qualifications odieuses les âmes douces restent toujours en deçà elles ménagent et se ménagent.

Le soldat bien vêtu s'estime plus lui-même bien armé il est plus courageux bien nourri il est plus fort plus hardi plus content plus disposé à obéir et à bien faire. Il paraît aussi plus redoutable à l'ennemi et lui impose car la bonne mine est une puissance.

> Hâte-toi mon ami tu n'as pas tant à vivre. (La Font.)

La rondeur assure à la matière une plus facile durée le temps ne sait pas où la prendre.

Ce qu'on regrette de l'ancienne éducation c'est ce qu'elle avait de moral et non ce qu'elle avait d'instructif c'est le respect qu'on avait pour les maîtres c'est le spectacle de leur vie et l'idée qu'on s'en faisait c'est l'innocence de ce temps et la piété qu'on inspirait à l'enfance pour les hommes et pour le ciel bonheur de l'homme à tous les âges.

102. Exercices.

Mettez tous les signes syntaxiques.

Il y a dans la véritable vertu une candeur que rien ne peut contrefaire

Combien de gens s'imaginent qu'ils ont de l'expérience par cela seul qu'ils ont vieilli

La bonté d'autrui me fait autant de plaisir que la mienne

La politesse aplanit les rides

J'ai forte étroite cette partie de la tête destinée à recevoir les choses qui ne sont pas claires

Que fait-il Revient-il Va-t-il ou s'il demeure (Molière.)

La piété est une sagesse sublime qui surpasse toutes les autres une espèce de génie qui donne des ailes à l'esprit Nul n'est sage s'il n'est pieux

Oh qu'il est difficile d'être à la fois ingénieux et sensé

Etes-vous pauvre signalez-vous par des vertus êtes-vous riche signalez-vous par des bienfaits

La réminiscence est comme l'ombre du souvenir

Doit-on agir à la fin de la vie pour ce qui fuit ou pour ce qui s'approche Quant à moi je crois qu'il faut planter et non bâtir quoi qu'en aient dit les jeunes hommes.

Qu'a donné Dieu au roitelet Il l'a rendu content

Voulez-vous savoir les qualités qui manquent à un homme examinez celles dont il se vante

Esther que craignez-vous Suis-je pas votre frère (Racine.)

Les valétudinaires n'ont pas comme les autres hommes une vieillesse qui accable leur esprit par la ruine subite de toutes leurs forces Ils gardent jusqu'à la fin les mêmes langueurs mais ils gardent aussi le même feu et la même vivacité Accoutumés à se passer de corps ils conservent pour la plupart un esprit sain dans un corps malade Le temps les change peu il ne nuit qu'à leur durée

La vie n'est-elle pas utile si elle est heureuse dit l'égoïste N'est-elle pas assez heureuse si elle est utile dit l'homme de bien

N'estimez que le jeune homme que les vieillards trouvent poli

La prière dit saint Jérôme est un gémissement Ah nos gémissements sont aussi des prières Le cri de la douleur est par lui-même un appel involontaire à cette force invisible dont notre âme invoque l'appui

La vie n'a pas assez de biens pour me dédommager de l'oubli d'un seul devoir

Le monde n'accorde quelque compassion qu'aux peines positives Il consent à plaindre ce que vous perdez jamais ce qui vous manque

Voulez-vous savoir comment il faut donner Mettez-vous à la place de celui qui reçoit

On n'est riche que de ce que l'on donne et pauvre seulement de ce qu'on refuse

J'ai vu sans mourir de douleur
J'ai vu (siècles futurs vous ne pourrez le croire)
Ah j'en frémis encor de dépit et d'horreur
J'ai vu mon verre plein et je n'ai pu le boire (Scarron.)

Il faut toujours acheter un peu ses bonheurs c'est justice mais le moment où l'on paye est rude

Qu'y a-t-il de plus beau l'univers — De plus fort la nécessité — De plus difficile de se connaître — De plus facile de donner des avis — De plus rare un véritable ami

Ils entrent dans l'église où le saint célébrait l'office et s'avancent vers lui le fer à la main sans respect des autels ni du sanctuaire de Jésus-Christ Vous entendez presque tout le reste messieurs.

Les véritables bons mots surprennent autant ceux qui les disent que ceux qui les écoutent

Telle est l'injustice des hommes la gloire la plus pure et la mieux acquise les blesse

Que vous êtes admirables sous vos tentes, enfants de Jacob ! quel ordre dans votre camp ! quelle merveilleuse beauté paraît dans ces pavillons si sagement arrangés !

Un poste est-il vacant, on s'empresse de le demander.

O admirable simplicité ! ô joie pure des enfants de Dieu ! ô beauté des anciens jours ! Hélas ! malheur à nous ! notre gloire nous a quittés !

> Je songeais cette nuit que, de mal consumé,
> Côte à côte d'un pauvre on m'avait inhumé,
> Et que, n'en pouvant pas souffrir le voisinage,
> En mort de qualité, je lui tins ce langage :
> « Retire-toi, coquin ! va pourrir loin d'ici ;
> « Il ne t'appartient pas de m'approcher ainsi.
> « Coquin ! ce me dit-il, d'une arrogance extrême,
> « Va chercher tes coquins ailleurs, coquin toi-même !
> « Ici tous sont égaux ; je ne te dois plus rien :
> « Je suis sur mon fumier, comme toi sur le tien. »
>
> (Patrix.)

La langue même nous dit l'infériorité des collectifs en comparaison du singulier. A le prendre très haut, comparez ce qui se passe en nous en prononçant les dieux et Dieu ! l'homme et les hommes ! En descendant toujours, assurer de son amitié, c'est promettre l'affection ; offrir ses amitiés n'est qu'une politesse. On peut parler de ses amis, sans avoir ni donner l'idée qu'on possède un ami. Le respect est chose grave pour celui qui le ressent, il est le comble de l'honneur pour celui qui l'inspire ; mes respects ne sont qu'une formule. Un intérêt dans la vie est tout ce qu'on y cherche ; des intérêts sont à peu près rien. Il y a plaisir aux occasions qui réclament un compliment ; mes compliments courent les rues. Tout le monde a des ennemis ; un ennemi, c'est autre chose. Il faut être quelqu'un, pour avoir un ennemi ; il faut être une force, pour qu'une autre force se mesure avec elle.

Voici comment on pourrait diviser le commerce des nations, d'après leur caractère : l'Espagnol, joaillier, lapidaire ; l'Anglais, manufacturier ; l'Allemand, marchand de papiers ; le Hollandais, marchand de vivres ; le Français, marchand de modes. Dans la navigation, le premier est courageux, le second habile, le troisième savant, le quatrième industrieux, et le cinquième hasardeux. Il faut donner à un vaisseau un capitaine espagnol, un pilote anglais, un contre-maître allemand et des matelots hollandais ; le Français ne marche que pour son compte. Il faut proposer au premier une conquête, une entreprise au second, des recherches au troisième, au quatrième du gain, et un coup de main au cinquième. Le premier veut de grands voyages, le second des voyages importants, le troisième des voyages utiles, le quatrième des voyages lucratifs, et le cinquième des voyages rapides. Le premier s'embarque pour aller, le second pour agir, le troisième pour voir, le quatrième pour gagner, et le cinquième pour arriver. La mer enfin est pour l'Espagnol un chemin, pour l'Anglais un lieu, pour l'Allemand un cabinet d'étude, pour le Hollandais une voie de transport, et pour le Français une chaise de poste.

TABLE DES EXERCICES.

DES MOTS.

COMPLÉMENT DES MOTS.

SYNTAXE DES PROPOSITIONS

SIGNES GRAMMATICAUX.

FIN DE LA TABLE DES EXERCICES.

Amiens Typ. Alfred CARON Fils et Cie, rue du Lycée, 73.

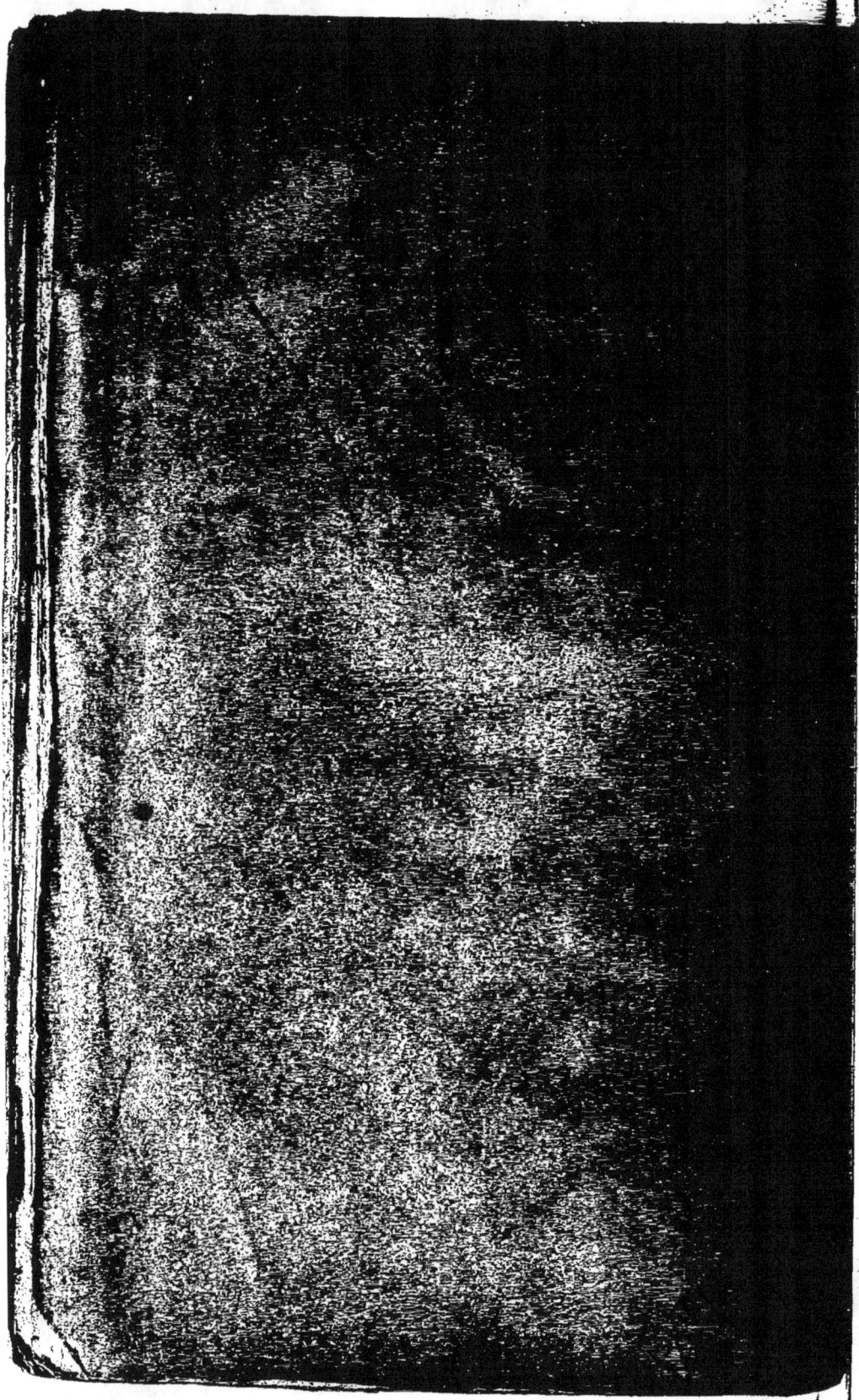

www.ingramcontent.com/pod-product-compliance
Lightning Source LLC
Chambersburg PA
CBHW061013280326
41935CB00009B/954